SIGNETS

BELLES LETTRES

Collection dirigée
par
Laure de Chantal

CLIO ET SES DISCIPLES

DANS LA MÊME COLLECTION

1. Panthéon en poche
Dieux et déesses de l'Antiquité

2. À la table des Anciens
Guide de cuisine antique

3. Séduire comme un dieu
Leçons de flirt antique

4. À l'école des Anciens
Professeurs, élèves et étudiants

5. À la rencontre de l'étranger
L'image de l'Autre chez les Anciens

6. Sur la mer violette
Naviguer dans l'Antiquité

7. Monstres et merveilles
Créatures prodigieuses de l'Antiquité

8. Professionnelles de l'amour
Antiques & impudiques

9. Dixit
L'art de la parole dans l'Antiquité

10. Des lyres et cithares
Musiques & musiciens de l'Antiquité

11. Homosexualité
Aimer en Grèce et à Rome

12. Celebriti
Riches, célèbres et antiques

13. Devenir dieux
Désir de puisssance et rêve d'éternité chez les Anciens

14. Paranormale Antiquité
La mort et ses démons en Grèce et à Rome

15. L'Empire des loisirs
*L'*otium *des Romains*

16. Odeurs antiques

17. Hocus Pocus
À l'école des sorciers en Grèce et à Rome

18. Exit
Exclus et marginaux en Grèce et à Rome

19. Mercato
Le commerce dans les mondes grec et romain

20. Torturer à l'antique
Supplices, peines et châtiments en Grèce et à Rome

21. Nuits antiques

22. ÉCOLΩ
Écologie et environnement en Grèce et à Rome

CLIO
ET SES DISCIPLES

Écrire l'histoire en Grèce et à Rome

Précédé d'un entretien
avec Jean d'Ormesson
Membre de l'Académie française

Textes réunis et présentés
par
Marie Ledentu & Gérard Salamon

LES BELLES LETTRES

2014

95, bd Raspail 75006 Paris

www.lesbelleslettres.com
Retrouvez Les Belles Lettres sur Facebook et Twitter

ISBN : 978-2-251-03023-4
ISSN : 0003-181X

ENTRETIEN AVEC JEAN D'ORMESSON

Propos recueillis par Laure de Chantal, Marie Ledentu, et Gérard Salamon

Vous êtes un lecteur de textes historiques. Est-ce pour vous une lecture de détente ou lisez-vous pour vous informer ? Que recherchez-vous dans la lecture d'un texte d'historiographie ?

JEAN D'ORMESSON. – Vous m'interrogez, mais je ne suis pas un spécialiste : je me considère plutôt comme un amateur. J'ai retrouvé dans votre recueil des historiens que je connaissais (Thucydide, Tacite, Suétone...) ; j'en ai découvert d'autres, par exemple Zosime, Silius Italicus, Velleius Paterculus dont les noms me sont familiers, mais dont les œuvres me le sont moins... Je pense que les lecteurs qui auront en main votre livre évolueront aussi entre connaissance et découverte en particulier grâce aux rencontres entre les époques et les genres que favorise le classement thématique que vous avez adopté.

On associe l'écriture de l'histoire grecque et romaine à quelques grands auteurs, mais il y en a d'autres moins connus, que vous nous faites découvrir et qui s'inscrivent dans une tradition et participent à celle-ci.

Pour répondre à votre question, ce que je recherche dans les textes anciens, c'est qu'ils me paraissent indispensables pour comprendre l'avenir. Ce qui nous intéresse tous en effet, c'est le futur, ce qui nous attend. Je connais évidemment la thèse de Paul Valéry pour qui l'histoire n'apprend rien sur l'avenir ; il n'en reste pas moins qu'elle fait marcher un certain nombre de mécanismes qui sont utiles pour nous y retrouver. Il me semble que s'il est impossible de connaître cet avenir de manière anticipée, on peut néanmoins s'y préparer par la connaissance du passé. Aussi me semble-t-il que l'abandon des études classiques, un des drames majeurs de l'enseignement d'aujourd'hui selon moi, risque de compromettre, en nous coupant de nos racines, cet accès à la connaissance.

Je me suis occupé pendant de longues années des sciences humaines à l'UNESCO : j'ai été secrétaire général adjoint du conseil international de la philosophie et des sciences humaines, puis secrétaire général, puis président. Dans cette fonction, j'ai succédé à un grand historien de Rome, Ronald Syme, homme que j'ai beaucoup admiré. Dans ces missions, j'ai pu observer qu'il s'est développé autour des sciences humaines une certaine culture ; mais elle ne doit pas nous dispenser de la connaissance des grands textes classiques. Personnellement, je reviens beaucoup à la lecture de ces textes et je m'éloigne un peu des sciences humaines. Ainsi, je relis actuellement, ou plutôt je lis (même si j'en avais une idée), les œuvres complètes de Tacite. Ce sont des textes admirables.

Il faut les lire d'ailleurs comme les lisait Montaigne ; ils nous apprennent quelque chose sur nous. On comprend bien pourquoi l'histoire grecque et romaine a été si importante pendant des siècles et des siècles ; je dirais que c'est une espèce d'archétype de l'histoire universelle et que l'histoire universelle est comme une extension, au sens presque marxiste du terme, de l'histoire grecque et romaine.

Je pense pour finir que lire l'histoire écrite par les Anciens donne plus de plaisir, plus de savoir, plus de capacités pour comprendre le passé et plus largement la vie.

Ce que vous nous dites, c'est que dans l'histoire ancienne il y a des leçons pour le présent ?

Sûrement ! On voit bien que nous nous plaignons souvent de l'époque dans laquelle nous vivons et l'actualité nous y invite. Mais, quand on lit les *Histoires* de Tacite, on se dit que c'était une époque absolument effroyable : je songe aux quatre empereurs de l'année 69, Galba, Othon, Vitellius… et Vespasien ; heureusement qu'il est arrivé après ! Finalement, c'était pire alors qu'aujourd'hui. Une telle lecture peut nous inviter au scepticisme sur l'histoire ; à tout le moins, elle nous amène à relativiser nos propres malheurs.

Vous nous avez dit que vous lisiez Tacite. Est-ce que vous voyez des convergences ou des divergences entre la manière dont les Anciens écrivaient l'histoire et la manière dont l'écrivent les historiens modernes ?

Je pense que les historiens anciens sont des maîtres incomparables. Peut-être y a-t-il eu des historiens modernes dignes de ces grands modèles : j'ai personnellement beaucoup d'admiration pour Michelet, Gibbon, Braudel, Le Goff et tant d'autres. Mais dans l'ensemble, les historiens d'aujourd'hui ne dépassent pas les Anciens. Je ne crois pas qu'en histoire du moins nous ayons fait d'énormes progrès. Il y en a eu sans doute sur l'acribie, la vérification des sources, l'objectivité. Mais sur la capacité à faire voir et vivre le passé, à traduire dans les mots ce qui a été vécu, il me semble que l'historiographie ancienne reste une référence. Avec les historiens, nous nous promenons un peu dans des lieux et des théâtres divers, sur le Forum et à Athènes. C'est ce qu'il y a de si intéressant pour nous quand on va par exemple dans ces villes berceaux de la civilisation : il faut avoir à la main les œuvres des historiens grecs et latins ; on comprend alors d'où nous venons.

Y a-t-il des sujets, des titres, des textes qui vous ont intrigué, qui ont davantage retenu votre attention que d'autres dans ce parcours que nous avons essayé de reconstituer ?

Je dirais d'abord que le découpage thématique que vous avez adopté est très intéressant et contribue au plaisir de la lecture. C'est la première fois que je vois l'histoire présentée ainsi. Je pense à votre premier chapitre intitulé « L'histoire et ses lecteurs » : vous avez eu raison d'introduire d'emblée la figure du lecteur dans l'écriture de l'histoire, car il n'y a pas d'histoire, au sens de *Geschichte*, sans lecteur.

J'ai été également frappé par le chapitre « Histoire et poésie ». Tous les historiens grecs et latins ont été des écrivains : c'est une leçon qui n'a pas été perdue tout à fait puisque Michelet c'est un peu la même chose que Tacite. Mais certains furent même des poètes comme Silius Italicus ou Lucain. On tire de la lecture de leurs œuvres une extraordinaire jouissance esthétique. C'est une lecture qui vous transporte.

Que faut-il donc selon vous pour faire une bonne histoire, pour être un bon historien ?

Pour moi, un historien doit d'abord être un écrivain et sur ce point les historiens anciens nous donnent, dans leurs œuvres, des leçons de style. Les romanciers auraient avantage à lire ces historiens avant de se mettre au travail : j'ai relu avec admiration l'*Iliade* et l'*Odyssée* et plus récemment l'*Énéide* – dans la nouvelle traduction de Paul Veyne aux Belles Lettres : c'est un formidable roman. Car il faut savoir recréer le passé et pour cela il faut de l'imagination. On peut d'ailleurs se demander si le talent de l'historien n'en vient pas à transformer un peu l'histoire elle-même, voire à la modifier : « C'est en vain que Néron prospère, Tacite est déjà né dans l'empire[1]. »

Mais en même temps il y a, je crois, chez Tacite cette formule pour définir son projet d'historien : *sine ira et studio* « sans colère et sans parti pris ». Elle nous rappelle que la première loi de l'histoire est l'objectivité. D'ailleurs on voit très bien déjà chez les historiens grecs et latins la présence d'une critique des sources.

1. François René DE CHATEAUBRIAND, *Mémoires d'outre-tombe.*

Dans notre recueil, avez-vous reconnu une identité d'historiens ou plusieurs ?

Pour définir l'historien ancien, on s'en tient souvent à la trilogie en « T », à Thucydide, Tite-Live, Tacite. Mais il y en a d'autres moins connus, voire ignorés, que vous nous rappelez. En vous lisant, il y a de nombreuses questions qui viennent à l'esprit et notamment celle-ci : est-ce qu'il n'y a pas à côté de Thucydide, Tite-Live, Tacite, Suétone des auteurs qui pourraient rivaliser avec eux et qui ont moins été favorisés par l'histoire ? Est-ce que l'histoire a toujours été juste avec eux ? Le regard que vous portez et que nous portons sur les grands historiens n'est-il pas tributaire d'une certaine tradition ? J'imagine qu'en vous lisant on peut vraiment se poser cette question. Il y a un de vos chapitres qui s'appelle « La grande histoire ». Mais est-elle écrite à jamais ? Des personnages et des auteurs y figurent-ils qui ne devraient pas y être et d'autres qui n'y sont pas et qui devraient y être ? On a aussi perdu beaucoup d'historiens ; même chez Tacite et Tite-Live il y a des trous énormes. Nous sommes tributaires de la tradition manuscrite. Est-ce que l'appréciation que nous avons des historiens serait modifiée si nous avions le reste de leur œuvre ? Très certainement.

À Rome, César et Auguste ont écrit l'histoire dans leurs actes, mais aussi leur histoire dans leurs œuvres. D'après vous, est-ce qu'un homme d'État peut être un historien, est-ce qu'il doit être un historien ?

Je dirais d'abord que les hommes d'État français par le passé étaient souvent formés à l'École Normale Supérieure. Aujourd'hui les hommes et les femmes politiques sortent plutôt de l'ENA, ce sont des technocrates. Il faudrait qu'ils lisent l'histoire politique racontée par Thucydide ou Tacite ; elle leur serait plus utile que beaucoup de livres techniques.

Les hommes d'État d'aujourd'hui seraient-ils capables d'écrire l'histoire ? Il y en a un qui l'a écrite, c'est de Gaulle, mais c'était il y a longtemps. Il y a des rapports évidents entre l'écrivain et le pouvoir, aussi bien dans l'Antiquité qu'aujourd'hui. De cela il reste quelque chose : on voit que tout homme politique se dit que pour arriver, il lui faut écrire un livre ! C'est à peu près tout ce qui est resté de la pratique ancienne.

Pouvoir et histoire, pouvoir et littérature, pouvoir et poésie étaient inséparables dans l'Antiquité et devraient l'être encore. On voit bien chez de Gaulle la présence de la poésie. Je vais vous donner un exemple : dans le fameux discours de Londres, le 18 juin, il lance un appel célèbre et il y a une phrase qui est restée dans toutes les mémoires : « La France a perdu une bataille, elle n'a pas perdu la guerre. » Qui a écrit cette phrase ? C'est de Gaulle, mais il l'a prise chez Milton. C'est une phrase du *Paradis perdu*, traduite par Chateaubriand, que de Gaulle avait lu. Cela prouve que poésie et histoire sont liées : c'est la même chose ou presque.

Les historiens grecs et romains, quand ils écrivaient l'histoire, le faisaient souvent quand ils étaient retirés des affaires publiques, soit par les hasards de la vie, soit par des contraintes extérieures. Est-ce que vous considérez qu'il y a dans une vie ou dans une carrière des moments plus propices à l'écriture de l'histoire, au travail de réflexion sur l'histoire ?

On voit bien, surtout aujourd'hui où les problèmes sont tellement difficiles, les communications tellement rapides, où vous êtes constamment informé de ce qui se passe dans le monde, que l'on est littéralement enfoui sous les événements. Dans ce contexte, un homme politique ne peut écrire, et surtout se consacrer à l'écriture de l'histoire, que s'il est battu, à la retraite, ou malade. Mais en réalité, c'était déjà le cas dans l'Antiquité : pouvoir et histoire sont inséparables, mais l'exercice du pouvoir est incompatible avec l'écriture de l'histoire. Il me semble que César écrivait quand il était au pouvoir, mais ce qu'il écrivait n'était pas de l'histoire.

Pour finir cet entretien, nous voudrions vous soumettre une question plus personnelle. Thucydide voulait écrire avec La Guerre du Péloponnèse *un* ktéma eis aei, *« un acquis pour toujours ». Quel est votre rapport avec la postérité, à vous dont les œuvres vont bientôt rejoindre la collection de la Pléiade ?*

Mon rapport à la postérité, c'est la crainte et le tremblement ! Je dirais que l'entrée dans la Pléiade m'a fait plaisir. Ce n'est pas du tout une garantie pour l'avenir, mais un instrument pour l'avenir. On m'a donné un laissez-passer : on n'aura pas à chercher après ma mort des textes qui ont disparu. Mais qui décide de l'avenir d'une œuvre ? On le voit très bien dans votre livre. Qui décide que Tacite est Tacite, que Thucydide est un grand auteur ? Est-ce que ce sont les Académies, les Universités ? Non, ce sont les lecteurs. Mais ce ne sont pas les lecteurs d'aujourd'hui, influencés par les médias, par la mode, et c'était le cas dans le passé ; il y avait déjà des modes auxquelles cédaient les contemporains. C'est le public à venir qui décide. Il y a une formule magnifique d'Homère « l'avenir est sur les genoux des dieux ». Eh bien, la postérité est sur les genoux des dieux, et les dieux, c'est le public de demain. Nous revenons à la question du début : est-ce que l'histoire est tout à fait juste ? C'est ce qu'il y a de plus juste possible. Et quand on lit Thucydide, Tacite, Tite-Live, on se dit que le jugement de la postérité est assez juste.

CARTES

La Méditerranée antique (1 cm = 280 km)

Borysthenes
Tanais
SCYTHIA
DACIA
CHERSONESUS
TAURICA
Danubius/Ister
NIA
COLCHIS
PONTUS EUXINUS
Trapezus
MOESIA
YRICUM
BITHYNIA
PONTUS
Byzantium/
Constantinopolis
THRACIA
CAPPADOCIA
MACEDONIA
Halys
Tigris
MESOPOTAMIA
Smyrna
Euphrates
CILICIA
Athenae
SYRIA
ae
CRETA
CYPRUS
Sidon
Damascus
Tyrus
ARE INTERNUM
PHOENICIA
Aelia capitolina /
Jerusalem
Cyrene
Alexandria
LIBYA
AEGYPTUS
Nilus

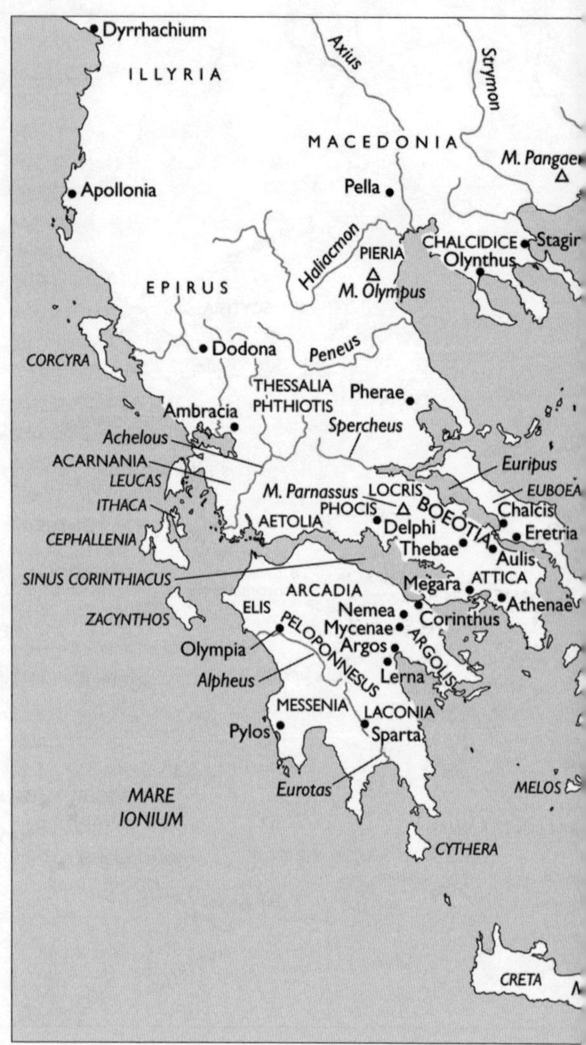

Le monde grec (1 cm = 98 km)

PONTUS
EUXINUS
THRACIA
Bosphorus
Byzantium/
Constantinopolis
Abdera
Hebrus
Doriscus
PROPONTIS
THASOS
Hellespontus
SAMOTHRACIA
Cyzicus
TROAS
Troja/Ilium
Simoïs
MYSIA
TENEDOS
Scamander
M. Ida
MARE
AEGAEUM
Pergamum
PHRYGIA
LESBOS
LYDIA
Hermus
Smyrna
CHIOS
IONIA
Colophon
Ephesus
Maeander
ANDROS
SAMOS
M. Mycale
Miletus
CARIA
DELOS
PATMOS
PAROS
Halicarnassus
NAXOS
COS
Cnidus
LYCIA
THERA
RHODOS
Cnossus
Gortyna
M. Dicte
ASIA MINOR
SPORADES

ALPES MONTES
GALLIA CISALPINA
Mediolanum
Cremona
Padus
Parma
Verona
Patavium
Mantua
Aquileia
APENNINUS MONS
Felsina/
Bononia
Ravenna
Rubico
Ariminum
Pisaurum
Ancona
Pisae
Arnus
Florentia
Arretium
ETRURIA
PICENUM
UMBRIA
Asculum
ILLYRICUM
MARE
ADRIATICUM
CORSICA
Tarquinii
Tiberis
Corfinium
Sulmo
Roma
Tibur
Praeneste
Ostia
Tusculum
Arpinum
Lavinium
Venafrum
Cannae
APULIA
Beneventum
LATIUM
Tarracina
Brundisium

L'Italie antique (1 cm = 93 km)

I

LE SERVICE DE CLIO
L'HISTORIEN
ET SES LECTEURS

LE VIVANT SOUVENIR DU PASSÉ

Dans les sociétés et les cultures gréco-latines, façonnées par la tradition et dans lesquelles la référence à l'autorité et aux modèles du passé est une constante de la pensée et de l'action, l'Histoire[1] constituait une expression forte de l'identité des peuples et avait sa Muse, Clio.

On ne s'étonnera donc pas de l'insistance avec laquelle les historiens anciens, quels que soient l'époque à laquelle ils écrivent et le sujet de leur œuvre, rappellent à leurs lecteurs que la fonction première de l'Histoire est de faire revivre le passé pour l'inscrire dans le présent. Cela implique de donner aux événements et aux hommes une présence visuelle, voire spectaculaire, qui amène le lecteur à regarder le passé tout comme Énée contemple, chez Virgile, le bouclier où est représenté l'essentiel de l'histoire romaine[2].

À cette fonction se trouve associé un autre but, tout aussi essentiel : offrir aux contemporains et aux générations futures des leçons à méditer pour la conduite individuelle ou le gouvernement de la cité. L'historien se doit donc de révéler la valeur exemplaire des hommes et des événements pour susciter chez le lecteur émulation ou répulsion.

1. Par Histoire, nous entendons désigner l'histoire comme genre littéraire et comme discours sur le passé, pour la distinguer de l'histoire, ensemble des événements et mémoire que la postérité garde du passé.

2. *Énéide*, VIII, v. 626 et suivants.

HOMÈRE
VIIIe s. av. J.-C.

VIRGILE
Ier s. av. J.-C.

CLAUDIEN
Ve s. ap. J.-C.

Plutarque

Le récit historique a le pouvoir de faire voir les choses comme sur un tableau et d'amener le lecteur à être un spectateur et un témoin du passé. De cet art éminemment suggestif, l'historien grec propose en modèle Thucydide.

LE SPECTACLE DU PASSÉ

Les actions que les peintres représentent comme si elles étaient en train de se dérouler, les œuvres littéraires les racontent et les exposent une fois achevées. Et si, pour représenter les mêmes sujets, les uns usent de couleurs et de formes, les autres de mots et de phrases, ces différences dans le matériau et les procédés d'imitation n'empêchent pas qu'ils se proposent le même but les uns et les autres et le meilleur historien est celui qui, grâce au pathétique et aux caractères, donne à son récit le relief d'un tableau. Ainsi Thucydide s'efforce-t-il toujours d'atteindre dans son récit à cette suggestivité, car il est animé du désir de transformer, pour ainsi dire, l'auditeur en spectateur et d'inspirer aux lecteurs les sentiments de stupeur et de trouble éprouvés par les témoins oculaires. Voyez, par exemple, Démosthène mettant les Athéniens en ligne le long même du rivage escarpé de Pylos, Brasidas pressant le pilote d'échouer son bateau, courant à l'échelle, criblé de coups et tombant évanoui à l'avant du navire, les Lacédémoniens livrant un combat terrestre de la mer et les Athéniens un combat naval de terre.

La Gloire des Athéniens, 347 b-c

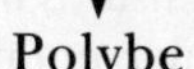

Polybe

L'utilité de l'Histoire, pour Polybe, réside dans le perfectionnement moral des lecteurs. C'est ainsi que la méditation des malheurs qui ont frappé de grands hommes ou des peuples peut être très efficace pour l'éducation à la vie.

UNE PÉDAGOGIE DU MALHEUR

L'épisode de Xanthippe[1] peut découvrir à qui le considère avec justesse plusieurs enseignements qui contribueront à redresser les erreurs humaines. Car il ressort lumineusement pour tout le monde des malheurs de Régulus qu'il faut se défier de la Fortune, surtout au milieu des succès : lui qui, si peu de temps auparavant, n'accordait ni pitié ni pardon aux vaincus, se trouvait tout d'un coup réduit à leur demander la vie sauve. Assurément, le vers depuis longtemps admiré d'Euripide[2] « un seul bon conseil peut vaincre les plus nombreux bataillons », a reçu dans ce cas, des événements eux-mêmes, sa confirmation : un seul homme, un seul avis ont anéanti des troupes qui passaient pour aguerries et invincibles et conduit à la victoire un État visiblement à bout de forces et une armée démoralisée. Je fais ces remarques pour que les livres d'histoire servent au perfectionnement des lecteurs. Tous les hommes ont en effet deux moyens de s'améliorer, soit par leurs propres malheurs, soit par ceux des autres, et si les catastrophes

1. Général spartiate qui se mit au service de Carthage pendant la première guerre punique. Il infligea à l'armée romaine conduite par le consul Régulus une lourde défaite en 255 av. J.-C. Fait prisonnier, Régulus fut envoyé par Carthage pour négocier la paix avec Rome mais, avec héroïsme et loyauté, il conseilla aux Romains de continuer la guerre. Quand il revint à Carthage, il fut cruellement mis à mort.

2. Citation faite de tête d'une tragédie d'Euripide qui ne nous est pas parvenue.

personnelles sont le moyen le plus frappant, celles d'autrui sont le plus inoffensif. S'il ne faut jamais choisir volontairement le premier, qui ne corrige qu'au prix de grandes peines et de grandes épreuves, il faut continuellement s'attacher au second, puisqu'il permet d'apercevoir en lui sans dommage la voie de l'amélioration. De ces considérations il faut conclure que la meilleure éducation pour les réalités de la vie est l'expérience tirée de l'histoire politique : elle seule, en toute occasion et vicissitude, forme sans dommage des juges sérieux, qui jugent toujours mieux.

Histoires, I, 35

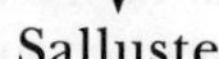

Salluste

Pour défendre l'utilité de l'écriture de l'histoire, Salluste entend démontrer que le rappel par l'historien des gloires du passé suscite chez les lecteurs une émulation bénéfique pour la pérennité de la « vertu à la romaine ».

L'IMITATION DES GRANDS HOMMES

Mais parmi les exercices qui sont du ressort de l'esprit, l'un des plus utiles est le rappel des événements passés. Assez d'autres en ont fait l'éloge pour que je n'aie pas à y revenir, et je ne veux pas non plus qu'on me soupçonne de vouloir par vanité exalter moi-même les mérites de l'étude qui a mes préférences. Je ne doute même pas que, depuis que j'ai pris la résolution de me tenir à l'écart de la politique, il n'y ait des gens pour traiter d'amusement frivole la tâche si grande et si utile que j'entreprends ; tels seront à coup sûr ceux dont toute l'activité consiste à faire leur cour à la plèbe, et à gagner sa faveur par des banquets. S'ils veulent bien se rappeler d'une part combien d'hommes de valeur n'ont pu, à l'époque où j'ai été investi de magistratures, obtenir les mêmes honneurs, et quelles sortes de gens ont par la suite envahi le sénat, ils ne laisseront pas de reconnaître que si j'ai modifié ma façon de voir, c'est pour de bonnes raisons et non par simple paresse, et que mon inaction sera plus utile à la République que l'activité de bien des gens. J'ai souvent entendu conter que Q. Maximus, P. Scipion[1], et tant d'hommes illustres de notre cité allaient répétant que la vue des portraits

1. Quintus Fabius Maximus, dit *Cunctator* (« le Temporisateur »), et Publius Cornélius Scipion, « le premier Africain », furent deux grands généraux de la seconde guerre punique qui s'opposèrent à l'avancée d'Hannibal.

de leurs ancêtres[2] enflammait leur cœur d'un ardent amour pour la vertu. Ce n'est pas sans doute que cette cire, ces images eussent en soi un pareil pouvoir ; mais au souvenir des exploits accomplis, une flamme s'allumait dans le cœur de ces grands hommes, qui ne s'éteignait qu'au jour où leur mérite avait atteint même éclat, même gloire. Dans nos mœurs actuelles au contraire, c'est en richesse et en prodigalité qu'on veut dépasser ses ancêtres, non en probité et en énergie.

La Guerre de Jugurtha, IV, 1-7

2. Les grandes familles romaines conservaient dans l'atrium de leur maison les portraits (*imagines*) de leurs ancêtres. Il s'agissait de masques de cire que l'on moulait sur le visage du défunt. Lors de chaque nouveau décès, les membres de la famille portaient en procession ces portraits dans la ville, lors de la cérémonie de la *pompa funebris.*

HOMÈRE
VIIIe s. av. J.-C.

VIRGILE
Ier s. av. J.-C.

CLAUDIEN
Ve s. ap. J.-C.

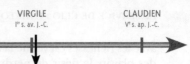

Tite-Live

Écrivant son histoire de Rome dans un contexte marqué par le souvenir des guerres civiles auxquelles Octave vient de mettre fin en 31 avant J.-C. par sa victoire sur Antoine, Tite-Live offre dans sa préface une méditation sur la crise morale qui a conduit à ces événements dramatiques. L'œuvre qu'il compose entend participer, par le rappel de la grandeur et des vertus du peuple romain, à l'entreprise de refondation politique et morale de Rome dans laquelle s'est engagé Octave-Auguste.

UNE GARANTIE CONTRE LA DÉGRADATION DES MŒURS

Ce qu'il faut, selon moi, étudier avec toute l'ardeur et l'attention dont on est capable, c'est la vie et les mœurs d'autrefois, ce sont les grands hommes et la politique, intérieure et extérieure, qui ont créé et agrandi l'empire. Puis, avec le relâchement insensible de la discipline, on suivra par la pensée d'abord une sorte de fléchissement des mœurs, puis un affaissement progressif et enfin un mouvement d'effondrement rapide, jusqu'à nos jours, où la corruption et ses remèdes nous sont également intolérables. Ce que l'histoire offre surtout de salutaire et de fécond, ce sont les exemples instructifs de toute espèce qu'on découvre à la lumière de l'ouvrage : on y trouve pour son bien et celui de son pays des modèles à suivre ; on y trouve des actions honteuses tant par leurs causes que par leurs conséquences, et qu'il faut éviter. Au reste, si ma passion pour mon entreprise ne m'abuse, jamais État ne fut plus grand, plus pur, plus riche en bons exemples ; jamais peuple ne fut aussi longtemps inaccessible à la cupidité et au luxe et ne garda aussi profondément ni aussi longtemps le culte de la pauvreté et de l'économie : tant il est vrai que moins on avait de richesses, moins on les désirait ; au lieu que de nos jours avec les richesses est venue la cupidité, et avec l'affluence des plaisirs le désir de perdre tout et de se perdre soi-même dans les excès du luxe et de la débauche.

Histoire romaine, I, préface, 9-12

HOMÈRE
VIIIe s. av. J.-C.

VIRGILE
Ier s. av. J.-C.

CLAUDIEN
Ve s. ap. J.-C.

Diodore de Sicile

Quel plus bel éloge peut-on concevoir de l'Histoire que cette réflexion placée par Diodore de Sicile au seuil de sa monumentale Bibliothèque historique *? L'historien grec y synthétise bien des arguments que l'on trouve sous la plume d'autres historiens anciens en faveur de l'étude de l'histoire. Celle-ci est d'une utilité aussi grande pour l'homme que l'étude de la philosophie.*

LA BIENFAITRICE DU GENRE HUMAIN

D'une manière générale, c'est parce que l'Histoire perpétue le souvenir de leurs bienfaits qu'elle a incité les uns à fonder des villes, d'autres à promulguer des lois aptes à garantir la sécurité publique, d'autres enfin, en grand nombre, à consacrer tous leurs soins à approfondir les sciences et les arts pour le bonheur du genre humain. Et comme ce bonheur ne se réalise pleinement que grâce à toutes ces activités combinées, il faut en attribuer le mérite principal à celle qui en est la cause première, à l'Histoire. C'est en elle qu'il faut voir la gardienne du mérite des hommes de valeur, le témoin des crimes des méchants, la bienfaitrice du genre humain tout entier. S'il est vrai que les mythes infernaux, bien que la matière en soit imaginaire, contribuent puissamment à retenir les hommes dans la piété et la justice, combien plus grande encore peut-on supposer l'influence que l'Histoire, cette prophétesse de vérité, qui est comme la métropole de toute philosophie, exerce sur le progrès moral ! Tous les hommes en effet, de par la fragilité de leur nature, ne vivent que pendant une infime portion de l'éternité ; ils sont morts pendant tout le reste du temps à venir et pour ceux qui, au cours de leur existence, n'ont rien accompli de méritoire, l'ensemble de leur vie périt avec le corps. Mais pour ceux qui ont su acquérir une réputation grâce à leurs mérites, leurs actions vivent éternellement, célébrées par la voix toute divine de l'Histoire. Il est beau, je crois, et tout homme sensé doit en convenir, d'échanger des travaux périssables contre une gloire impérissable.

Bibliothèque historique, I, 2

LA PLUS NOBLE DES TÂCHES

« Pourquoi donc est-ce que j'écris ? » Telle est la question à laquelle répondent les historiens au seuil de leur œuvre pour se concilier la bienveillance de leurs lecteurs et s'assurer de leur attention. La préface historique est une sorte de tradition du genre et elle constitue, dans des récits où majoritairement l'historien s'efface devant les événements qu'il raconte, l'un des rares lieux où le « je » de l'écrivain trouve à s'exprimer directement.

Les réponses apportées deviennent très largement au fil du temps des lieux communs, ou pour reprendre le terme grec, des *topoi.* Pourtant, cela n'interdit pas une grande variété de réponses. L'historien écrit pour : témoigner (« témoin » se dit en grec *histôr*) ; instruire par une analyse juste et impartiale des événements ; être utile à l'État ; rétablir la vérité ; consoler par le récit des malheurs déjà éprouvés antérieurement par d'autres ; partager avec le lecteur le plaisir qu'a l'historien à côtoyer de grandes figures du passé.

Mais il ne s'agit jamais de s'enfermer dans un discours rétrospectif : si l'histoire est la plus noble des tâches, c'est parce qu'elle donne aux hommes, par l'expérience qu'elle leur apporte, les moyens de mieux appréhender le présent et d'affronter l'avenir.

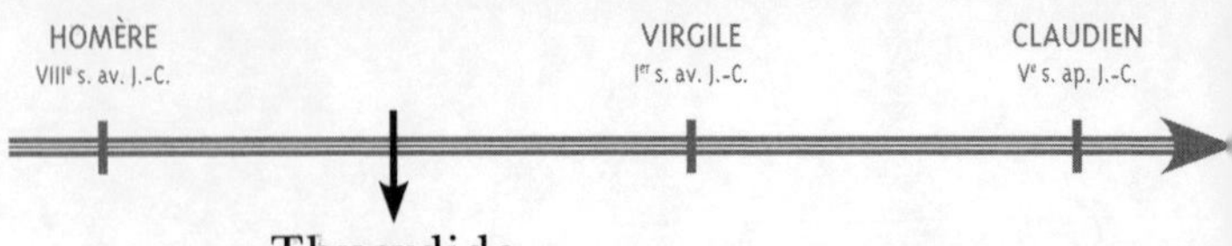

Au seuil de son récit de la guerre du Péloponnèse, Thucydide met en évidence l'intérêt majeur de son propos : c'est l'œuvre d'un observateur éclairé d'événements qui, selon lui, comptent parmi les plus importants qu'ait jamais connus la Grèce.

J'AI DÉCIDÉ D'ÊTRE LE TÉMOIN DE MON TEMPS

Thucydide d'Athènes a raconté comment se déroula la guerre entre les Péloponnésiens et les Athéniens. Il s'était mis au travail dès les premiers symptômes de cette guerre ; et il avait prévu qu'elle prendrait de grandes proportions et une portée passant celle des précédentes. Il pouvait le conjecturer parce que les deux groupes étaient, en l'abordant, dans le plein épanouissement de toutes leurs forces ; et, d'autre part, il voyait le reste du monde grec se joindre à chaque camp, aussitôt ou en projet. Ce fut bien la plus grande crise qui émut la Grèce et une fraction du monde barbare : elle gagna, pour ainsi dire, la majeure partie de l'humanité. De fait, pour la période antérieure et les époques les plus anciennes encore, on ne pouvait guère, vu le recul du temps, arriver à une connaissance parfaite, mais, d'après les indices qui, au cours des recherches les plus étendues, m'ont permis d'arriver à une conviction, je tiens que rien n'y prit de grandes proportions, les guerres pas plus que le reste.

La Guerre du Péloponnèse, I, 1-2

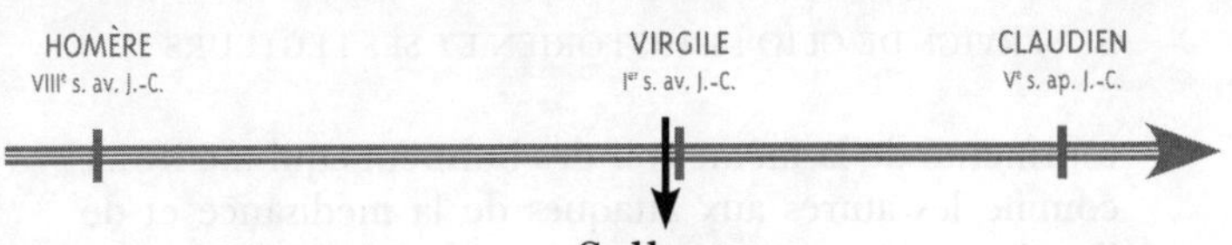

Salluste

À ses détracteurs qui lui reprochent de se consacrer à une activité littéraire après avoir fait le choix pendant plusieurs années de l'engagement politique, Salluste répond sur le ton de l'apologie. Il invoque les désillusions et les déboires dont il a fait l'expérience comme magistrat pour y opposer cette autre forme d'engagement politique, selon lui plus vertueuse, qu'est l'écriture de l'histoire de Rome.

L'HISTOIRE C'EST LA POLITIQUE SANS LES COMPROMISSIONS

Il est beau de servir l'État par ses actes ; le servir par la parole n'est pas non plus sans mérite ; on peut s'illustrer soit dans la paix, soit dans la guerre ; les auteurs de belles actions comme ceux qui ont raconté celles des autres sont également nombreux à recevoir nos éloges. Et même à mes yeux, bien que la gloire soit loin d'être la même pour celui qui écrit l'histoire et celui qui la fait, c'est une tâche des plus ardues que celle de l'historien : d'abord son récit doit être à la hauteur des faits, ensuite, s'il lui arrive de blâmer quelque faute, on le croit généralement inspiré par la malveillance et la jalousie ; lorsqu'il parle de la vertu et de la gloire des grands hommes, chacun accepte avec indifférence ce qu'il se croit capable de faire lui-même ; mais tout ce qui dépasse ce niveau, il le tient pour imaginaire et mensonger. Pour moi, tout jeune encore, mon goût me porta comme tant d'autres, vers la politique, et j'y trouvai bien des déboires. Au lieu de l'honneur, du désintéressement, du mérite, c'étaient l'audace, la corruption, la cupidité qui régnaient. Malgré l'aversion qu'inspiraient ces vices à mon âme encore innocente, ma faible jeunesse, gâtée par l'ambition, demeurait pourtant attachée à ce milieu corrompu ; et tout en me refusant à suivre l'immoralité générale, j'étais tourmenté de la même soif des honneurs qui me livrait comme les autres aux attaques de la médisance et de l'envie.

Aussi lorsque, après bien des misères et des périls, mon esprit eut retrouvé le calme, et que je fus résolu à passer le reste de ma vie loin de la politique, je ne songeai pas à gaspiller dans la paresse et l'inaction de précieux loisirs, ni non plus à consacrer mon activité à cultiver la terre ou à chasser, besognes bonnes pour des esclaves ; mais revenant au dessein et à l'inclination dont m'avait tenu éloigné une ambition mauvaise, je résolus d'écrire l'histoire du peuple romain, en en détachant les faits qui me semblaient dignes de mémoire ; j'y étais d'autant plus poussé que j'étais dégagé d'espoir, de crainte, d'esprit de parti. Je vais donc exposer en peu de mots, et aussi fidèlement que possible, la conjuration de Catilina.

La Conjuration de Catilina, III-IV, 2

Agathias

Ce qui est devenu un lieu commun des préfaces des historiens anciens, la valeur exemplaire de l'Histoire, peut, dans certaines périodes particulièrement graves, trouver une actualité qui en impose l'urgence salvatrice. Écrivant l'histoire de son époque, Agathias, auteur du VIe siècle après J.-C., met en avant dans la préface le poids du contexte événementiel (guerres de l'empire d'Orient contre les Goths, les Alamans, les Perses, les Huns) sur sa conception de l'historiographie.

L'HISTOIRE : DE LA PHILOSOPHIE PAR L'EXEMPLE

Pour le dire d'un mot, je pense que l'Histoire n'est en rien inférieure à la philosophie politique, si même elle n'est pas plus profitable. Celle-ci, telle une maîtresse inflexible et sévère, ordonne et prescrit ce à quoi il convient de s'attacher et ce qu'il faut éviter, comme si elle mêlait l'obligation à la persuasion. Celle-là, en faisant usage de ce qui est le plus séduisant, et comme si elle accommodait ses ordres par la variété de ses exemples et les faisait voir par le discours – des exemples dans lesquels des hommes sont honorés parce qu'ils ont fait preuve de réflexion et de justice, même lorsqu'ils se sont écartés de ce qui convenait, guidés par une opinion ou une fortune contraires –, instille les vertus dans les âmes avec douceur et discrétion, car ce qui est agréable et volontairement choisi s'enracine et s'attache davantage en elles. Pour moi donc, qui considère cela et y réfléchis depuis longtemps, je pensais qu'il fallait accorder une grande admiration et des louanges, comme à des bienfaiteurs communs, à tous ceux qui se sont donné de la peine pour une telle occupation, sans pourtant qu'il m'ait semblé devoir m'atteler à ce travail ou que j'aie tenté de l'entreprendre. J'étais en effet davantage porté dès l'enfance vers le mètre héroïque, et les charmes des compositions poétiques m'enchantaient. […] Mais puisque de mon temps de grandes guerres ont éclaté de manière imprévue partout dans l'univers, qu'ont eu lieu de nombreuses migrations de peuples barbares, des conséquences inattendues d'événements funestes et incroyables et des troubles de fortune déconcertants, la ruine de nations, la mise en servitude de cités, la déportation de leurs habitants, et que toute l'humanité a été bouleversée, puisque donc ces événements et d'autres semblables ont eu lieu, il m'est arrivé de craindre qu'il ne soit pas juste de laisser dans l'oubli et le silence des actions aussi importantes et surprenantes, qui seront utiles et avantageuses pour nos successeurs.

Histoires, I, préface, 3-5

Tacite

Avec l'instauration du régime impérial, la manière d'écrire l'histoire de Rome a changé, car la matière qui s'offre à l'historien n'est plus aussi riche et stimulante que par le passé. L'historiographie n'en reste pas moins, pour Tacite, une entreprise essentielle : plus que jamais, les contemporains des empereurs ont besoin d'être guidés par le savoir des historiens.

UNE PROPÉDEUTIQUE À LA VIE PUBLIQUE

La plupart des faits que j'ai rapportés et que je rapporterai paraîtront peut-être insignifiants et peu dignes de mémoire, je ne l'ignore pas ; mais on ne saurait comparer nos annales avec les écrits de ceux qui ont composé l'histoire ancienne du peuple romain. Ceux-là avaient à raconter de grandes guerres, des sièges de villes, les défaites ou la captivité des rois, et, quand ils s'occupaient des affaires intérieures, les discussions de consuls et de tribuns, les lois agraires et frumentaires, les luttes du peuple et des grands : la carrière était libre : la nôtre est étroite et sans gloire. Car, en ce temps-là, la paix était immuable ou faiblement inquiétée, Rome occupée de tristes soins, et le prince peu soucieux d'étendre l'empire. Cependant il n'aura pas été sans profit de pénétrer des faits, peu importants à première vue, mais d'où partent souvent des mouvements qui aboutissent à de grandes choses.

[…] Jadis, quand la plèbe était forte ou le sénat puissant, il fallait connaître le caractère de la multitude et par quels moyens on peut la diriger avec mesure ; ceux qui avaient étudié à fond l'esprit du sénat et des grands passaient pour habiles politiques et sages. Aujourd'hui que tout est changé, que le gouvernement de Rome n'est pas très différent d'une monarchie, la recherche et le récit des faits que je rapporte peuvent avoir leur utilité, car peu d'hommes distinguent par leur propre intelligence ce qui est honorable ou avilissant, utile ou nuisible ; la plupart s'instruisent par ce qui est arrivé aux autres.

Annales, IV, 32-33

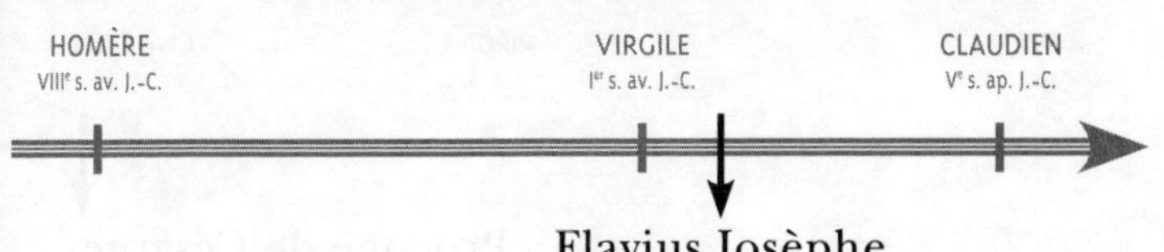

Flavius Josèphe

Comme tous les grands conflits, la première guerre judéo-romaine (67-70 après J.-C.) a donné lieu, de part et d'autre, à de nombreuses relations historiques, dont Flavius Josèphe conteste l'impartialité et la crédibilité. Il y oppose son propre récit, marqué du sceau de la vérité, car il est celui d'un homme qui a participé aux événements qu'il rapporte.

MON SEUL BUT EST DE RÉTABLIR LA VÉRITÉ

La guerre que les Juifs viennent de faire contre les Romains est la plus importante non seulement de toutes celles de notre époque, mais pour ainsi dire de tous les conflits qui ont jamais éclaté entre des cités ou des peuples et que la tradition historique nous a rapportés. Étant donné que des gens qui n'ont pas assisté aux événements et se bornent à recueillir de source orale des contes fantaisistes et contradictoires en écrivent l'histoire avec force rhétorique, et que certains autres, qui furent témoins des événements, soit par flatterie pour les Romains, soit par haine des Juifs, falsifient les faits, et qu'ainsi leurs ouvrages comportent ici l'invective, là l'éloge, mais nulle part l'exactitude qu'exige l'Histoire, je me suis proposé d'en rédiger le récit à l'usage de tous les sujets de l'Empire romain, en traduisant en grec la relation composée dans ma langue maternelle que j'avais précédemment envoyée aux Barbares des hautes régions, moi, Josèphe, fils de Matthias, (Hébreu de race), prêtre de Jérusalem, qui, au début de la guerre, ai combattu personnellement contre les Romains et qui, par la force des choses, ai assisté à la suite des événements.

Guerre des Juifs, I, 1-3

Procope de Césarée

Auteur d'une histoire incendiaire du règne de l'empereur Justinien et de l'impératrice Théodora, Procope de Césarée entend, par ce récit haut en couleurs, faire œuvre de salut public en instruisant ses contemporains et la postérité sur les dangers de la tyrannie.

ÊTRE AU SERVICE DE SES SEMBLABLES

Il vaudrait beaucoup mieux que les actions les pires restent inconnues des temps futurs plutôt que de devenir, lorsqu'elles parviennent aux oreilles des tyrans, des modèles à imiter. Pour la majorité des gouvernants, du fait de leur inexpérience, l'imitation des méfaits de leurs prédécesseurs est toujours bien facile, et ils se tournent toujours plus aisément et plus naturellement vers les fautes commises par les anciens. Ce qui pourtant, en un second temps, m'a poussé à faire l'histoire de ces actions, c'est qu'ainsi il sera manifeste, pour ceux qui gouverneront à l'avenir, avant tout qu'il n'est pas impossible qu'eux-mêmes reçoivent le châtiment de leurs fautes (ce que précisément il est arrivé à ces gens de souffrir), ensuite que leurs actions et leurs manières d'être seront aussi consignées par écrit pour toujours, et que peut-être, de ce fait, ils hésiteront à se mal conduire. Car lequel des hommes qui sont nés après eux connaîtrait la vie licencieuse de Sémiramis[1] ou la folie de Sardanapale[2] et de Néron si ces souvenirs n'avaient été laissés par ceux qui écrivirent à ce moment-là ? Par ailleurs, pour ceux

1. Sémiramis est une reine légendaire à qui les Anciens attribuaient la fondation de l'opulente cité de Babylone, célèbre notamment pour ses jardins suspendus.

2. Sardanapale, dernier roi d'Assyrie (VIIe siècle av. J.-C.), fut tristement réputé pour la débauche qu'il avait érigée en mode de vie.

surtout qui risquent de subir des traitements semblables de la part des tyrans, ce récit ne sera pas sans utilité. Ceux qui sont éprouvés sont généralement consolés en sachant qu'ils ne sont pas les seuls à subir des malheurs.

Histoire secrète, prologue, 6-10

HOMÈRE VIIIe s. av. J.-C. — VIRGILE Ier s. av. J.-C. — CLAUDIEN Ve s. ap. J.-C.

Plutarque

L'Histoire n'est pas seulement utile pour les lecteurs ; elle est aussi source d'agrément pour celui qui la compose : tel est le point de vue original de Plutarque. Dans l'extrait qui suit, il rend compte de l'expérience privilégiée qu'il vit à écrire des vies de grands hommes.

JOUIR DE LA COMPAGNIE DES GRANDS HOMMES

Si moi j'ai commencé à composer ces biographies, ce fut d'abord pour faire plaisir à d'autres, mais c'est maintenant pour moi-même que je persévère dans ce dessein et m'y complais : l'histoire des grands hommes est comme un miroir que je regarde pour tâcher en quelque mesure de régler ma vie et de la conformer à l'image de leurs vertus. M'occuper d'eux, c'est, ce me semble, comme si j'habitais et vivais avec eux, lorsque grâce à l'histoire recevant pour ainsi dire sous mon toit chacun d'eux tour à tour et le gardant chez moi, je considère « comme il fut grand et beau » et lorsque je choisis parmi ses actions les plus importantes et les plus belles à connaître. « Oh ! est-il un plaisir plus grand que celui-là, plus efficace pour réformer les mœurs ? » Démocrite[1] prétend qu'il faut souhaiter de rencontrer des images heureuses et de recevoir de l'extérieur celles qui sont bonnes et apparentées à notre nature plutôt que celles qui sont mauvaises et funestes ; il introduit ainsi dans la philosophie une doctrine fausse et qui entraîne des superstitions infinies. Pour nous, en nous attachant

1. Démocrite, philosophe grec du IVe siècle av. J.-C., fut le fondateur de l'atomisme. Cette doctrine philosophique expliquait l'univers par le mouvement des atomes et interprétait la perception sensible qu'en a l'homme comme résultant des traces laissées sur l'âme par les émanations d'atomes provenant des objets.

à l'histoire et en nous faisant une habitude de l'écrire, nous nous préparons à nous remettre sans cesse en mémoire les actions des personnages les plus vertueux et les plus réputés, et ainsi à rejeter et à écarter ce que la fréquentation des hommes nous apporte nécessairement de vicieux, de mauvais et de bas, en détournant notre pensée, devenue accueillante et douce, vers les plus beaux des modèles.

Vie de Timoléon, préface

II

PETIT VADE-MECUM À DESTINATION DE L'HISTORIEN

DIRE LA VÉRITÉ

Même si cela apparaît comme l'énoncé d'une évidence, tous les historiens affirment que l'Histoire est une quête du vrai. Il s'agit, comme aurait pu l'écrire Cicéron, de « dire la vérité, toute la vérité, rien que la vérité », et cette déclaration a, comme dans nos tribunaux, valeur d'engagement de la part de l'écrivain. Depuis Hérodote en effet, l'historien, qui prend en charge la mémoire collective, le fait comme un juge : il lui revient de reconstituer la chaîne des causes qui ont conduit à tel ou tel événement, de faire comparaître les témoins (en l'occurrence les récits antérieurs au sien), de confronter entre elles les preuves. Il doit également arbitrer en attribuant éloge ou blâme : le lecteur attend en effet de lui qu'il prenne position, qu'il donne son avis en se fondant sur son expérience, souvent acquise au contact direct des affaires publiques[1].

En un mot, l'Histoire dans l'Antiquité n'est pas une science, elle n'est pas « objective » au sens moderne du terme. D'ailleurs la notion même d'objectivité est absolument inconnue des Anciens. En revanche, l'historien a comme devoir d'être impartial, c'est-à-dire d'écrire, comme le précise Tacite, sans adulation et sans haine.

1. La plupart des historiens grecs et latins ont d'abord mené une carrière politique. L'exception la plus notable est Tite-Live qui est présenté d'ordinaire comme un « historien de cabinet ».

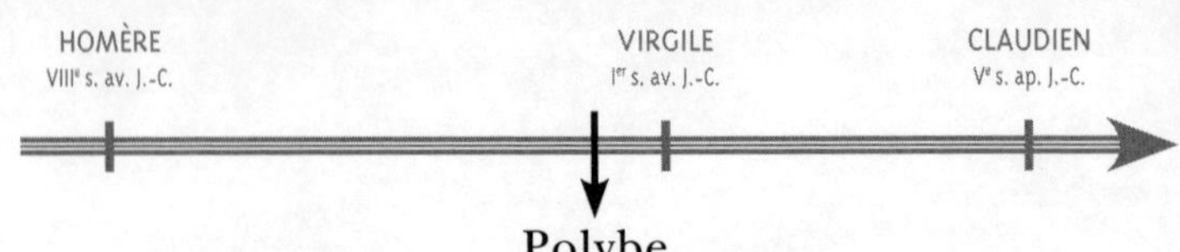

Polybe

L'impartialité, tous les Anciens l'affirment, est une qualité indispensable pour un historien digne de ce nom. La règle donnée ici par Polybe devient donc rapidement un lieu commun des préfaces historiques. Mais la critique qu'il fait des historiens qui lui servent de sources est à la fois une manière de montrer sa supériorité sur eux et d'en appeler à la vigilance des lecteurs.

L'IMPARTIALITÉ : PREMIÈRE QUALITÉ DE L'HISTORIEN

La mentalité et les sympathies de Philinos[1] lui font trouver toutes les actions des Carthaginois judicieuses, admirables, héroïques, et celles des Romains toutes contraires ; pour Fabius[2] c'est l'inverse. En toute autre circonstance on ne désapprouverait pas sans doute ce genre d'honnêteté : c'est un devoir pour un homme de bien d'aimer ses amis et sa patrie et de partager les inimitiés de ses amis aussi bien que leurs affections. Mais quand on a conscience du caractère propre de l'Histoire, il faut oublier tous les sentiments de ce genre et souvent féliciter et couvrir d'éloges ses ennemis, quand leurs actes le demandent, souvent aussi critiquer et blâmer sévèrement ceux de son parti lorsque leurs erreurs de conduite le justifient. Car de même qu'un animal privé de la vue ne sert absolument à rien, de même l'Histoire privée de la vérité se réduit à un récit sans utilité. Il ne

1. Philinos : cet historien sicilien, originaire d'Agrigente, vécut lors de la première guerre punique, à laquelle il consacra une monographie dont il ne nous reste que des fragments. Il a été l'une des sources de Polybe, qui le présente comme favorable aux Carthaginois.

2. Fabius Pictor, sénateur et historien romain, prit part à la deuxième guerre punique (218-202 av. J.-C.). Il écrivit en grec des *Annales* racontant l'histoire de Rome depuis les origines et qui lui ont valu le titre de « créateur de l'histoire romaine ».

faut donc pas hésiter ni à incriminer ses amis, ni à louer ses ennemis, ni même avoir peur de blâmer et de vanter tour à tour les mêmes personnes, puisqu'il n'est pas possible ni même vraisemblable que des hommes mêlés aux affaires publiques réussissent ou échouent continuellement. Il faut donc, faisant abstraction des acteurs, régler sur les actes seuls, dans les ouvrages historiques, les observations et les jugements qui s'imposent.

Histoires, I, 14

HOMÈRE
VIIIe s. av. J.-C.

VIRGILE
Ier s. av. J.-C.

CLAUDIEN
Ve s. ap. J.-C.

Tacite

Dans la préface des Histoires, *Tacite affirme qu'il écrit avec impartialité, sans être guidé par l'adulation ou la haine des puissants. Comme pour Polybe, il s'agit pour lui de se présenter comme un historien véritable face à ses devanciers. Mais son insistance vise aussi à désamorcer les critiques : par sa carrière, il est en effet très proche du régime impérial et pourrait être soupçonné d'être partial.*

SANS ADULATION ET SANS HAINE

Je commencerai mon ouvrage au second consulat de Servius Galba, qui eut pour collègue Titus Vinius[1]. En voici la raison : les huit cent vingt années de l'époque antérieure depuis la fondation de Rome ont été relatées par de nombreux auteurs qui le firent, aussi longtemps qu'ils racontaient l'histoire du peuple romain, avec autant d'éloquence que d'indépendance ; mais quand on eut livré la bataille d'Actium[2] et qu'il fallut, dans l'intérêt de la paix, concentrer tout le pouvoir sur un seul homme, ces grands génies du passé disparurent ; en même temps la vérité subit de multiples atteintes : d'abord par l'ignorance des affaires publiques où l'on n'avait pas de part, puis par l'esprit d'adulation ou, à l'inverse, par la haine contre les puissants ; ainsi ni les uns ni les autres ne se souciaient de la postérité, qu'ils fussent hostiles ou serviles. Mais un historien qui fait sa cour a vite fait de provoquer l'aversion, tandis que le dénigrement et l'envie trouvent des oreilles complai-

1. Tacite désigne ici la date du 1er janvier 69 ap. J.-C.

2. La bataille navale d'Actium (31 av. J.-C.) marque la victoire définitive d'Octave sur son adversaire Antoine, allié à Cléopâtre. Octave devient ensuite, sous le nom d'Auguste, le seul maître de Rome et de son empire.

santes : c'est qu'à l'adulation s'attache un honteux grief de servitude, à la malignité un faux air d'indépendance. Quant à moi, Galba, Othon, Vitellius ne me sont connus ni par la faveur ni par la disgrâce. Vespasien m'a ouvert la carrière des honneurs, Titus m'y a poussé, Domitien m'y a fait progresser plus loin encore, je ne saurais le nier, mais quand on a fait profession de loyauté incorruptible, on doit parler de chacun sans amour et sans haine.

Histoires, I, 1

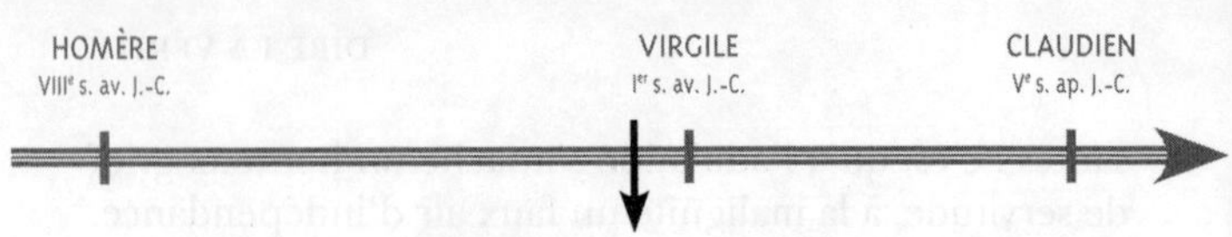

Sempronius Asellio

Nous n'avons conservé que des fragments – dont celui-ci qui est cité par Aulu-Gelle – de l'œuvre de Sempronius Asellio. Cet historien latin de la fin du IIe siècle avant J.-C. était l'auteur d'un ouvrage connu sous le nom de res gestae[1] *et dans lequel, comme il l'explique lui-même, il avait la volonté de dépasser ce que nous appelons « l'histoire événementielle ».*

IL FAUT ALLER PLUS LOIN QUE L'EXPOSÉ DES FAITS

« Mais entre ceux qui ont voulu, dit-il, laisser des *annales* et ceux qui ont essayé d'écrire l'histoire (*res gestae*) du peuple romain, il y avait la différence générale suivante. Les livres d'*annales* montraient seulement ce qui avait été fait chaque année, à la manière de ceux qui écrivent un journal (*diarium*), ce que les Grecs appellent *éphèméris*. Pour nous, je constate qu'il ne nous suffit pas seulement d'énoncer ce qui a été fait, mais nous voulons montrer encore avec quelle intention et en vertu de quel raisonnement cela a été fait. » Peu après le même Asellio dit dans le même livre : « Les livres d'annales ne peuvent en rien rendre plus ardent à défendre la république, ni plus lent à faire le mal. Écrire sous quel consul une guerre a pris naissance, sous lequel elle a pris fin, qui y a remporté le triomphe, sans indiquer dans le livre ce qui a été fait au cours de la guerre, les décrets pris par le sénat pendant cette période ou les lois et propositions de lois votées et reprendre les desseins dans lesquels cela fut fait, c'est raconter des fables aux enfants et non pas écrire l'histoire. »

Cité par Aulu-Gelle, *Les Nuits attiques*, V, 18

1. L'expression *res gestae* est difficilement traduisible autrement que par « actions accomplies ». C'est une des manières par laquelle les Romains désignaient un récit historique en prose, comme le rappelle Aulu-Gelle (p. 84).

HOMÈRE
VIIIe s. av. J.-C.

VIRGILE
Ier s. av. J.-C.

CLAUDIEN
Ve s. ap. J.-C.

Cicéron

Dans les lignes qui suivent et qui constituent un remarquable résumé des obligations de l'historien selon les Anciens, on en notera une qui a de quoi étonner un lecteur moderne, mais que l'on trouve déjà chez Polybe : l'historien doit donner son avis sur les événements qu'il rapporte. C'est l'illustration de la différence entre impartialité et objectivité.

LES LOIS DE L'HISTOIRE

Ne voyez-vous pas quelle grande tâche c'est pour l'orateur que d'écrire l'histoire ? Peut-être est-ce la plus grande par le flot et la variété de l'éloquence ; et je ne trouve nulle part qu'elle ait fait l'objet de la part des rhéteurs de règles particulières ; ces règles sont en effet placées sous nos yeux. Car qui ignore que la première loi de l'Histoire est de n'oser rien dire de faux ? ensuite d'oser dire tout ce qui est vrai ? d'écrire sans donner prise au moindre soupçon de complaisance ? sans donner prise au moindre soupçon de haine ? Ce sont là, naturellement, les fondements de l'Histoire et ils sont connus de tous. Quant à la construction même de l'édifice, elle repose sur les faits et les mots. En ce qui concerne les faits, elle demande qu'on respecte l'ordre chronologique et qu'on décrive les lieux. Elle veut aussi – puisque lorsqu'il s'agit de faits importants et dignes qu'on s'en souvienne on attend d'abord ce qui a été projeté, puis ce qui a été fait, enfin ce qui en a résulté – qu'en ce qui concerne les projets soit indiqué ce que l'auteur approuve, qu'en ce qui concerne les faits soit montré non seulement ce qui s'est passé ou ce qui a été dit, mais aussi de quelle manière cela a été fait ou dit, et quand on parle du résultat, que soient clairement exposées toutes les causes – ce qui tient au hasard, à la sagesse ou à la témérité –, et non seulement les actions des hommes eux-mêmes mais aussi, pour ceux qui l'emportent par la réputation et le nom, ce qui concerne la vie et le caractère de chacun.

De l'orateur, II, 62-63
(traduction Gérard SALAMON)

HOMÈRE VIIIe s. av. J.-C. — VIRGILE Ier s. av. J.-C. — CLAUDIEN Ve s. ap. J.-C.

Lucien

Cette parodie de préface historique prend toute sa saveur lorsqu'on sait que celui à qui on la doit, Lucien de Samosate, est aussi l'auteur d'un très sérieux traité intitulé « Comment écrire l'histoire », dans lequel il déclare : « Si l'on veut être historien, il ne faut sacrifier qu'à la seule vérité, et tenir tout le reste pour négligeable[1]. »

CROYEZ-MOI, JE VAIS MENTIR !

Car ce n'est point seulement l'étrangeté du sujet ni l'agrément du projet qui séduira les lecteurs ni les mensonges variés que nous avons exposés de façon convaincante et vraisemblable. Mais c'est aussi que chaque détail du récit est une allusion – non sans intention comique – à certains poètes, historiens, philosophes d'antan, dont les ouvrages contiennent beaucoup de prodiges et de fables ; je les citerais bien par leur nom si tu ne devais les identifier toi-même à la lecture. Entre autres, Ctésias de Cnide[2], fils de Ctésiochos, qui écrivit sur le pays des Indiens et sur ce qui s'y trouve des choses qu'il n'avait ni vues ni entendues de la bouche d'un tiers véridique. Jamboulos aussi fit quantité de récits extraordinaires à propos de la Grande mer[3] ; le récit mensonger qu'il composa fut manifeste pour tous, sans que le sujet traité fût déplaisant pour autant. Beaucoup d'autres prirent le même parti et consignèrent comme étant les leurs des courses errantes et lointaines, en décrivant des

1. Lucien, *Comment écrire l'histoire*, 39.

2. Médecin et historien grec de la fin du ve siècle av. J.-C. Il a vécu à la cour du roi de Perse Artaxerxès.

3. Nous ne connaissons Jamboulos (IIe siècle av. J.-C.) que par les historiens postérieurs qui le citent : il avait écrit le récit d'un voyage lors duquel il aurait découvert dans l'Océan (la Grande mer) un pays fabuleux, l'Île bienheureuse.

bêtes énormes, des hommes cruels, des genres de vie singuliers. Leur chef de file et leur maître en fariboles de ce genre fut l'Ulysse homérique, qui dans ses récits à la cour d'Alcinoüs parlait de l'esclavage des vents, et de certains hommes à l'œil unique, mangeurs de chair crue et sauvages, et aussi d'animaux à plusieurs têtes et des métamorphoses de ses compagnons sous l'effet de philtres[4] : ainsi il fit bien des contes prodigieux aux Phéaciens, gens naïfs. J'ai donc lu tous ces auteurs, sans trop reprocher à ces hommes de mentir, vu que c'était déjà pratique courante chez ceux mêmes qui font profession de philosopher. Mais ils m'étonnaient sur un point : c'est qu'ils avaient cru pouvoir écrire ce qui n'est pas vrai sans qu'on s'en aperçût. C'est pourquoi moi aussi – par vaine gloire – j'ai tenu à transmettre quelque chose à la postérité et je ne veux pas être le seul à ne pas participer à la liberté d'affabuler. Puisque je n'avais rien de vrai à raconter – car je n'avais jamais rien vécu d'intéressant –, je me suis adonné au mensonge avec des sentiments bien plus nobles que les autres. Car je dirai la vérité au moins sur ce seul point : en disant que je mens. Ainsi, je crois bien que j'éviterais les accusations des gens en reconnaissant moi-même que je ne dis rien de vrai. Bref, j'écris au sujet de ce que je n'ai ni vu, ni éprouvé, ni appris d'autrui, et en outre de ce qui n'existe en aucune façon et ne peut absolument pas exister. Aussi les lecteurs ne doivent-ils nullement ajouter foi à tout cela.

Les Histoires vraies, 2-4

4. Allusion à la transformation en porcs des compagnons d'Ulysse par la magicienne Circé.

S'INFORMER ET SE DOCUMENTER

En vertu des lois de l'Histoire, la première tâche de l'historien est de réunir la documentation à partir de laquelle il construira son récit. L'historien ancien peut, bien entendu, avoir été lui-même, comme Thucydide, le témoin des événements. À défaut, ses méthodes sont assez proches de celles de l'historien moderne : tel un enquêteur, il peut aller sur le terrain pour rechercher et interroger des témoins ou pour voir de ses propres yeux les lieux qui gardent la trace de ce qui s'y est passé. Pour des faits plus éloignés dans le temps, il peut recourir, comme Hérodote, à l'expertise des personnes qu'il considère comme les plus compétentes sur les sujets dont il traite.

Mais le plus souvent sa documentation est écrite, ce qui ne signifie pas qu'il va systématiquement consulter des documents originaux, pourtant conservés dans les archives des cités, des temples ou des grandes familles. Il n'a pas le réflexe méthodologique que nous attendons de l'historien depuis que l'Histoire a été détachée des Belles-Lettres pour devenir une science. Pour un historien grec ou latin, la documentation de base est ordinairement constituée par les récits des historiens qui l'ont précédé. Il travaille donc plutôt à partir d'une documentation de seconde main. Dans ces conditions, le choix des sources devient essentiel pour qui se veut un historien sérieux et digne de créance : il les cite assez fréquemment, même s'il ne donne pas toutes les références des ouvrages qu'il a consultés. Cela ne l'empêche pas d'avoir conscience de leur degré relatif de fiabilité. Écoutons sur ce point Quinte-Curce, qui écrivant l'histoire d'Alexandre le Grand, précise à l'occasion d'une bataille où le roi a été blessé :

> « Ptolémée, qui fut roi par la suite, était présent à cette bataille, d'après ce qu'affirment Clitarque et Timagène ; mais Ptolémée lui-même, qui naturellement ne cherchait pas à se déprécier, a raconté qu'il n'y était pas : on l'avait envoyé en expédition ailleurs. Tant il y eut d'indifférence, ou encore, ce qui ne vaut pas mieux, de crédulité chez ceux qui ont réuni les documents historiques du temps passé[1] ! »

1. *Histoires,* IX, 5, 21.

HOMÈRE
VIIIe s. av. J.-C.

VIRGILE
Ier s. av. J.-C.

CLAUDIEN
Ve s. ap. J.-C.

Hérodote

À défaut de voir soi-même ce dont on parle, il faut interroger ceux qui sont les mieux placés pour savoir et confronter ses sources : telle est la position d'Hérodote. C'est la qualité de ses informations que « le père de l'Histoire » souligne dans ce développement sur la première langue de l'humanité…

RECHERCHER CEUX QUI SAVENT

Les Égyptiens, avant le règne de Psammétique[1], se tenaient pour les plus anciens de tous les hommes. Mais Psammétique, devenu roi, voulut savoir qui étaient vraiment les plus anciens des hommes et depuis lors ils tiennent les Phrygiens pour plus anciens qu'eux-mêmes, et se tiennent eux-mêmes pour plus anciens que les autres. Malgré ses efforts pour s'informer, Psammétique ne pouvait trouver un moyen de savoir qui étaient les plus anciens des hommes. Voici donc ce qu'il imagina : il donna à un berger deux enfants nouveau-nés, fils de parents quelconques, pour qu'il les élève, là où étaient ses troupeaux, de la manière suivante : personne, c'étaient les ordres, ne devait prononcer un mot en leur présence. […] Il y avait deux ans que le berger faisait ce qu'on lui avait dit quand, un jour qu'il ouvrait la porte et entrait dans la cabane, les deux enfants, se traînant à ses pieds, prononcèrent le mot *bécos* en lui tendant les bras. […] Quand Psammétique les eut entendus à son tour, il rechercha quels hommes appelaient quelque chose *bécos*, et il découvrit grâce à ses recherches que c'est ainsi que les Phrygiens appelaient le pain. C'est ainsi que, d'après cette aventure, les Égyptiens reconnurent aux Phrygiens une ancienneté plus grande que la leur. Voilà

1. Le règne de Psammétique, fondateur de la 26e dynastie, a duré de 663 à 609 av. J.-C.

comment j'ai entendu raconter la chose par les prêtres d'Héphaistos à Memphis ; mais des Grecs prétendent, entre beaucoup d'autres sottises, que Psammétique avait fait couper la langue à des femmes, et que ce fut auprès de ces femmes qu'il fit séjourner les enfants. Voilà ce que les prêtres me dirent à propos de ces enfants et de la façon dont ils furent élevés. Au cours des entretiens que j'eus à Memphis avec les prêtres d'Héphaistos, j'appris encore d'autres choses ; et je me rendis aussi à Thèbes et à Héliopolis pour m'informer sur les mêmes sujets, désirant savoir si on y serait d'accord avec ce qui m'avait été dit à Memphis ; car les prêtres d'Héliopolis passent pour les plus savants des Égyptiens.

Histoires, II, 2-3
(traduction Gérard SALAMON)

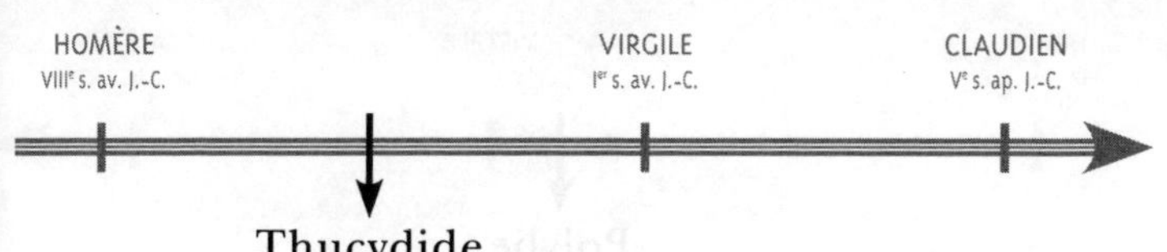

Thucydide

Pour recommander son histoire aux lecteurs, Thucydide expose les principes méthodologiques qui l'ont guidé : privilégier l'information puisée directement à la source et s'astreindre à en donner une relation fidèle, le récit dût-il y perdre en agrément.

VOIR SOI-MÊME ET RETROUVER LES TÉMOINS

Quant aux actes qui ont été accomplis dans la guerre, je n'ai pas cru bon de les transcrire d'après les informations du premier venu ni d'après mon opinion personnelle, mais ou bien j'y ai assisté moi-même, ou bien pour le reste j'ai enquêté sur chaque événement avec toute l'exactitude possible. Cette recherche ne fut pas sans peine parce que ceux qui ont assisté à chaque action ne les rapportaient pas de la même manière mais selon leurs sympathies à l'égard de l'un ou l'autre parti ou selon leurs souvenirs. Et à l'audition, l'absence de merveilleux dans les récits paraîtra probablement en diminuer l'agrément ; pour ceux qui voudront voir clair dans les faits passés et dans ceux qui, à l'avenir, en vertu de l'humaine condition, se reproduiront à l'identique ou avec une certaine similitude, il suffira de juger utiles les faits. Cette œuvre est un acquis pour toujours plutôt qu'une composition à écouter dans l'instant à l'occasion d'un concours[1].

La Guerre du Péloponnèse, I, 22
(traduction revue par Marie LEDENTU)

1. Thucydide oppose ici l'Histoire aux pièces de théâtre écrites et représentées lors des fêtes religieuses. Celles-ci donnaient lieu à un concours entre poètes qui recevaient des prix.

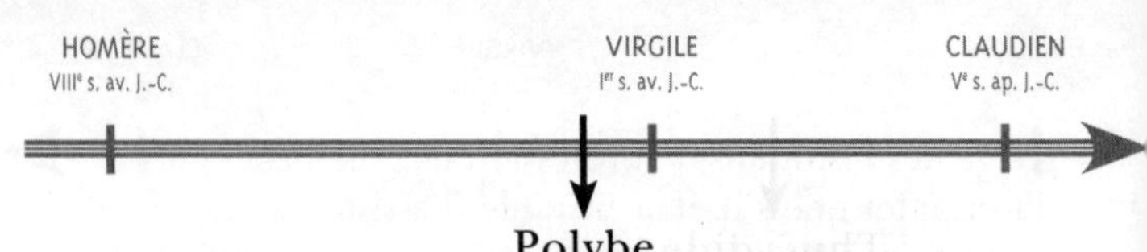

Polybe

*Si les Anciens considéraient Homère comme le premier poète et le premier historien, on ne s'étonnera pas que le héros de l'*Odyssée, *Ulysse, puisse être lui aussi une référence pour les historiens… en raison de l'expérience et des connaissances qu'il acquit au cours de ses périples sur terre et sur mer.*

ULYSSE : UN MODÈLE POUR L'HISTORIEN

Des deux instruments, pour ainsi dire, que nous possédons naturellement et qui nous servent à la connaissance et à l'information, l'ouïe et la vue, la vue est de beaucoup le plus véridique selon Héraclite[1] (les yeux étant des témoins plus exacts que les oreilles) ; mais Timée[2] a pris pour se renseigner la plus agréable et la moins bonne de ces deux voies. Il a renoncé entièrement aux renseignements de la vue et n'a recueilli que ceux de l'ouïe. Et comme celle-ci est en quelque sorte double, il s'est attaché à la consultation des livres, mais il a renoncé par négligence à l'enquête orale, comme nous l'avons montré plus haut. Il est facile de comprendre pour quelle raison il a choisi cette méthode : c'est qu'on peut tirer des informations des livres sans péril et sans fatigue, pourvu qu'on ait pris la seule précaution de s'installer dans une ville possédant quantité d'ouvrages ou quelque part, au voisinage d'une bibliothèque. Il ne reste plus qu'à faire des recherches tout en restant couché et à collationner les erreurs des historiens antérieurs sans aucune espèce de fatigue. Mais si l'information exige beaucoup de peine et de dépenses, elle est très utile et même c'est la partie la plus importante de l'Histoire. Cela ressort du témoi-

1. Philosophe grec du ve siècle av. J.-C.
2. Cet historien grec du IIIe siècle av. J.-C. écrivit une ample histoire de la Sicile des origines à 264 av. J.-C.

gnage des historiens de profession eux-mêmes. Éphore[3] dit en effet que s'il était possible d'assister soi-même à tous les événements, ce serait de beaucoup la meilleure forme de connaissance ; et Théopompe[4], que le meilleur homme de guerre est celui qui s'est trouvé au plus grand nombre de batailles, et le plus habile orateur celui qui a pris part au plus grand nombre de débats politiques, et qu'il en est de même pour la médecine et la navigation. Homère s'est exprimé d'une manière encore plus frappante sur ce point. C'est lui qui, pour nous montrer ce que doit être un homme politique, présente le personnage d'Ulysse en disant précisément : « Dis-moi, Muse, l'homme industrieux, qui eut beaucoup à errer », et plus loin : « Il vit les villes de nombreux peuples et connut leur esprit et il endura sur la mer bien des maux en son cœur » et encore : « Traversant les guerres des hommes et les flots furieux ».

À mon avis voilà l'homme que réclame la dignité de l'histoire.

Histoires, XII, 27-28

3. Éphore de Cymé fut l'auteur, au IVe siècle av. J.-C., d'une histoire des villes de Grèce et d'Asie Mineure en 30 volumes, abondamment nourrie de récits mythiques, d'ethnologie, d'histoire politique et militaire. Diodore de Sicile le prit pour source des livres XI-XVI de sa *Bibliothèque historique*.

4. Cet historien, élève d'Isocrate et ami de Philippe II de Macédoine et d'Alexandre, rédigea une « histoire hellénique » qui prenait la suite de l'œuvre de Thucydide pour raconter les événements de 411 à 394 av. J.-C. Il composa également une vie de Philippe II en 58 volumes.

Denys d'Halicarnasse

Écrivant à Rome sous le principat d'Auguste, l'historien grec Denys d'Halicarnasse choisit de rendre compte de manière très détaillée de l'histoire ancienne du peuple romain et de ses traditions. Dans la préface, il expose sa méthode de travail, s'agissant notamment de la documentation en langue latine que son séjour romain lui a permis d'utiliser.

CONNAÎTRE LA LANGUE DU PAYS POUR EN ÉCRIRE L'HISTOIRE

Après avoir rendu compte de mon choix, je voudrais encore parler des sources que j'ai utilisées lorsque j'ai entrepris d'écrire ce livre. Il est probable en effet que ceux qui auront lu auparavant Hiéronymos[1], Timée[2], Polybe ou quelque autre de ces auteurs dont j'ai fait mention un peu plus haut pour dire qu'ils n'avaient fait qu'effleurer la question dans leurs écrits, comme ils n'auront pas trouvé chez eux un grand nombre des faits que j'écris, me soupçonneront d'improviser et exigeront de savoir d'où la connaissance m'en est venue. C'est précisément pour éviter que certains n'aient une pareille opinion de moi qu'il vaut mieux que je parle dans ce prologue des récits et des documents qui m'ont servi de sources. J'ai pour ma part débarqué en Italie quand César Auguste mit fin à la guerre civile, au milieu de la cent quatre-vingt-septième olympiade ; et en vivant à Rome durant les vingt-deux années qui se sont écoulées depuis

1. Hiéronyme de Cardia est un historien du IIIe siècle av. J.-C. Grâce à une connaissance de première main des événements qu'il acquit comme général dans l'entourage de Philippe II puis d'Alexandre, il fit le récit de la période allant de la mort d'Alexandre à la mort de Pyrrhus (323 av. J.-C.-272 av. J.-C.). Son histoire est entièrement perdue.
2. Voir la note 2 du texte précédent.

lors jusqu'aujourd'hui, en apprenant la langue romaine, en m'initiant à la littérature nationale, j'ai passé tout ce temps à essayer de me procurer les renseignements relatifs à mon sujet. Je fus instruit oralement de certains faits par les hommes très cultivés que je vins à fréquenter, et je glanais les autres dans les histoires qu'ont écrites des auteurs prisés par les Romains eux-mêmes, Porcius Cato, Fabius Maximus, Valerius Antias, Licinius Macer, les Aelii, les Gellii, les Calpurnii[3] et bien d'autres, outre ceux-là, qui sont loin d'être obscurs : en prenant pour point de départ ces ouvrages – ils ressemblent aux annales grecques –, j'ai alors commencé à écrire.

Les Antiquités romaines, I, 7

3. Historiens latins dont il ne nous reste que des fragments.

HOMÈRE
VIIIe s. av. J.-C.

VIRGILE
Ier s. av. J.-C.

CLAUDIEN
Ve s. ap. J.-C.

Arrien

Si les historiens anciens se plaignent souvent, comme c'est le cas de Tite-Live pour les premiers siècles de Rome, du manque de sources, ils se trouvent aussi parfois confrontés à une pléthore d'ouvrages antérieurs entre lesquels ils doivent choisir. Ce sont les règles qu'il s'est fixées au moment d'écrire une énième histoire d'Alexandre que présente ici Arrien, et si certains de ses arguments peuvent paraître spécieux, il n'en reste pas moins que ses choix sont mûrement réfléchis.

L'ART DE CHOISIR SES SOURCES

Ptolémée, fils de Lagos, et Aristobule, fils d'Aristobule, sont d'accord sur un certain nombre de faits concernant Alexandre, fils de Philippe ; en ce cas je les reprendrai en les considérant comme entièrement véridiques. Mais, lorsqu'ils sont en désaccord, je choisirai la version qui me paraîtra à la fois la plus fiable et la plus digne d'être mentionnée. Beaucoup d'autres auteurs ont écrit des ouvrages sur Alexandre et il n'y a pas un personnage qui ait suscité plus d'historiens et plus de témoignages contradictoires ; mais Ptolémée et Aristobule m'ont semblé les plus dignes de foi dans leur exposé des faits. Aristobule, parce qu'il a combattu aux côtés du roi Alexandre, et Ptolémée, parce qu'il a non seulement combattu avec lui, mais parce que, devenu roi lui-même, il était plus déshonorant pour lui que pour un autre de mentir. En outre, comme ils ont écrit tous les deux après la mort d'Alexandre, déformer les faits n'était pour eux ni une nécessité ni une source de profit. Il y a aussi des faits que d'autres historiens ont rapportés et que j'ai retenus parce qu'eux aussi, me semblait-il, méritaient d'être mentionnés et n'étaient pas totalement sans fondement, mais uniquement comme des on-dit se rapportant à Alexandre. Par ailleurs, celui qui s'étonnerait de ce que, après de si nombreux historiens, j'aie eu moi aussi l'idée d'entreprendre le présent ouvrage, ne devra s'étonner qu'après avoir entièrement lu ces historiens et m'avoir lu moi-même.

Histoire d'Alexandre, I, 1
(traduction Gérard Salamon)

HOMÈRE
VIIIe s. av. J.-C.

VIRGILE
Ier s. av. J.-C.

CLAUDIEN
Ve s. ap. J.-C.

Varron

À partir des sources dont il dispose, Varron, le plus savant des Romains, est bien en peine d'accorder les traditions et d'expliquer précisément pourquoi le lac Curtius, sur le Forum, porte ce nom.

MULTIPLIER SES SOURCES AU RISQUE DE S'Y PERDRE

Il y a dans le Forum un lieu appelé le lac Curtius, qui, suivant une tradition généralement adoptée, doit son nom à un nommé Curtius. Quant à la cause qui lui a fait donner ce nom, Procilius, Pison et Cornélius Stilon ne s'accordent pas entre eux. Suivant Procilius, la terre s'étant entrouverte en ce lieu, le sénat en référa aux haruspices, qui répondirent que la volonté des dieux mêmes était qu'un citoyen courageux se précipitât dans le gouffre. Alors un citoyen courageux, nommé Curtius, monta tout armé sur un cheval et, partant du temple de la Concorde, s'élança avec son cheval dans ce gouffre, qui se referma sur lui, et, en devenant son tombeau, laissa à ses concitoyens le souvenir de son dévouement et de la puissance des dieux.

Pison raconte dans ses *Annales* que, pendant la guerre des Romains et des Sabins, un Sabin très courageux, nommé Metius Curtius, voyant Romulus, à la tête des siens, se précipiter sur lui d'un lieu élevé, se jeta dans un marais, qui couvrait alors le Forum avant la construction des égouts, et regagna le Capitole, où se trouvait l'armée sabine : ce qui fit donner à ce marais le nom de Curtius.

Cornélius et Lutatius ont écrit que, ce lieu ayant été frappé de la foudre, le sénat ordonna qu'il fût entouré d'une clôture ; et que cet ordre ayant été exécuté par le consul Curtius, collègue de Marcus Génutius, le lieu reçut le nom de Curtius.

La Langue latine, V, 148-150

RÉÉCRIRE LES DISCOURS POUR PARLER VRAI

En Grèce et à Rome, la parole est reine[1] et l'on trouve chez les historiens anciens de nombreux discours. Mais en même temps le lecteur moderne peut s'en étonner s'il songe qu'il existait dans les sociétés antiques fort peu d'enregistrements écrits des paroles prononcées. Un général sur un champ de bataille pouvait, tel César, faire consigner ses discours, un orateur pouvait « publier » les siens, il y avait dans les assemblées des scribes qui prenaient en note les débats et dans des circonstances plus exceptionnelles, un discours pouvait être gravé sur pierre ou sur une table de bronze pour être exposé publiquement. Mais de tels documents originaux étaient en règle générale fort peu accessibles pour un historien, surtout s'il écrivait longtemps après les événements. Et, nous dit Thucydide, quand bien même l'historien aurait été témoin direct de l'événement, il ne pouvait pas prétendre restituer avec la scrupuleuse fidélité d'un sténographe le verbatim d'un discours. Il lui revenait donc de le réécrire en respectant le critère de vraisemblance :

> « J'ajoute qu'en ce qui concerne les discours prononcés par les uns et les autres, soit juste avant, soit pendant la guerre, il était bien difficile d'en reproduire la teneur même avec exactitude, autant pour moi, quand je les avais personnellement entendus, que pour quiconque me les rapportait de telle ou telle provenance : j'ai exprimé ce qu'à mon avis ils auraient pu dire qui répondît le mieux à la situation, en

1. Voir dans la même collection le volume *Dixit*, 2009.

> me tenant, pour la pensée générale, le plus près possible des paroles réellement prononcées : tel est le contenu des discours[2]. »

Une telle réécriture s'imposait d'ailleurs lorsqu'un historien grec ou romain rapportait dans sa propre langue les paroles d'un étranger[3]. Il avait alors le choix entre le discours direct et le discours indirect. Le premier était un moyen de préserver la fiction et de laisser croire au lecteur qu'il lisait un discours original. Mais certains historiens critiquaient un tel choix, comme nous l'apprend Justin à propos d'un discours de Mithridate[4] :

> « Ce discours m'a paru digne d'être reproduit dans mon abrégé. Trogue Pompée en effet l'a rédigé en style indirect, car il blâmait Salluste et Tite-Live d'avoir transgressé les règles de l'Histoire en insérant des discours directs dans leur œuvre au lieu de parler en leur nom propre[5]. »

Par conséquent, ce que l'historien met en valeur au travers des discours qu'il prête aux personnages historiques, c'est avant tout son propre talent oratoire, qui est l'une des conditions de son succès. C'est sans doute aussi pour cela que les discours sont si fréquents chez les historiens antiques : s'il respecte les règles de la vraisemblance, un historien grec ou romain peut parfaitement inventer de toutes pièces un discours et montrer ainsi sa maîtrise de la rhétorique.

2. Thucydide, *La Guerre du Péloponnèse*, I, 22.1-2.

3. C'est ainsi qu'Hérodote (*Histoires*, III, 80-82) rapporte en grec les discours tenus par les Perses sur le meilleur mode de gouvernement.

4. Mithridate (120 à 63 av. J.-C.), qui régna sur le Pont (au bord de la mer Noire), fut un des grands ennemis de Rome jusqu'à ce qu'il fût définitivement vaincu par Pompée. Les guerres successives qu'il conduisit contre Rome sont désignées sous le nom de « guerres de Mithridate ».

5. *Abrégé des Histoires philippiques de Trogue Pompée*, XXXVIII, 3, 10 (traduction Gérard Salamon).

Table claudienne

La Table claudienne de Lyon (conservée au Musée gallo-romain de cette ville) constitue un document historique exceptionnel : elle reproduit un discours prononcé en 48 après J.-C. par l'empereur Claude pour convaincre le sénat romain d'accueillir dans ses rangs des Gaulois venus de Gaule chevelue[1]. *Les autorités lyonnaises avaient fait graver ce discours sur une plaque de bronze placée sur le Forum pour que tout un chacun pût en prendre connaissance.*

ORIGINAL DU DISCOURS D'UN EMPEREUR

Quoi donc ? un sénateur italien n'est-il pas préférable à un provincial ? Bientôt, quand je commencerai à vous faire approuver cette partie de ma censure, je vous montrerai concrètement ce que je pense sur ce point ; mais je considère qu'il ne faut pas rejeter même les gens des provinces, du moment qu'ils peuvent faire honneur au sénat. [...] Voyez ces jeunes gens distingués sur qui je pose mes regards, tous tant qu'ils sont : nous n'avons pas plus à regretter de les avoir comme sénateurs que nous ne regrettons que mon ami Persicus, qui appartient à la plus haute noblesse, lise parmi les portraits de ses ancêtres le nom de « vainqueur des Allobroges[2] ». Et si vous êtes d'accord avec moi sur ce point, que désirez-vous de plus, sinon que je vous montre du doigt que le sol lui-

1. C'est ainsi que les Romains appelaient la partie de la Gaule conquise par César pour la distinguer de celle qu'ils contrôlaient depuis le milieu du IIe siècle av. J.-C. et qui correspond à peu près à ce que nous nommons la Provence.

2. L'un des ancêtres de ce Persicus était Fabius Maximus, surnommé Allobrogicus après sa victoire en 121 av. J.-C sur le peuple gaulois des Allobroges (qui habitait la région que les Romains nommaient la Narbonnaise et qui correspond aujourd'hui au Dauphiné et à la Savoie).

même au-delà des limites de la province de Narbonnaise vous envoie déjà des sénateurs, puisque nous n'avons pas à regretter d'avoir des membres de notre assemblée qui sont originaires de Lyon ? Ce n'est certes pas sans crainte, Pères conscrits, que j'ai dépassé les limites provinciales qui vous sont habituelles et familières : mais il faut à présent plaider avec détermination la cause de la Gaule chevelue. À ce propos, si on rappelle que les Gaulois ont donné du mal au dieu César en lui faisant la guerre pendant dix ans, il faut pareillement mettre en regard une fidélité qui n'a pas varié pendant cent ans et une obéissance plus qu'éprouvée dans mille circonstances préoccupantes pour nous. À mon père Drusus qui soumettait la Germanie, ils ont assuré sur ses arrières la sécurité d'une paix garantie par leur propre tranquillité, et ce, alors même que cette guerre l'avait détourné des opérations du recensement, à cette époque nouvelles et inhabituelles pour les Gaulois.

Table claudienne, deuxième colonne
(traduction F. BÉRARD d'après Ph. FABIA,
Rencontres en Gaule romaine, 2005)

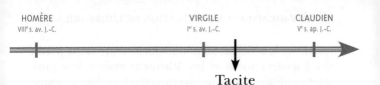

HOMÈRE VIIIe s. av. J.-C. — VIRGILE Ier s. av. J.-C. — CLAUDIEN Ve s. ap. J.-C.

Tacite

La version que donne Tacite du discours de Claude montre clairement qu'il disposait du texte original ; mais elle permet également de prendre conscience des obligations de l'historien et du travail de réécriture qui lui incombe.

QUAND UN HISTORIEN RÉÉCRIT LE DISCOURS DE CLAUDE

« Mes ancêtres, dont le plus ancien, Clausus, originaire de la Sabine, fut admis en même temps au droit de cité romaine et au rang des familles patriciennes, m'exhortent à prendre des mesures semblables pour l'administration de l'État, en transférant ici ce qu'il a pu y avoir quelque part d'excellent. En effet, je n'ignore pas que les Julii sont venus d'Albe, les Coruncanii de Camerium, les Procii de Tusculum et, sans fouiller les temps anciens, que d'Étrurie, de Lucanie et de l'Italie entière nous avons fait venir des sénateurs, qu'enfin les bornes de cette contrée elle-même furent portées jusqu'aux Alpes, pour que non seulement des individus à titre personnel, mais des pays, des nations se fondissent dans notre peuple. Alors la paix fut solide à l'intérieur ; et nous eûmes face à l'étranger une situation florissante, quand les Transpadans[1] furent accueillis dans la cité, quand, sous le couvert de nos légions établies dans tout l'univers, par l'admission des provinciaux les plus vigoureux, il fut remédié à l'affaiblissement de l'empire. Regrette-t-on que d'Espagne les Balbi, de Gaule narbonnaise des hommes non moins distingués aient passé chez nous ? Leur postérité demeure et l'amour qu'elle porte à la

1. Le terme « Transpadans » désigne de façon globale les peuples qui étaient établis dans le nord de l'Italie, c'est-à-dire au-delà du Pô par rapport à Rome.

patrie ne le cède pas au nôtre. Quelle autre cause perdit les Lacédémoniens et les Athéniens malgré leur puissance militaire, sinon qu'ils écartaient les vaincus comme des gens d'une autre race ? Au contraire, le fondateur de notre État, Romulus, fit preuve d'une telle sagesse que bien des peuples, il les eut le même jour pour ennemis, puis pour concitoyens. Des étrangers ont régné sur nous ; des fils d'affranchis ont accès aux magistratures, non pas, comme bien des gens le croient à tort, par une innovation récente, mais selon une pratique fréquente dans l'ancienne république. Mais, dira-t-on, contre les Sénons nous avons combattu ; apparemment les Volsques et les Èques n'ont jamais déployé face à nous une armée en bataille[2] ! Nous avons été pris par les Gaulois[3] ; mais nous avons donné des otages aux Étrusques et passé sous le joug des Samnites. Et pourtant, si l'on fait la revue de toutes les guerres, nulle ne fut achevée dans un laps de temps plus bref que celle des Gaules. Depuis, ce fut la paix continue et fidèle. Déjà, ils sont mêlés à nous par les mœurs, les arts, les alliances familiales : qu'ils nous apportent leur or et leurs richesses, plutôt que d'en jouir seuls. Toutes les institutions, Pères conscrits, que l'on croit maintenant très anciennes, furent nouvelles : les plébéiens admis aux magistratures après les patriciens, les Latins après les plébéiens, les autres nations de l'Italie après les Latins. Celle-ci vieillira également, et ce que nous appuyons aujourd'hui par des exemples passera au nombre des exemples. »

Annales, XI, 24

2. Phrase ironique : les Volsques et les Èques, qui habitaient l'Italie, ont été très longtemps des ennemis acharnés des Romains.

3. En 390 (ou 387) av. J.-C., des Gaulois ont en effet pris Rome après avoir vaincu les Romains lors de la bataille de l'Allia.

HOMÈRE VIIIe s. av. J.-C. — VIRGILE Ier s. av. J.-C. — CLAUDIEN Ve s. ap. J.-C.

Tite-Live

Lorsqu'il écrit (ou réécrit) le discours d'un personnage, l'historien est tenu de respecter la vraisemblance. Mais comment faire lorsque l'épisode que l'on rapporte – en l'occurrence une sécession de la plèbe – se passe en 494 avant J.-C., à une époque où les Romains ignoraient tout de la rhétorique ? C'est ce à quoi s'essaye ici Tite-Live…

L'APOLOGUE DES MEMBRES ET DE L'ESTOMAC

Une terreur immense régnait à Rome et toutes choses étaient suspendues en raison d'une méfiance réciproque. La plèbe, laissée seule par ses chefs, craignait une attaque des sénateurs ; les sénateurs craignaient la plèbe demeurée à Rome, ne sachant s'ils préféraient la voir rester ou partir : pendant combien de temps d'ailleurs la foule qui avait fait sécession se tiendrait-elle tranquille ? Qu'arriverait-il si une guerre extérieure éclatait entretemps ? Ils considéraient qu'il n'y avait d'espoir assuré que dans la concorde des citoyens : il fallait réconcilier la plèbe avec la cité coûte que coûte. On décida donc d'envoyer à la plèbe comme ambassadeur Ménénius Agrippa[1], orateur éloquent, et qui avait les faveurs de la plèbe dont il était issu. Une fois introduit dans le camp, celui-ci se contenta, dit-on, de raconter l'histoire suivante[2] dans le style plein d'âpreté d'autrefois : « Au temps où dans le corps humain tout n'était pas comme maintenant un tout en parfaite harmonie, mais où chaque membre avait sa propre opinion et son

1. Consul à Rome en 503 av. J.-C., il fut envoyé auprès des plébéiens qui avaient fait sécession hors de Rome pour les ramener à la raison et y réussit par ce discours hautement imagé.

2. Ce court récit a inspiré une fable célèbre de La Fontaine : « Les membres et l'estomac ».

propre langage, les autres parties s'étaient indignées du soin, de la peine et de la fonction qui étaient les leurs, à savoir de tout fournir à l'estomac, tandis que l'estomac, inoccupé au milieu d'elles, ne faisait que jouir des plaisirs qu'on lui procurait ; aussi s'étaient-ils ligués pour que les mains ne portent plus la nourriture à la bouche, que la bouche ne reçoive plus ce qu'on lui donnait, que les dents ne fassent plus le travail de mastication. Sous l'emprise de leur colère, en voulant dompter l'estomac par la faim, les membres eux-mêmes et le corps tout entier en vinrent ensemble à un épuisement extrême. Aussi apparut-il que pour l'estomac aussi, sa fonction n'était pas de tout repos et qu'il n'était pas moins nourri que lui-même nourrissait, renvoyant dans toutes les autres parties du corps cet élément qui nous donne vie et vigueur, réparti de manière égale entre les veines et régénéré par la nourriture que l'on a digérée : le sang. » En comparant alors combien la révolte interne du corps ressemblait à la colère de la plèbe envers les sénateurs, il infléchit les sentiments de ses auditeurs.

Histoire romaine, II, 32
(traduction revue par Marie Ledentu)

HOMÈRE
VIIIe s. av. J.-C.

VIRGILE
Ier s. av. J.-C.

CLAUDIEN
Ve s. ap. J.-C.

César

Quand on est à la fois acteur de l'histoire et historien, on est contraint de faire parler aussi ses ennemis. C'est l'exercice auquel se livre, ironiquement, César en reconstituant, peut-être à partir des informations livrées par ses espions, la teneur des harangues prononcées dans le camp de Pompée avant la bataille de Pharsale[1].

FANFARONNADE DANS L'ARMÉE POMPÉIENNE

Après Pompée, Labiénus[2] prit la parole ; il n'eut que des mots de mépris pour les troupes de César et exalta le projet de Pompée : « Ne crois pas, Pompée, dit-il, que ce soit là cette armée qui a soumis la Gaule et la Germanie. J'ai assisté à toutes les batailles, et ce n'est pas à la légère ni sans compétence que je le dis : c'est une partie infime de cette fameuse armée qui subsiste aujourd'hui : une grande partie a péri – tant de combats ont rendu cette perte inévitable – beaucoup d'autres ont été enlevés en Italie par les épidémies de l'automne, beaucoup d'autres sont rentrés chez eux, beaucoup d'autres n'ont pas été embarqués. N'avez-vous pas entendu dire qu'avec ceux qui sont restés là-bas sous prétexte de maladie on a constitué à Brindes[3] des cohortes ? Ces troupes que vous voyez là ont été entièrement reformées au moyen des levées faites ces dernières années dans la Gaule citérieure[4],

1. Malgré leur confiance, les Pompéiens seront vaincus par les troupes de César qui deviendra seul maître à Rome.

2. Un des principaux lieutenants de César dans la campagne des Gaules, Titus Labiénus choisit de rallier le camp de Pompée au début de la guerre civile et fut à ses côtés à la bataille de Pharsale.

3. Port de la côte orientale de l'Italie, d'où l'on embarquait pour la Grèce et l'Épire.

4. Désigne le nord de l'Italie, c'est-à-dire la partie de la Gaule située en deçà des Alpes.

et la plupart proviennent des colonies transpadanes[5]. Et du reste, tout ce qui était solide a péri au cours des deux batailles de Dyrrachium[6]. » Après ce discours, il jura qu'il ne rentrerait au camp que vainqueur, et engagea les autres à faire de même. Pompée approuva cette initiative et prononça le même serment ; et d'ailleurs personne parmi les autres n'hésita à jurer. Après cette séance du conseil, tout le monde se sépara plein d'espoir et de joie ; et déjà ils jouissaient d'avance de la victoire, car il leur semblait impossible que, pour une affaire d'une telle importance, un général si habile donnât des assurances qui fussent sans fondement.

Guerre civile, III, 87

5. Les colonies transpadanes étaient ainsi nommées, car elles étaient situées au-delà du Pô, entre le Pô et les Alpes, ce qui correspond au nord-ouest de l'Italie.

6. Dyrrachium, ville située sur la côte de l'actuelle Albanie, fut le théâtre en juillet 48 av. J.-C. d'affrontements entre les troupes de Pompée et celles de César, à l'avantage des premières.

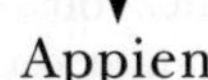

Appien

La grande supériorité d'un historien par rapport à ses personnages, lorsqu'il écrit les discours qu'ils ont pu tenir, c'est qu'il connaît l'issue des événements. C'est la raison pour laquelle les discours de César et de Pompée avant la bataille de Pharsale, que l'on trouve chez Appien, apparaissent comme étrangement prémonitoires.

HARANGUES DE CÉSAR ET DE POMPÉE

À ce moment, chacun des deux chefs rassembla son armée pour lui adresser ses exhortations, ce que Pompée fit en ces termes : « À vous, soldats, de commander cette opération plus que d'y recevoir des commandements, puisque c'est vous qui, alors que je voulais continuer à affamer César, m'avez provoqué à cette bataille. En qualité donc d'arbitres de la bataille, agissez comme on le fait quand on est en très grand nombre contre une minorité, manifestez votre supériorité comme des vainqueurs sur des vaincus, des jeunes gens sur des vieillards, des troupes fraîches sur des troupes exténuées, vous qui avez une telle force, tant de moyens et surtout la conscience de soutenir la bonne cause : car c'est pour la liberté et pour la patrie que nous combattons, avec, à nos côtés, les idées saines et de si éminents personnages, les uns sénateurs, les autres chevaliers, contre un seul brigand en train de faire main basse sur le pouvoir. Marchez donc comme vous l'avez désiré, en ayant bon espoir, et en gardant sous vos yeux la déroute qui leur est advenue à Dyrrachium, et toutes les enseignes qu'en un seul jour notre victoire leur a enlevées. »

Tandis que Pompée tenait ces propos, César haranguait ses troupes de la sorte : « Les plus grandes difficultés, nous les avons déjà vaincues, mes amis ; car nous n'allons plus combattre contre la faim et la pénurie, mais contre des hommes : et cette journée décidera de tout. Souvenez-vous, je vous prie, de la promesse faite à Dyrrachium, et du serment que sous mes yeux vous vous êtes prêté de ne pas revenir sans être vainqueurs. Vous avez en face, soldats, les hommes que nous avons cherché à rencontrer depuis les Colonnes d'Hercule, les hommes qui ont quitté l'Italie pour nous fuir, les hommes qui, alors que, pendant dix ans, nous avions lutté, mené tant de guerres, remporté d'innombrables victoires en soumettant pour notre patrie quatre cents peuplades d'Espagne, de Gaule et de Bretagne, nous ont congédiés sans honneurs, sans triomphe, sans récompenses, et que je n'ai ni convaincus par mes appels à la justice, ni fait reculer par mes générosités. [...] Par ailleurs, il n'est pas difficile à des combattants éprouvés de l'emporter sur des soldats récemment recrutés et encore sans expérience de la guerre, surtout quand leur jeunesse les incite à négliger la discipline et l'obéissance à leur général, qui, lui-même, m'a-t-on personnellement appris, se lance avec appréhension et à contrecœur dans l'opération ; sa bonne fortune désormais décline, il s'est montré en tout gauche et lent, et il commande moins qu'il ne se laisse commander. Et je ne m'occupe ici que des Italiens, car pour ce qui est des alliés, vous n'avez pas à vous en soucier ni à en tenir compte ni à combattre aucunement avec eux. Ce sont des esclaves de Syrie, de Phrygie et de Lydie, toujours prêts à fuir et à servir, dont je sais bien, moi – et vous, vous n'allez pas tarder à le voir – que Pompée lui-même ne leur confie aucun rôle stratégique. Ne vous occupez donc, je vous le dis, que des Italiens, même si les alliés, comme des chiens, vous courent autour en faisant grand bruit. »

Les Guerres civiles à Rome, II, 11, 72-74

SOIGNER SON STYLE POUR PLAIRE

L'Histoire, telle que nous la connaissons au travers des grands auteurs, à commencer par Hérodote, relève des Belles-Lettres. Elle se doit donc d'être bien écrite pour apporter du plaisir au lecteur. Mais, d'après les auteurs anciens eux-mêmes, cela n'a pas toujours été le cas et l'Histoire a mis du temps à devenir un genre littéraire. En Grèce comme à Rome il y a eu une « préhistoire de l'Histoire », un moment où l'on portait peu d'attention au style. Lorsque les historiens ont commencé à s'en préoccuper et à dépasser la sèche relation des événements, la question s'est posée de savoir quel style convenait à l'écriture historique. À l'horizon de cette réflexion se trouvaient deux références majeures : la poésie et l'éloquence. La référence à l'éloquence nous paraît la plus naturelle, si nous pensons aux historiens du XIXe siècle et en premier lieu à Michelet. Mais les Anciens insistent au moins autant sur les liens que l'Histoire entretient, du point de vue stylistique, avec la poésie.

HOMÈRE
VIIIe s. av. J.-C.

VIRGILE
Ier s. av. J.-C.

CLAUDIEN
Ve s. ap. J.-C.

Cicéron

Dans le dialogue De l'orateur *qu'il compose en 55 avant J.-C., Cicéron donne la parole au grand orateur romain des années 90 que fut Antoine. Il rend compte des raisons pour lesquelles Rome n'a pas encore d'Histoire qui puisse rivaliser avec les chefs-d'œuvre de l'historiographie grecque.*

SÉCHERESSE DES PREMIERS HISTORIENS

Voyons, reprit Antoine, ne rabaisse pas tant nos compatriotes. Les Grecs eux-mêmes ont commencé par ressembler à notre vieux Caton, à Fabius Pictor, à Pison. L'Histoire n'était alors que la rédaction des annales. C'est pour cet objet, c'est en vue de conserver les souvenirs publics, que le grand pontife, depuis les premiers temps de Rome jusqu'au pontificat de P. Mucius, mettait par écrit tous les faits de chaque année, les portant sur une table blanchie qu'il affichait dans sa demeure, afin que le peuple pût venir en prendre connaissance : ainsi fut constitué ce que l'on nomme encore aujourd'hui les Grandes Annales. Beaucoup ont adopté cette manière d'écrire ; ils se sont bornés, sans aucune recherche de beauté littéraire, à consigner la mémoire des époques, des hommes, des lieux, des événements. Ce qu'avaient été chez les Grecs Phérécyde, Hellanicos, Acousilaos[1] et bien d'autres, Caton, Fabius ou Pison le furent à Rome. Tous ces gens-là ignorent le secret d'embellir le discours (secret

1. Phérécyde est un historien et mythographe du ve siècle av. J.-C., auteur d'une histoire de son île natale de Léros et surtout d'une *Histoire mythologique* en 10 livres consacrée aux dieux et aux héros. Hellanicos de Mytilène rédigea au ve siècle av. J.-C. une *Histoire de l'Attique.* Acousilaos est le plus ancien (vi[e] siècle av. J.-C.) et fut l'auteur d'une *Généalogie* en prose qui racontait l'histoire des dieux.

qui n'a d'ailleurs été importé ici que depuis peu de temps) et, pourvu qu'ils se fassent comprendre, ils ne connaissent d'autre mérite que celui de la brièveté.

De l'orateur, II, 51-52
(traduction revue par Gérard Salamon)

Denys d'Halicarnasse

L'historien passe au crible d'une analyse stylistique les productions de ses prédécesseurs grecs avant Thucydide. À Hérodote, il reconnaît une supériorité indéniable qu'il assortit néanmoins de quelques réserves.

QUALITÉS ET DÉFAUTS DES PREMIERS HISTORIENS GRECS

Quant aux historiens qui ont précédé la guerre du Péloponnèse jusqu'à la génération de Thucydide, ils avaient tous en général des options semblables [...]. Tous en effet, comme je l'ai déjà indiqué, recherchaient l'expression courante plutôt que le tour figuré, n'admettant ce dernier que comme un agrément. Ils utilisaient tous un même genre de composition stylistique, simple et sans apprêt. Dans l'utilisation des figures de style ou de pensée, ils ne s'écartaient jamais beaucoup du langage usuel, courant, familier à tous.

Leur style, quel que soit l'auteur considéré, contient les qualités nécessaires : il est pur, clair, concis avec mesure, retenant le caractère propre à chaque dialecte utilisé ; quant aux qualités adventices, qui servent surtout à mettre en lumière le talent de l'auteur, elles n'y sont pas toutes, ni poussées à la perfection ; on n'en voit que quelques-unes, et médiocrement développées (par exemple, le sublime, l'élégance d'expression, la noblesse du langage, la grandeur) ; le style ne possède ni tension, ni poids, ni l'émotion qui tient l'esprit en éveil, ni le souffle vigoureux du lutteur, qualités génératrices de celle qu'on appelle la virtuosité véhémente. La seule exception est Hérodote.

Cet auteur, pour le choix des mots, la composition stylistique, la variété des figures, les bat tous d'une bonne longueur ; il s'est arrangé pour rendre la prose semblable à la poésie la meilleure, pour la séduction, les grâces, et l'agrément qui atteint des sommets. Quant aux qualités de style, il n'a jamais manqué des plus importantes et des plus brillantes, sauf peut-être de celles qui sont le propre de la joute oratoire, soit qu'il ait été naturellement peu doué dans ce domaine, soit que, par calcul, il les ait volontairement négligées comme mal adaptées à l'Histoire : on trouve peu de harangues chez lui, et peu de plaidoyers judiciaires ; il ne tire jamais sa force du recours, dans son récit, à la pitié ou à la terreur.

Thucydide, 23, 4-8

HOMÈRE
VIIIe s. av. J.-C.

VIRGILE
Ier s. av. J.-C.

CLAUDIEN
Ve s. ap. J.-C.

Lucien

Lucien de Samosate s'appuie sur son expérience de rhéteur pour livrer dans l'opuscule Comment écrire l'histoire *des conseils sur le style qui lui semble le plus approprié à un historien. L'écriture de l'histoire requiert un art maîtrisé, à mi-chemin entre l'éloquence emphatique et les envolées poétiques.*

RECOMMANDATIONS EN MATIÈRE DE STYLE

Quant au style et à la force de l'expression, je ne veux point que, pour se mettre à l'œuvre, il se soit fortement entraîné à ce style violent, acéré, constamment périodique, à ces argumentations tortueuses et à toutes les finesses de la rhétorique ; je lui demande des dispositions plus paisibles, une pensée soutenue et serrée, une diction claire et appropriée aux affaires, faite pour exposer le sujet avec toute la netteté désirable.

Car de même que nous avons assigné comme but à l'esprit de l'historien la franchise et la vérité, de même le premier et unique but de sa diction est d'exposer clairement et de mettre en pleine lumière les faits, en évitant les expressions inintelligibles et inusitées ou qui sentent le marché ou la taverne, et employant des termes qui soient compris de la foule et loués par les habiles. Qu'il orne aussi son style de figures, mais sans pédanterie et sans aucune recherche, sans quoi ses discours ressembleraient à des ragoûts sans assaisonnement.

Il faut aussi que l'esprit de l'historien participe de la poésie et s'en approprie les qualités, d'autant plus qu'il parle lui-même un langage plein de grandeur et d'élévation, surtout quand il s'engage dans les armées rangées en ligne, dans les batailles et les combats sur mer, car alors il aura besoin d'un souffle poétique pour enfler ses voiles, porter son vaisseau et le tenir élevé sur le sommet des flots. Cependant sa diction ne doit point quitter la terre ; elle doit s'élever à la beauté et à la grandeur du sujet et, autant que possible, s'y assimiler, mais sans sortir de son caractère et se livrer mal à propos à l'enthousiasme, car alors elle courrait grand risque de déraisonner et de tomber dans le délire des corybantes[1].

Comment écrire l'histoire, 43-45

1. Les corybantes étaient les prêtres de la déesse Cybèle, qu'ils honoraient en se livrant à des danses proches de la transe et à des chants.

HOMÈRE
VIIIe s. av. J.-C.

VIRGILE
Ier s. av. J.-C.

CLAUDIEN
Ve s. ap. J.-C.

Pline le Jeune

Si l'histoire à Rome doit être écrite par un orateur, comme le répète Cicéron, elle ne saurait être confondue avec la rhétorique. Pline le Jeune prend soin de souligner les spécificités de l'Histoire afin de se justifier auprès de son ami Tacite de ne pas relever pour le moment le défi de ce type d'écriture.

L'HISTOIRE NE PEUT S'ÉCRIRE COMME UN DISCOURS

Sans doute le discours et l'Histoire ont beaucoup d'éléments communs, mais bien des caractères sont opposés même dans ces éléments qu'on croirait communs ; l'un et l'autre racontent, mais chacun d'une manière différente ; l'un ne recherche guère que les faits ordinaires, communs et courants, l'autre ne s'arrange que de l'extraordinaire, du grand, du sublime ; l'un doit avoir en presque toutes ses parties un corps osseux, musclé, nerveux, l'autre de l'embonpoint et – pourquoi non ? – un panache ; l'un recherche par-dessus tout la force, l'âpreté, la fougue, l'autre veut de l'étendue, de l'agrément et même de la grâce ; enfin autres sont les termes, autres les sonorités, autre l'arrangement des mots. Car il y a bien de la différence, comme le dit Thucydide, entre le *ktèma*, un bien acquis, et l'*agônisma*, un travail exécuté en vue d'un concours. Le second, c'est le discours, le premier, c'est l'Histoire. Voilà les causes qui me déconseillent de rapprocher confusément et pêle-mêle deux genres dissemblables et d'autant plus opposés que plus nobles ; je pourrais, égaré par un mélange aussi hétérogène, faire ici ce qui devrait être fait là. Cette raison m'engage momentanément, pour ne pas renoncer à la langue que je parle, à demander un sursis.

Lettres, V, 8

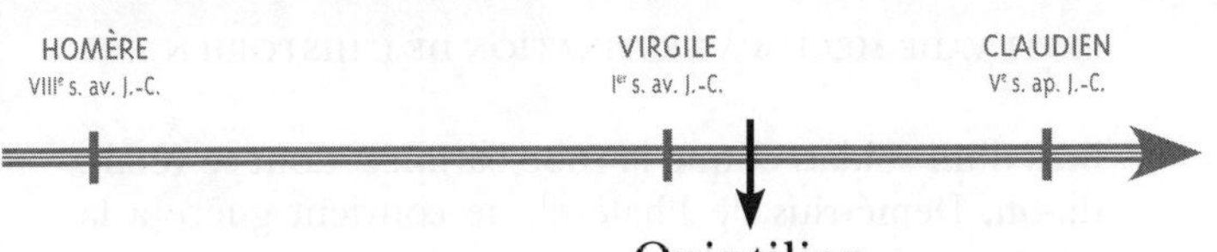

Quintilien

Traitant en détail de la formation de l'orateur et notamment, des lectures et des exercices qui lui permettent de former son style, Quintilien envisage cette question selon une approche comparatiste. C'est ainsi qu'il s'emploie à définir le style de l'orateur par rapport à celui du poète et de l'historien, ces deux derniers ayant entre eux une certaine parenté.

LE STYLE DE L'HISTORIEN EST PROCHE DE CELUI DU POÈTE

En effet, très proche de la poésie, l'Histoire est en une certaine mesure un poème libéré des exigences métriques, et elle est écrite en vue de raconter, non de prouver, et, du commencement à la fin, elle n'est pas composée pour produire un effet réel ou livrer un combat immédiat, mais pour rappeler les faits à la mémoire de la postérité et conquérir la renommée pour l'écrivain ; aussi, pour éviter l'ennui du récit, emploie-t-elle des mots un peu éloignés de l'usage et des figures plus libres. Par suite, comme je l'ai dit, la fameuse brièveté de Salluste, comble de la perfection pour un auditoire inoccupé et cultivé, est à éviter en présence d'un juge préoccupé de pensées diverses et assez souvent dépourvu de culture ; quant à l'abondance crémeuse de Tite-Live, elle n'instruira pas suffisamment un auditeur, qui, dans un exposé, cherche la crédibilité, non la beauté. Ajoutez que Cicéron croit que même Thucydide ou Xénophon ne sont d'aucune utilité pour l'orateur, quoique, d'après lui, le premier « sonne l'appel aux armes » et que, par la bouche de l'autre, « les Muses aient parlé ». Cependant, parfois, dans nos digressions, nous pouvons même recourir à l'éclat de l'Histoire, pourvu que, en ce qui touche le fond, nous nous souvenions qu'il ne faut pas les muscles d'un athlète, mais le bras d'un soldat, et que la robe bariolée, dont se vêtait, dit-on, Démétrius de Phalère[1], ne convient guère à la poussière du Forum.

Institution oratoire, X, 1, 33

1. Homme politique et philosophe athénien du IVe siècle av. J.-C., Démétrius de Phalère choisit de partir en exil pour échapper au joug macédonien et vécut en Égypte à la cour de Ptolémée Ier, où il joua un rôle important dans l'organisation de la Bibliothèque d'Alexandrie. C'est à cette vie orientale que fait référence le détail de la « robe bariolée ».

III

MILLE ET UNE FAÇONS D'ÉCRIRE L'HISTOIRE

AU COMMENCEMENT ÉTAIT LA LISTE

L'Histoire fut d'abord, dans l'Antiquité, l'enregistrement méthodique de ce dont on voulait garder et transmettre le souvenir[1]. Cet enregistrement se faisait, tout naturellement, sous la forme la plus simple, celle de la liste, comme en établissaient les cités pour leurs magistrats. Ces listes constituent la forme première et la plus embryonnaire de la narration historique et elles perdurent même lorsque l'Histoire devient littérature. On les trouve bien entendu également chez les poètes épiques, ce qui confirme les liens stylistiques entre histoire et poésie. Umberto Eco n'a-t-il pas souligné que la force poétique du motif de la liste, ce qu'il nomme « la gourmandise de l'énumération », conduit souvent le lecteur à lire une « liste pratique », une liste de courses ou le catalogue d'une bibliothèque par exemple, comme une liste poétique[2] ?

1. Voir le chapitre : « Soigner son style pour plaire ».

2. Umberto Eco, *Le Vertige de la liste*, Paris, Flammarion, 2009, p. 113-118 et p. 370-377.

Homère

Au moment où se prépare dans la plaine l'affrontement des deux armées troyenne et grecque, l'aède greffe sur sa narration le motif du catalogue, restituant le spectacle impressionnant des forces troyennes et de leurs chefs. Motif épique, va-t-on dire : peut-être, mais les Anciens considéraient Homère comme le père de la littérature et partant de l'Histoire.

CATALOGUE DE L'ARMÉE TROYENNE

En tête des Troyens marche le grand Hector au casque étincelant, le fils de Priam. On voit, à ses côtés, se former pour la bataille les guerriers de beaucoup les plus nombreux et les plus braves, ardents à jouer de la javeline. Les Dardaniens, eux, ont à leur tête le noble fils d'Anchise, Énée, conçu aux bras d'Anchise par la divine Aphrodite, déesse unie à un mortel, dans les gorges de l'Ida. Il n'est pas seul : on voit, à ses côtés, les deux fils d'Anténor, Archéloque, Acamas, experts à tous les combats. Puis viennent ceux qui habitent Zélée, tout au pied de l'Ida, Troyens opulents qui boivent les eaux noires de l'Ésèpe. Ceux-là ont à leur tête le glorieux fils de Lycaon, Pandare, dont l'arc est un don d'Apollon lui-même. Puis les gens d'Adrestée et du pays d'Apèse, et ceux de Pitye, et ceux de Téreié, la haute montagne. Ceux-là ont à leur tête Adreste et Amphios, combattants à cuirasse de lin, les deux fils de Mérops, de Percote. Mérops, mieux que personne, connaissait l'art divinatoire ; il ne voulait pas voir ses fils partir pour la bataille meurtrière. Mais ils ne l'écoutaient pas : les déesses du noir trépas les conduisaient tous les deux. Puis ceux de la région de Percote et Practie, ceux de Seste et d'Abydos, ceux de la divine Arisbé. Ceux-là ont à leur tête Asios, l'Hyrtacide, commandeur de guerriers, Asios l'Hyrtacide, que de puissants coursiers à la robe de feu amènent d'Arisbé, des bords du Selléis. Hippothoos, lui, conduit les tribus des Pélasges aux bonnes lances, des Pélasges habitants de la plantureuse Larisse. Ceux-là ont à leur tête Hippothoos et Pylée, rejeton d'Arès, fils tous deux du Pélasge Lèthe, fils de Teutame.

Iliade, II, v. 816-843

Hésiode

Dans son épopée qui raconte l'origine des dieux, le poète grec Hésiode reconstitue l'histoire de la grande famille des dieux nés de Chaos, le principe originel. Il donne ainsi à lire un récit de la constitution de l'univers.

LA GÉNÉALOGIE DES DIEUX

Donc, avant tout, fut Abîme ; puis Terre aux larges flancs, assise sûre à jamais offerte à tous les vivants, et Amour, le plus beau parmi les dieux immortels, celui qui rompt les membres et qui, dans la poitrine de tout dieu comme de tout homme, dompte les cœurs et le sage vouloir. D'Abîme naquirent Érèbe et la noire Nuit. Et de Nuit, à son tour, sortirent Éther et Lumière du Jour. Terre, elle, d'abord enfanta un être égal à elle-même, capable de la couvrir tout entière, Ciel étoilé, qui devait offrir aux dieux bienheureux une assise sûre à jamais. Elle mit aussi au monde les hautes Montagnes, plaisant séjour des déesses, les Nymphes, habitantes des monts vallonnés. Elle enfanta aussi la mer inféconde aux furieux gonflements, Flot – sans l'aide du tendre amour. Mais ensuite, des embrassements de Ciel, elle enfanta Océan aux tourbillons profonds, – Coios, Crios, Hypérion, Japet – Théia, Rhéia, Thémis et Mnémosyne, – Phoibé, couronnée d'or, et l'aimable Thétys. Le plus jeune après eux, vint au monde Cronos, le dieu aux pensées fourbes, le plus redoutable de tous ses enfants ; et Cronos prit en haine son père florissant. Elle mit aussi au monde les Cyclopes au cœur violent, Brontès, Stéropès, Arghès à l'âme brutale, en tout pareils aux dieux, si ce n'est qu'un seul œil était placé au milieu de leur front. Vigueur, force et adresse étaient dans tous leurs actes. D'autres fils naquirent encore de Ciel et Terre, trois fils, grands et forts, qu'à peine on ose nommer, Cottos, Briarée, Gyès, enfants pleins d'orgueil. Ceux-là avaient chacun cent bras, qui jaillissaient, terribles, de leurs épaules, ainsi que cinquante têtes, attachées sur l'épaule à leurs corps vigoureux. Et redoutable était la puissante vigueur qui complétait leur énorme stature.

Théogonie, v. 116-153

HOMÈRE
VIIIe s. av. J.-C.

VIRGILE
Ier s. av. J.-C.

CLAUDIEN
Ve s. ap. J.-C.

Denys d'Halicarnasse

Aux origines lointaines de leur peuple, les Romains plaçaient le Troyen Énée. L'historien Denys d'Halicarnasse, qui écrit pour un public grec et romain, défend l'idée qu'Énée avait des ascendants grecs, comme il l'explique dans cette notice généalogique.

LES ANCÊTRES D'ÉNÉE

Mais mon propos exige que j'explique aussi l'ascendance d'Énée. Je l'indiquerai donc par un bref exposé. Dardanos, quand Chrysé, la fille de Pallas, dont il avait eu ses premiers enfants, vint à mourir, épousa Batéia, la fille de Teucros. Il lui naquit un enfant, Érichthonios, qu'on dit avoir été le plus heureux des hommes et qui hérita à la fois de l'empire de son père et de celui de son grand-père maternel. D'Érichthonios et de Callirhoè, la fille de Scamandros, naquit Trôs, qui donna son nom à cette nation. De Trôs et d'Acallaris, la fille d'Eumèdès, naquit Assaracos. De ce dernier et de Clytodora, la fille de Laomédon, naquit Capys. De Capys et de la naïade Hiéromnèmè, Anchise, et d'Anchise et d'Aphrodite, Énée. Ainsi donc la race troyenne était, elle aussi, grecque dès l'origine, je viens de le montrer.

Les Antiquités romaines, I, 62, 1-2

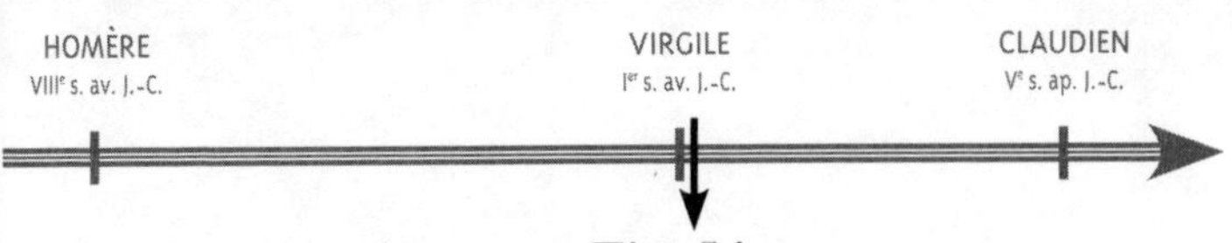

Tite-Live

L'histoire romaine de Tite-Live suit la tradition des annales (récit historique année par année). Dans le premier livre, qui raconte l'origine et la fondation de Rome, l'historien mentionne les différents rois qui ont régné sur Albe, cité du Latium fondée par Ascagne, fils d'Énée, et d'où naîtront les jumeaux Romulus et Rémus. Ne disposant bien entendu d'aucune information précise sur ces rois, il recourt tout naturellement au motif de la liste.

LA LISTE DES ROIS D'ALBE

Silvius succède à son père Ascagne ; un hasard l'avait fait naître dans les forêts. Silvius a pour fils Énée Silvius, qui, à son tour, a pour fils Latinus Silvius. Ce dernier fit partir plusieurs groupes de colons, ceux qu'on appelle Anciens Latins. On conserve dès lors le surnom de Silvius à tous les rois d'Albe. Latinus fut le père d'Alba, Alba d'Atys, Atys de Capys, Capys de Capétus, Capétus de Tibérinus. Celui-ci se noya en traversant l'Albula et son nom passa à la postérité en devenant celui du fleuve. Agrippa succède à son père Tibérinus ; Agrippa transmet à Romulus Silvius, son fils, le pouvoir royal. Romulus, à son tour, frappé de la foudre, laisse sans intermédiaire le pouvoir à Aventinus. Ce dernier fut inhumé sur la colline qui fait aujourd'hui partie de Rome et qui porte son nom ; Proca lui succède. Il a pour fils Numitor et Amulius ; c'est à Numitor, l'aîné de ses enfants, qu'il lègue l'antique pouvoir de la dynastie des Silvius. Mais la force prévalut sur la volonté paternelle et sur le droit d'aînesse : Amulius détrône son frère, devient roi. Entassant crime sur crime, il assassina les enfants mâles de son frère ; quant à sa nièce, Rhéa Silvia, sous prétexte de l'honorer, il la choisit comme Vestale, la vouant à la virginité et lui enlevant l'espoir d'être mère.

Histoire romaine, I, 3

QUE RACONTER :
LE PASSÉ OU LE PRÉSENT ?

Dans l'Antiquité comme de nos jours, les historiens se posent la question du choix de la période qui mérite le plus d'être traitée. Vaut-il mieux être l'historien de son temps ou tourner son regard vers le passé, voire remonter jusqu'aux origines ? La question n'est pas anodine : il s'agit en fait de savoir si la tâche de l'historien est de faire revivre des événements déjà inscrits dans l'histoire et appartenant à une tradition constituée ou de faire entrer dans l'histoire des événements récents ou encore d'actualité. Les réponses varient selon les historiens, en fonction de leur projet et des attentes qu'ils supposent chez leurs lecteurs, mais aussi, élément essentiel, en fonction des époques et des conditions politiques qui prévalent. C'est pourquoi une œuvre historique antique, nous le savons par l'exemple de l'histoire contemporaine, ne peut se comprendre si l'on ignore dans quel contexte elle a été produite.

HOMÈRE
VIIIe s. av. J.-C.

VIRGILE
Ier s. av. J.-C.

CLAUDIEN
Ve s. ap. J.-C.

Aulu-Gelle

« Histoire », nous rappelle Aulu-Gelle, se dit en latin de nombreuses manières et tous les auteurs ne donnent pas le même sens aux termes annales, historia *ou* res gestae. *Mais il ne s'agit pas seulement d'une question de vocabulaire : derrière les mots c'est la définition de l'Histoire qui est en jeu.*

ENTENDONS-NOUS SUR LES MOTS

Certains pensent qu'une *histoire (historia)* diffère d'*annales* en ceci : alors qu'elles sont l'une et les autres le récit d'événements, l'*histoire* l'est proprement d'événements auxquels participa l'auteur de la narration ; c'est l'opinion de certaines gens : Verrius Flaccus le rapporte au livre IV de son ouvrage *Sur le sens des mots*[1]. Quant à lui, il est dans le doute à ce sujet, dit-il, mais il pense qu'on peut trouver quelque chose de rationnel dans cette opinion parce que *historia* signifie en grec connaissance des événements présents[2]. Mais nous, nous avons entendu dire ordinairement que les *annales* sont toutes des *histoires* ; mais que les *histoires* ne sont pas toutes des *annales* : de même que ce qui est homme est nécessairement un animal ; ce qui est animal n'est pas nécessairement un homme. Ainsi on appelle bien *histoires* « l'exposé » des événements, ou leur « mise en lumière », quel que soit le terme – il peut être différent – qu'il faille employer ; mais ce sont des *annales*, quand les événements sont mis en ordre bien plus tard, en respectant

1. L'ouvrage de Verrius Flaccus, professeur et grammairien de l'époque d'Auguste, ne nous est plus connu que par le résumé qu'en a fait Festus à la fin du IIe siècle ap. J.-C.

2. Il s'agit d'une traduction très contestable du terme *historia* qui signifie en grec « enquête » puis « information résultant d'une enquête » et enfin « Histoire ».

la suite des années. Quand les événements sont transcrits non par année, mais jour par jour, cette histoire est appelée d'un mot grec, *éphéméride*, dont l'équivalent latin se trouve dans le livre premier de Sempronius Asellio.

Les Nuits attiques, V, 18

HOMÈRE
VIIIe s. av. J.-C.

VIRGILE
Ier s. av. J.-C.

CLAUDIEN
Ve s. ap. J.-C.

Cicéron

L'Histoire ne fait pas partie des genres pratiqués par Cicéron, même si, nous dit-il, il fut encouragé par ses proches à écrire des œuvres historiques. Mais quelle histoire faut-il faire ? Quintus, le frère de Cicéron, et Atticus, son ami, sont en désaccord sur la question de savoir si l'orateur doit se limiter à écrire l'histoire de son temps.

PLAIDOYER POUR L'HISTOIRE CONTEMPORAINE

QUINTUS. – À partir de quelle époque mon frère doit-il commencer son récit ? Moi, je suis d'avis que c'est à partir des temps les plus reculés, dont l'histoire a été écrite de telle manière qu'elle en est même illisible ; mais lui, il revendique une histoire du temps présent, afin d'y inclure les événements auxquels il a lui-même pris part.

ATTICUS. – Je suis plutôt de son avis. Les événements les plus importants se trouvent en effet dans notre époque et notre génération ; de plus, il rendra éclatante la gloire de notre grand ami Pompée ; il en arrivera aussi à la belle et inoubliable année de son consulat, et je préfère qu'il la célèbre plutôt que de l'entendre nous parler, comme on dit, de Rémus et de Romulus.

MARCUS. – Je me rends bien compte, Atticus, que c'est un travail que l'on me demande depuis longtemps déjà ; je ne le repousserais pas, si l'on m'en accordait le temps et le loisir, car ce n'est pas au milieu d'activités absorbantes et lorsque l'on a l'esprit occupé ailleurs que l'on peut entreprendre une œuvre aussi importante. Il faut à la fois ne pas avoir de soucis et ne pas avoir d'affaires à traiter.

Traité des Lois, I, 8
(traduction revue par Gérard SALAMON)

HOMÈRE VIIIe s. av. J.-C. — VIRGILE Ier s. av. J.-C. — CLAUDIEN Ve s. ap. J.-C.

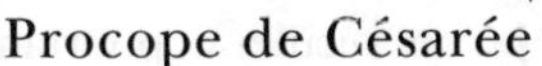

Procope de Césarée

Est-il possible d'écrire l'histoire de son temps tout en restant fidèle aux règles de l'Histoire ? Sous le règne de Justinien, la réponse est clairement non, à en croire Procope qui explique pourquoi dans ses précédents ouvrages il n'a pas pu faire véritablement œuvre d'historien.

DES DANGERS DE FAIRE L'HISTOIRE DE SON TEMPS

Tout ce qui est arrivé jusqu'à présent, dans les guerres, à la nation des Romains, je l'ai raconté, autant que j'ai pu le faire, en présentant tous les événements suivant les temps et les lieux. Ce qui suit, en revanche, ne sera plus exposé de la manière susdite, car y sera décrit tout ce qui est arrivé dans toutes les régions de l'Empire romain. La raison en est qu'il ne m'était pas possible, tant que les acteurs de cette histoire étaient encore en vie, d'en traiter de la manière qui convenait. Il n'était possible en effet, ni d'échapper à la multitude des espions, ni, si j'étais démasqué, de ne pas périr d'une mort cruelle ; même aux plus intimes de mes proches je ne pouvais faire confiance. Bien plus, dans les livres qui précédèrent, force m'a été de taire les causes de bien des événements que je racontais. Il me faudra donc révéler à la fois ce qui est resté dissimulé jusqu'à présent et les causes des événements que j'ai racontés auparavant dans mon texte.

Au moment pourtant où je me mets à cette nouvelle besogne, ardue et incroyablement difficile – la vie de Justinien et de Théodora –, me voici à trembler et à hésiter au plus haut point en me rendant compte que ce que j'écrirai à présent ne paraîtra ni vrai ni digne de foi à la postérité. Je crains en particulier, quand le long temps qui se sera écoulé aura fait de mon récit quelque chose d'un peu antique, de gagner la réputation d'un conteur d'histoires et d'être rangé parmi les poètes tragiques. Je ne reculerai pourtant pas devant l'ampleur de la tâche, ayant l'assurance que mes dires ne seront pas sans répondants. Les hommes d'aujourd'hui qui sont les plus sérieux témoins des faits seront des garants suffisants, pour le temps à venir, de la créance à leur accorder.

Histoire secrète, I, 1-5

HOMÈRE
VIIIe s. av. J.-C.

VIRGILE
Ier s. av. J.-C.

CLAUDIEN
Ve s. ap. J.-C.

Hérodote

Comment faire l'histoire des guerres médiques sans essayer d'en trouver l'origine ou plutôt de trouver l'origine de l'animosité qui règne entre les Grecs et les Barbares ? C'est la question à laquelle Hérodote essaye de répondre au début de son œuvre en remontant jusqu'aux racines mythiques du conflit, c'est-à-dire bien entendu à une histoire de femme…

À QUI LA FAUTE ?

Hérodote de Thourioi présente ici son enquête, pour empêcher que ce qu'ont fait les hommes ne s'efface, avec le temps, de la mémoire et que les grands et merveilleux exploits, accomplis tant par les Grecs que par les Barbares, ne soient oubliés ; il expose en particulier la cause de la guerre qui les opposa les uns aux autres.

Chez les Perses, ceux qui savent les choses disent que les Phéniciens furent la cause du différend. Ils disent que ce peuple, après être venu de la mer qu'on appelle Érythrée sur les bords de celle-ci et avoir établi sa demeure dans le territoire qu'il habite encore aujourd'hui, entreprit aussitôt de lointaines navigations et, transportant des marchandises d'Égypte et d'Assyrie, se rendit en diverses contrées, entre autres à Argos. Argos, à cette époque, tenait en toutes choses le premier rang dans la région que, de nos jours, on appelle la Grèce. Une fois arrivés dans cette contrée, les Phéniciens, disent-ils, s'occupèrent de vendre leur cargaison ; cinq ou six jours après leur arrivée, alors qu'ils avaient presque tout vendu, de nombreuses femmes vinrent en groupe au bord de la mer, et parmi elles la fille du roi ; elle avait pour nom, comme le disent aussi les Grecs, Io fille d'Inachos. Tandis que ces femmes se tenaient près de la poupe du navire et achetaient les marchandises qui leur plaisaient, les Phéniciens, s'encourageant les uns les autres, se précipitèrent sur elles. La plupart des femmes prirent la fuite ; mais Io et d'autres furent enlevées et les Phéniciens, les ayant jetées sur leur vaisseau, firent voile vers l'Égypte. C'est ainsi, disent les Perses, mais pas les Grecs, qu'Io vint en Égypte, et c'est ce premier incident qui fut la première des fautes commises. Plus tard, disent toujours les Perses, certains Grecs – ils ne peuvent pas préciser leur nom – abordèrent en Phénicie, à Tyr, et enlevèrent la fille du roi, Europe ; ce pouvait être des Crétois. À ce moment-là, on était à égalité ; mais par la suite, ajoutent-ils, ce sont les Grecs qui se rendirent coupables de la seconde offense. Ils gagnèrent par mer sur un navire de guerre Aia en Colchide et les rives du fleuve Phase, et de là, après avoir mené à bien les autres affaires pour lesquelles ils étaient venus, ils enlevèrent la fille du roi, Médée[1]. Le roi de Colchide envoya en Grèce un héraut pour demander réparation de cet enlèvement et réclamer sa fille ; mais les Grecs répondirent qu'ils n'avaient pas obtenu réparation de la part des Barbares pour l'enlèvement de l'Argienne Io, et qu'eux non plus ne leur donneraient pas satisfaction. À la génération suivante, Alexandre, fils de Priam, qui avait entendu parler de ces événements, eut l'idée de se procurer une femme de Grèce en l'enlevant, bien persuadé qu'il ne serait pas puni, puisque les autres ne l'avaient pas été. C'est ainsi qu'il enleva Hélène.

Histoires, I, 1-4
(traduction revue par Gérard SALAMON)

1. Allusion à la fameuse expédition menée par les Argonautes pour s'emparer de la Toison d'or.

Denys d'Halicarnasse

Les précautions prises par Denys d'Halicarnasse au début de ses Antiquités romaines *pour justifier – tout comme le fait Tite-Live – son choix de remonter aux origines de Rome prouvent qu'à l'époque d'Auguste les lecteurs s'intéressaient surtout à l'histoire récente. Mais c'est que pour le rhéteur grec il ne s'agit rien moins que de rétablir « la vérité historique » malmenée par ceux qui étaient guidés par leur haine pour les Romains.*

POURQUOI ÉCRIRE L'HISTOIRE PRIMITIVE DE ROME ?

Sur le fait, en revanche, que ce n'est pas sans réflexion ni sages précautions que je me suis tourné vers la période ancienne de son histoire, mais avec au contraire de bonnes raisons à donner pour justifier mon choix, je voudrais dire quelques mots dans ce prologue, afin que certains, parmi ceux qui se plaisent à tout critiquer, n'aillent pas me blâmer, alors qu'ils n'ont encore rien entendu de ce que je vais révéler : alors que cette cité, diront-ils, dont on chante aujourd'hui les louanges, a connu des débuts sans gloire, tout à fait humbles et qui ne méritent pas qu'on en écrive l'histoire, alors qu'elle n'est devenue brillante et glorieuse que depuis peu de générations, à partir du moment où elle eut abattu les puissances macédoniennes et mené victorieusement les guerres puniques, alors qu'il m'était possible de prendre pour sujet une des périodes glorieuses de son histoire, j'ai préféré une « Histoire des origines » qui n'a rien de brillant ! Mais c'est que l'ignorance est encore presque générale chez les Grecs en ce qui concerne l'histoire ancienne de la cité des Romains ; et certaines opinions, qui ne sont pas vraies mais se fondent sur les premiers racontars venus, ont induit le grand nombre en erreur, en prétendant que Rome se flatterait d'avoir eu pour fondateurs des hommes sans feu ni lieu, des Barbares qui n'étaient même pas de condition libre, et que ce ne serait pas grâce à sa piété ni à son sens de la justice ni à ses autres vertus qu'elle serait parvenue avec le temps à l'hégémonie universelle, mais grâce à quelque hasard et à une Fortune injuste qui distribuerait inconsidérément les plus grands biens à ceux qui en sont les plus indignes. Et il est de plus méchants esprits encore qui ont pris l'habitude d'accuser ouvertement la Fortune de donner aux pires des Barbares les biens des Grecs. Mais à quoi bon parler de tous ceux-là, quand même certains historiens ont osé écrire ces mensonges dans leurs Histoires et les laisser à la postérité, à la seule fin de complaire, par des Histoires qui n'étaient ni justes ni vraies, à des rois barbares qui haïssaient l'hégémonie romaine et auprès desquels ils jouèrent eux-mêmes toute leur vie le rôle de serviles courtisans ?

Ce sont ces idées fausses que je me propose, comme je l'ai dit, d'extirper de l'esprit d'un grand nombre de gens, pour les remplacer par des vraies. [...] Mon dessein est d'amener mes lecteurs, quand ils auront appris la vérité, à avoir de cette cité l'opinion qui convient, pourvu toutefois qu'ils n'éprouvent pas à son égard une haine et une hostilité radicales, et de faire en sorte qu'ils ne s'irritent pas d'une sujétion qui était dans l'ordre des choses – car une loi universelle de la nature, que le temps ne peut abolir, veut que les forts commandent toujours aux faibles –, ni n'accusent la Fortune d'avoir donné à une cité qui ne le méritait pas une hégémonie aussi considérable et qui dure déjà depuis si longtemps.

Les Antiquités romaines, I, 4-5

MONOGRAPHIE OU HISTOIRE GÉNÉRALE ?

Choisir son sujet, c'est aussi définir un angle d'approche. Soit l'historien adoptera un plan large pour traiter les événements à grande échelle et les replacer dans un continuum porteur de sens, au risque de devoir les survoler ; soit il restreindra la focale pour se concentrer sur un épisode, une période, un peuple, considérés comme exemplaires et méritant un traitement approfondi. À cette question les historiens antiques ont apporté des réponses très variées : les uns ont choisi la monographie pour traiter de guerres mémorables (les guerres médiques pour Hérodote, la guerre du Péloponnèse pour Thucydide, les conquêtes d'Alexandre pour Quinte-Curce ou Arrien, la guerre de Jugurtha pour Salluste) ou de troubles politiques (la conjuration de Catilina pour le même Salluste, les guerres civiles à Rome pour Tacite et Appien) ou encore pour décrire un pays et son peuple comme dans *La Germanie* de Tacite. D'autres, avec le développement de l'Empire romain, ont fait le pari de l'histoire universelle, tels Trogue Pompée et Diodore de Sicile. Dans ce paysage, Polybe qui écrit l'histoire du monde civilisé à l'époque des guerres puniques, et Tite-Live qui, dans la lignée des annalistes, raconte l'histoire du peuple romain depuis les origines jusqu'à son époque, montrent que toutes les combinaisons sont possibles.

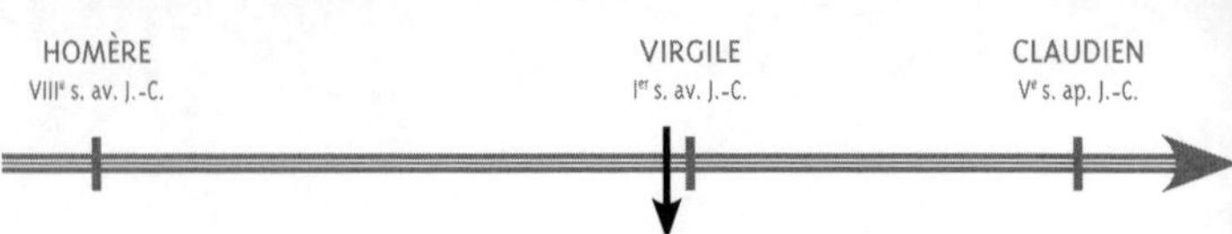

Cicéron

La lettre que Cicéron adresse à Luccéius, homme politique et historien réputé, a pour fonction de convaincre celui-ci de consacrer un ouvrage à l'histoire de son glorieux consulat. Mais elle est aussi l'occasion pour l'orateur de comparer, du point de vue des auteurs mais aussi de celui des lecteurs, les avantages respectifs des monographies et des histoires générales.

IL FAUT METTRE EN ÉVIDENCE L'ESSENTIEL

Je brûle d'une envie extraordinaire, et qui, je pense, n'a rien de blâmable, de voir mon nom illustré et rendu célèbre par tes écrits. […] L'idée que la postérité parlera de moi m'emporte à je ne sais quels rêves d'immortalité ; mais ce n'est pas tout : j'éprouve aussi le désir de recueillir de mon vivant les fruits que doivent porter l'autorité de ton témoignage, les marques de ta sympathie, le charme de ton talent. Je suis loin pourtant d'oublier, en écrivant ceci, quel écrasant fardeau constitue pour toi la tâche que tu as entreprise et déjà commencée ; mais voyant que tu avais dès maintenant presque achevé l'histoire de la guerre sociale et de la guerre civile, t'ayant d'autre part entendu dire que tu mettais la main au reste, je n'ai pas voulu manquer d'attirer ton attention sur le point suivant : aimes-tu mieux entremêler l'histoire de mon consulat dans la trame des autres événements ou bien, comme beaucoup d'écrivains grecs l'ont fait, Callisthène pour la guerre de Phocide, Timée pour celle de Pyrrhus, Polybe pour celle de Numance, tous historiens qui ont raconté lesdits événements à part de leur histoire générale, ne sépareras-tu pas, toi aussi, le récit de la conjuration de celui des guerres extérieures ? Je ne vois pas, en vérité, que cela importe beaucoup à ma gloire ; mais du point de vue de mon impatience, il n'est pas sans intérêt que tu t'attaques tout de suite à cette période et à l'ensemble d'événements qu'elle embrasse, sans attendre d'en être arrivé à l'endroit voulu de ton récit. Et puis aussi, ton attention se concentrant sur un sujet unique et sur une seule personne, j'aperçois déjà combien tous les faits seront traités avec plus d'abondance et plus d'éclat. [...] Si je te décide à entreprendre ce travail, tu trouveras là, j'en ai la conviction, un sujet digne de ton talent si plein de ressources. En effet, depuis le début de la conjuration[1] jusqu'à mon retour, il me semble qu'il y a la matière d'un ouvrage d'étendue moyenne, dans lequel tu pourras mettre en œuvre ta science si remarquable des révolutions, qu'il s'agisse d'expliquer les causes des tentatives révolutionnaires ou d'indiquer les remèdes aux maux dont souffre l'État, blâmant ce que tu jugeras condamnable, louant, avec preuves à l'appui, ce qui sera conforme à tes vues, enfin, si tu crois devoir, selon ton habitude, traiter ton sujet avec quelque indépendance, stigmatisant tous ceux qui ne m'ont pas ménagé la perfidie, l'intrigue, la trahison. Et puis, mes malheurs donneront à ton récit une grande variété qui offre pour l'écrivain un attrait particulier et qui peut, avec un auteur comme toi, retenir fortement l'attention du lecteur. [...] La succession des faits année par année ne nous captive, par elle-même, que médiocrement, comme peut le faire une énumération de fastes ; au contraire, souvent, il y a dans la destinée variée et mouvementée d'un homme éminent de quoi provoquer étonnement et confiante attente, joie et peine, espoir et crainte ; et si elle s'achève par une belle fin, l'esprit du lecteur éprouve la satisfaction la plus vive et la plus complète.

Lettres à ses proches, V, 12, 1-4

1. Il s'agit de la conjuration de Catilina.

Denys d'Halicarnasse

Tenant de l'histoire générale, Denys d'Halicarnasse insiste évidemment sur les insuffisances de ce que nous appelons des monographies. Mais au-delà de la polémique habituelle entre historiens, ce passage est un document très précieux sur des œuvres que nous n'avons plus et sur des auteurs dont nous ne connaissons le plus souvent que les noms.

LES LIMITES DES MONOGRAPHIES

Dans l'Antiquité, il y eut beaucoup d'historiens, en maints endroits, avant la guerre du Péloponnèse. Citons par exemple Eugéon de Samos, Déiochos de Cyzique et Bion de Proconnèse, Eudémos de Paros, Démoclès de Phygéla, Hécatée de Milet, et aussi Acousilaos d'Argos, Charon de Lampsaque, Amélésagoras de Chalcédoine ; ou encore, précédant de peu les événements du Péloponnèse jusqu'à l'époque de Thucydide, Hellanicos de Lesbos, Damastès de Sigée, Xénomèdès de Céos, Xanthos de Lydie et bien d'autres. Tous ces auteurs avaient des options analogues pour le choix des sujets et ne différaient guère entre eux par le talent ; les uns rédigeaient des histoires se rapportant aux Grecs, d'autres aux Barbares, et cela, sans prendre aucunement le soin de les lier les unes aux autres ; ils adoptaient une division par peuples et par cités, et publiaient chacune de ces histoires séparément, poursuivant un seul et même objectif, celui de collecter tout ce qui était conservé par ceux qui étaient nés sur place – traditions orales par peuples et par cités, documents écrits déposés dans des lieux sacrés ou profanes – afin de le porter à la connaissance de tous, tel quel, sans rien y ajouter ni rien en retrancher. Aussi ces histoires contenaient-elles des fables auxquelles on ajoutait foi depuis les temps les plus reculés, et des retournements de situation spectaculaires que nous jugeons aujourd'hui hautement fantaisistes.

Thucydide, VII, 5

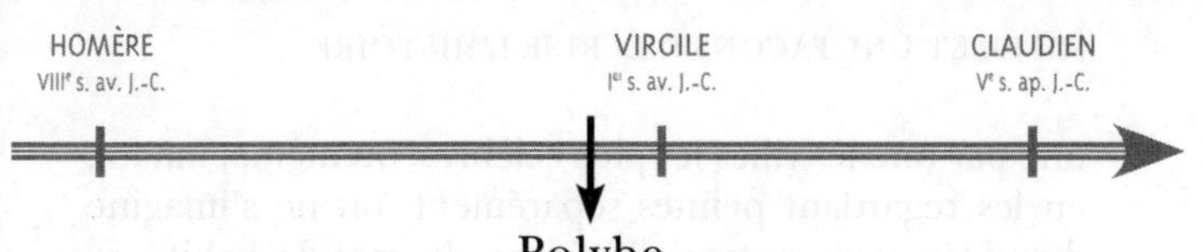

L'histoire a-t-elle un sens ? Polybe, qui écrit à une époque où Rome domine le monde, pense que tel est effectivement le cas. Mais s'il en est ainsi, seule une histoire générale permettra au lecteur de comprendre le « plan de la Fortune ».

ÉLARGIR LE CHAMP POUR SAISIR LE SENS DE L'HISTOIRE

En effet l'originalité de notre ouvrage et le prodige de notre époque résident en ceci : de même que la Fortune a incliné d'un seul côté et forcé à tendre vers un seul et même but presque tous les événements de la terre, de même il faut, par le moyen de l'histoire, concentrer dans une seule vue synthétique pour les lecteurs le plan que la Fortune a appliqué pour la réalisation d'une série universelle d'événements. C'est cela surtout qui m'a engagé et incité au travail historique, et aussi le fait qu'aucun de mes contemporains n'a entrepris une composition d'histoire générale ; autrement je me serais donné beaucoup moins de peine à ce point de vue. Mais en fait, voyant que la plupart des historiens traitaient telle ou telle guerre particulière et divers événements concomitants, tandis que personne, du moins à ma connaissance, n'a essayé de vérifier la structure générale et totale des faits passés, c'est-à-dire quand et d'où ils ont pris naissance et comment ils se sont déroulés, j'ai estimé absolument nécessaire de ne pas négliger ni de laisser passer sans m'y arrêter le plus beau et en même temps le plus utile ouvrage de la Fortune. Car bien qu'elle innove beaucoup et qu'elle soit continuellement en lice dans la vie de l'humanité, elle n'a pas encore à vrai dire réalisé une œuvre ni livré un combat comme de nos jours. Ce dont il n'est pas possible d'avoir une vue d'ensemble d'après les auteurs de monographies, à moins qu'en parcourant une par une les villes les plus célèbres, ou même, ma foi, en les regardant peintes séparément, on ne s'imagine d'emblée avoir compris la forme du monde habité, sa situation et son ordonnance en totalité, chose qui n'est nullement vraisemblable.

Histoires, I, 4

Diodore de Sicile

Écrire l'histoire du monde depuis les origines jusqu'à sa propre époque : tel est le but que s'est fixé Diodore de Sicile. Arrivé au terme de son travail après y avoir consacré l'essentiel de sa vie, il a le sentiment d'avoir fait, avec sa Bibliothèque historique, *œuvre réellement utile pour tous ceux qui s'intéressent à l'histoire.*

FAIRE L'HISTOIRE DU MONDE EN GREC

En effet, supposons que l'on puisse raconter les événements du monde entier dont le souvenir s'est conservé comme si c'était l'histoire d'une seule cité, et cela, autant que faire se peut, depuis les siècles les plus reculés jusqu'à la période contemporaine ; ce serait sans doute s'imposer un énorme labeur, mais ce serait aussi composer une œuvre d'une utilité exceptionnelle aux yeux des amateurs de lecture. Chacun y pourra puiser immédiatement, comme à une source abondante, ce qui importe à son propos particulier. En effet, pour qui entreprend de lire d'un bout à l'autre les ouvrages de si nombreux historiens, plusieurs difficultés surgissent : d'abord, se procurer les livres dont on a besoin, ensuite, vu la foule des ouvrages et leurs divergences, arriver à connaître et à comprendre parfaitement l'ensemble des faits. Au contraire, un ouvrage qui ramasse, dans les limites d'une seule synthèse, les événements passés dans leur enchaînement se prête à une lecture aisée et favorise une appréhension des faits facile et complète. En un mot, on peut juger qu'un travail de cette sorte l'emportera sur tous les autres autant que le tout l'emporte en utilité sur la partie, une chaîne continue sur une suite fragmentaire et enfin la précision des dates sur l'ignorance de la place chronologique des événements.

C'est pourquoi, considérant l'utilité de cette entreprise, mais aussi qu'elle exigeait beaucoup de temps et d'efforts, nous y avons consacré trente années et, au prix de bien des difficultés et de bien des dangers, nous avons parcouru une grande partie de l'Asie et de l'Europe, afin de voir de nos propres yeux les régions les plus importantes en aussi grand nombre que possible.

Bibliothèque historique, I, 3-4

HOMÈRE
VIIIe s. av. J.-C.

VIRGILE
Ier s. av. J.-C.

CLAUDIEN
Ve s. ap. J.-C.

Justin

Il y a un certain paradoxe pour Justin à louer Trogue Pompée d'avoir écrit en latin une histoire du monde qui ne laissait aucun peuple ni aucun sujet de côté tout en en proposant un abrégé qui va conduire à la disparition de l'œuvre originale… Mais, comme nous, les Romains hésitaient souvent à lire des ouvrages trop longs : c'est le problème de l'histoire universelle.

OSER L'HISTOIRE DU MONDE EN LATIN

Alors que de nombreux Romains, y compris des personnages de rang consulaire, avaient rédigé en grec, une langue étrangère, des ouvrages consacrés à l'histoire romaine[1], Trogue Pompée, écrivain d'une éloquence digne des Anciens, mû par le désir d'égaler leur gloire ou séduit par la variété et la nouveauté de l'entreprise, a écrit en latin l'histoire de la Grèce et de l'univers tout entier, afin qu'on pût lire en notre langue les actions des Grecs, comme on peut lire les nôtres en grec, s'engageant dans une entreprise qui demandait à la fois beaucoup de courage et beaucoup de travail. En effet, alors que la plupart des auteurs, qui écrivent l'histoire d'un seul roi ou d'un seul peuple, trouvent leur tâche pénible et ardue, Trogue Pompée ne doit-il pas nous apparaître comme ayant fait preuve d'une audace herculéenne, lui qui s'est intéressé à la terre entière et dont le livre contient l'histoire de tous les siècles, de tous les rois, de toutes les nations et de tous les peuples ? Les sujets que les historiens grecs ont traités séparément, selon ce qui convenait à chacun d'eux, en laissant de côté ceux qui ne leur apportaient rien, Trogue Pompée les a tous rassem-

1. On peut penser par exemple à Fabius Pictor. Mais deux siècles plus tard, Cicéron rédigea deux versions de l'histoire de son consulat, l'une en latin, l'autre en grec ; aucune de ces deux œuvres n'a été conservée.

blés, en les classant selon les périodes, et en les ordonnant suivant l'enchaînement des faits. Des quarante-quatre volumes qu'il a publiés, j'ai extrait, profitant du temps libre que j'avais à Rome, ce qui était le plus digne d'être connu et, laissant de côté ce qui n'avait pas d'attrait par le plaisir qu'il y a à l'apprendre et n'était pas indispensable par l'exemple qu'il donne, j'en ai composé pour ainsi dire un petit bouquet de fleurs, pour rafraîchir la mémoire de ceux qui ont étudié l'histoire grecque et pour l'enseigner à ceux qui ne l'ont pas apprise.

Abrégé des Histoires philippiques
de Trogue Pompée, préface, 1-4
(traduction Gérard SALAMON)

IV

HISTORIENS & POÈTES

VÉRITÉ HISTORIQUE ET VÉRITÉ POÉTIQUE

« Pour les qualités de style qui produisent vigueur, tension et autres vertus analogues, Thucydide est meilleur qu'Hérodote. Mais pour ce qui est de l'agrément, du don de persuasion, de la séduction et des qualités apparentées, Hérodote les introduit dans son œuvre bien mieux que Thucydide. [...] Pour résumer mon propos, on peut qualifier de belles ces deux créations poétiques et je n'éprouve aucun embarras à donner à ces ouvrages d'histoire le nom de créations poétiques ; la différence entre elles, c'est que la beauté d'Hérodote est enjouée, celle de Thucydide effrayante[1]. »

Ce jugement de Denys d'Halicarnasse, fort surprenant pour des lecteurs modernes, illustre pourtant parfaitement le point de vue des Anciens qui, pour ce qui est du style, établissaient une parenté étroite entre l'Histoire et la poésie. Ils ne s'en appliquaient pas moins à distinguer les deux genres du point de vue de leur objet, de leurs règles et de leur rapport au réel. Autour des notions de vérité ou de vraisemblance, de mythe ou de fable s'est construite une théorie de l'Histoire définissant celle-ci comme un genre dans lequel l'historien a, pour le traitement des faits, moins de liberté que le poète.

1. Denys d'Halicarnasse, *Lettre à Pompée Géminos*, XI, 3, 19-21.

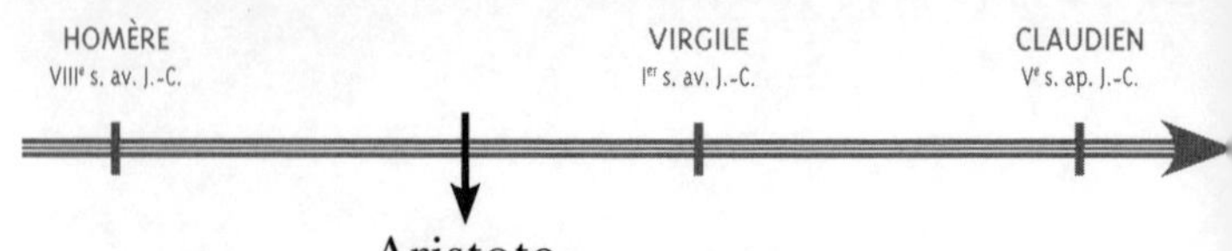

Aristote

Aristote ne consacre que quelques lignes de sa Poétique *à l'Histoire, qu'il juge très inférieure à la poésie. Mais au-delà de ce jugement, il pose les bases de ce qui constituera après lui l'essentiel de la réflexion sur les rapports entre les deux genres : ce qui différencie l'Histoire de la poésie, c'est que l'Histoire est le récit de ce qui est réellement arrivé.*

L'HISTOIRE EST ANCRÉE DANS LE RÉEL

Or il est clair aussi, d'après ce que nous avons dit, que ce n'est pas de raconter les choses réellement arrivées qui est l'œuvre propre du poète, mais bien de raconter ce qui pourrait arriver. Les événements sont possibles suivant la vraisemblance ou la nécessité. En effet, l'historien et le poète ne diffèrent pas par le fait qu'ils font leurs récits l'un en vers l'autre en prose (on aurait pu mettre l'œuvre d'Hérodote en vers et elle ne serait pas moins de l'histoire en vers qu'en prose), ils se distinguent au contraire en ce que l'un raconte les événements qui sont arrivés, l'autre des événements qui pourraient arriver. Aussi la poésie est-elle plus philosophique et d'un caractère plus élevé que l'Histoire ; car la poésie raconte plutôt le général, l'Histoire le particulier. Le général, c'est-à-dire que telle ou telle sorte d'homme dira ou fera telles ou telles choses vraisemblablement ou nécessairement ; c'est à cette représentation que vise la poésie, bien qu'elle attribue des noms aux personnages ; le « particulier », c'est ce qu'a fait Alcibiade ou ce qui lui est arrivé.

Poétique, 9

HOMÈRE
VIIIe s. av. J.-C.

VIRGILE
Ier s. av. J.-C.

CLAUDIEN
Ve s. ap. J.-C.

Lucien

Liberté absolue du côté du poète, devoir de vérité du côté de l'historien : c'est là que se situe selon Lucien la différence entre Histoire et poésie. La distinction entre les deux genres devient alors une manière de rappeler aux historiens qu'ils doivent s'en tenir aux faits sans chercher à les grandir.

L'IMPÉRATIF DE VRAISEMBLANCE

De surcroît, ces gens-là paraissent ignorer que l'art poétique et ses produits ont des fondements et des règles propres, et que l'Histoire en a d'autres. En poésie, on a toute liberté et la seule loi qui vaille est le bon plaisir du poète. En effet, il est inspiré, il est sous l'emprise de Muses ; donc, s'il veut atteler un char à des chevaux ailés, s'il veut en faire courir d'autres sur les eaux ou sur le sommet des tiges d'asphodèles, personne ne lui en voudra. Et si, chez les poètes, Zeus soulève au bout d'une chaîne la terre et la mer, on ne va pas craindre que la chaîne ne se brise et que Zeus n'écrase tout dans la chute. Et s'ils veulent glorifier Agamemnon, personne ne les empêchera de dire que son visage et son regard sont comparables à ceux de Zeus, que sa poitrine est semblable à celle de Poséidon, frère de Zeus, que sa ceinture est semblable à celle d'Arès, et qu'ainsi le fils d'Atrée et d'Aéropé est nécessairement un composé de tous les dieux : ni Zeus en effet, ni Poséidon, ni Arès ne suffiraient à eux seuls à donner la pleine mesure de sa beauté. Mais si l'Histoire tombe dans de pareilles flagorneries, qu'est-elle de plus qu'une sorte de production poétique en prose, privée de la grandeur sonore de la poésie, présentant du fantastique dans une forme dénuée de versification et, de ce fait même, plus exposée à la vue ? C'est un grave défaut, à vrai dire gravissime, que ne pas savoir séparer ce qui relève de l'Histoire et ce qui relève de la poésie, d'introduire dans l'une les ornements de l'autre : récits légendaires, éloges et toutes les exagérations qu'ils comportent.

Comment écrire l'histoire, 8

HOMÈRE
VIIIe s. av. J.-C.

VIRGILE
Ier s. av. J.-C.

CLAUDIEN
Ve s. ap. J.-C.

Cicéron

Cette discussion entre Atticus (l'ami de l'orateur), Quintus (son frère) et Cicéron lui-même (Marcus) autour d'un chêne qu'Atticus voit près d'Arpinum est intéressante parce que c'est aux lecteurs que s'adresse Cicéron. Il leur rappelle qu'ils doivent bien faire la différence et ne pas demander à un poète la fidélité aux faits qu'ils attendent d'un historien, même si ceux-ci n'ont pas toujours respecté les règles du genre qui est le leur.

DISCUSSION AUTOUR D'UN CHÊNE : QU'EST-CE QUE LA VÉRITÉ HISTORIQUE ?

ATTICUS. – Mais c'est le bois sacré et le chêne des gens d'Arpinum ; je les reconnais pour les avoir lus tant de fois dans le *Marius*[1]. Si le chêne subsiste, c'est sûrement celui-ci, car il est bien ancien.

QUINTUS. – Mais oui, il subsiste, cher Atticus, et il subsistera toujours, car il a été planté par les soins du génie. Il n'est plantation due aux soins d'un paysan qui puisse être aussi durable qu'une semence due aux vers d'un poète.

ATTICUS. – Comment s'y prennent-ils, Quintus, et qu'est-ce au juste que cette graine que sèment les poètes ? Il me semble qu'en faisant l'éloge de ton frère, tu penses aussi à toi[2].

QUINTUS. – Admettons ; mais tant que les lettres latines auront une voix, un chêne qu'on appellera « le chêne de Marius » ne fera jamais défaut en cet endroit

1. Le *Marius* est un poème épique consacré par Cicéron à Marius (157-86 av. J.-C.), qui était comme lui né à Arpinum, et qu'il admirait en dépit de positions politiques à l'opposé des siennes. Nous n'avons conservé que quatre fragments de ce poème : le plus long comporte treize vers.

2. Quintus Cicéron se piquait d'être lui-même poète.

et, comme l'a dit Scévola, en parlant du *Marius* de mon frère, « il vieillira dans les siècles sans nombre ». Ou alors penses-tu que ton Athènes[3] ait pu garder dans son acropole un olivier éternel ? Et parce que l'Ulysse d'Homère a raconté qu'il a vu à Délos un long palmier souple, est-ce encore le même qu'on nous montre aujourd'hui ? [...]

Atticus. – Il n'en reste pas moins que, dans le *Marius*, on se demande à propos de beaucoup de faits s'ils sont inventés ou véridiques, et comme il s'agit d'une histoire récente et qui porte sur la biographie d'un homme d'Arpinum, il en est plus d'un qui demande à savoir de toi la vérité.

Marcus. – Et, par Hercule, je ne voudrais pas passer pour un menteur ; mais cependant, mon cher Titus, il en est plus d'un qui agit sottement quand, en cette occurrence, il requiert la vérité comme on le ferait, non pas d'un poète, mais d'un témoin. Je suis persuadé que ce sont les mêmes qui croient que Numa s'est entretenu avec Égérie[4] et que Tarquin a reçu d'un aigle la coiffe des flamines[5].

Quintus. – Je vois très bien, mon frère, qu'à ton avis on doit en Histoire observer certaines lois, et en poésie des lois différentes.

Marcus. – Naturellement, puisque dans l'une chaque détail se rapporte à la vérité et dans l'autre la plupart des traits tendent à l'agrément. Encore y a-t-il et chez Hérodote, le père de l'Histoire, et chez Théopompe, une infinité de légendes.

Traité des Lois, I, 1-2 et 4-5

3. T. Pomponius Atticus avait passé une partie de sa vie à Athènes.

4. Égérie était une nymphe avec laquelle, selon la légende, Numa – le second roi de Rome – prétendait s'entretenir lorsqu'il avait à justifier les lois qu'il voulait imposer aux Romains.

5. Cet épisode, qui était interprété comme un présage favorable, avait eu lieu au moment où Tarquin l'Ancien était en route pour Rome où, bien qu'étranger, il allait devenir roi.

Plutarque

Plutarque connaît évidemment les lois de l'Histoire, mais il se heurte à l'un des problèmes rencontrés par les historiens anciens : comment éviter d'être accusé de confondre poésie et Histoire lorsqu'il s'agit d'événements remontant aux temps les plus anciens ? Il faut, selon lui, tenter de retrouver l'histoire derrière la fable, mais surtout demander leur indulgence aux lecteurs.

L'HISTOIRE AUX CONFINS DU MYTHE

Dans leurs atlas, Sosius Sénécion[1], les géographes relèguent les pays qui échappent à leur connaissance aux extrémités de leurs cartes et inscrivent à côté de certains d'entre eux : « au-delà, il n'y a que sables arides, infestés de bêtes fauves », ou bien « de sombres marais », ou « la Scythie glacée », ou « une mer gelée. » De même moi, après avoir, en écrivant ces *Vies parallèles*, parcouru les époques accessibles à la vraisemblance et le terrain solide de l'histoire qui s'appuie sur des faits, je pourrais à bon droit dire des âges les plus reculés : « au-delà, c'est le pays des prodiges et des légendes tragiques, habité par les poètes et les mythologues, et l'on n'y trouve plus aucune preuve, aucune certitude ». Toutefois, nous avons cru, publiant le récit consacré au législateur Lycurgue et au roi Numa, qu'il ne serait pas déplacé de remonter jusqu'à Romulus, puisque nos recherches nous avaient amené à une époque voisine de la sienne ; et alors, comme je me demandais, selon les vers d'Eschyle :

1. Q. Sosius Senecio, auquel Plutarque dédie son œuvre, était l'un des familiers de l'empereur Trajan. Plusieurs fois consul, il protégeait un certain nombre d'écrivains.

« Contre un pareil mortel, qui donc s'avancera ?
Qui ranger contre lui ? Qui donc est assez sûr ? »[2],

il m'a paru que le fondateur de la belle et illustre Athènes[3] pouvait être opposé et comparé au père de l'invincible et glorieuse Rome. Puissions-nous obliger la fable, épurée par la raison, à se soumettre à elle et à prendre l'aspect de l'histoire ! Mais, quand elle dédaignera audacieusement la crédibilité et n'admettra aucun accord avec la vraisemblance, nous demanderons aux lecteurs d'être indulgents et d'accueillir avec patience ces vieilles histoires.

Vie de Thésée, 1

2. Cette citation, sans doute faite de mémoire, combine des éléments provenant des vers 395-396 et 435 des *Sept contre Thèbes* d'Eschyle.

3. Il s'agit de Thésée.

ÉCRIRE L'HISTOIRE EN VERS ?

Si les historiens et les rhéteurs prennent bien soin de ne pas confondre poésie et Histoire, force est de constater que les Anciens ont d'abord écrit l'histoire en vers. Ceux qu'ils considéraient comme les « pères fondateurs » de la poésie, Homère chez les Grecs et Ennius chez les Romains, étaient aussi à leurs yeux des historiens : le premier pour avoir chanté la guerre de Troie, le second pour avoir écrit une « histoire du peuple romain ». À Rome, la première œuvre historique dont nous ayons gardé une trace est le *Bellum Punicum*, l'épopée que Naevius[1] avait consacrée à la première guerre punique. Tout au long de l'histoire romaine, les poètes épiques, tragiques, lyriques et élégiaques continueront à se faire historiens, illustrant ainsi la fonction commémorative de la poésie dans l'Antiquité. Il en résulte que nous pouvons lire l'histoire du conflit entre Rome et Hannibal aussi bien chez des historiens, comme Polybe et Tite-Live, que chez un poète comme Silius Italicus et confronter la version donnée par César de la guerre civile qui l'oppose à Pompée avec celle de Lucain dans son épopée, connue sous le nom de *La Pharsale.* Plus près de nous, Ronsard n'a-t-il pas commencé une épopée, *La Franciade*, chantant l'histoire du peuple français depuis ses origines les plus anciennes qu'il plaçait, avec le héros fondateur Francus, au temps des Troyens ? À charge pour le lecteur de choisir entre vérité historique et vérité poétique.

1. Naevius est un poète d'origine campanienne, de la fin du IIIe siècle av. J.-C., qui avait lui-même participé au conflit.

HOMÈRE
VIIIe s. av. J.-C.

VIRGILE
Ier s. av. J.-C.

CLAUDIEN
Ve s. ap. J.-C.

Eschyle

Dans la tragédie Les Perses, *le poète confie au personnage traditionnel du messager le récit de la lourde défaite et de la débâcle que les Grecs, lors de la bataille navale de Salamine (480 avant J.-C.), infligèrent aux Perses conduits par le roi Xerxès.*

RÉCIT DE MESSAGER

Chacun vogue à son rang et, la nuit entière, les chefs de la flotte font croiser toute l'armée navale. La nuit se passe, sans que la flotte grecque tente de sortie furtive. Mais, quand le jour aux blancs coursiers épand sa clarté sur la terre, voici que, sonore, une clameur s'élève du côté des Grecs, modulée comme un hymne, cependant que l'écho des rochers de l'île en répète l'éclat. Et la terreur alors saisit tous les Barbares, déçus dans leur attente ; car ce n'était pas pour fuir que les Grecs entonnaient ce péan solennel, mais bien pour marcher au combat, pleins de valeureuse assurance ; et les appels de la trompette embrasaient toute leur ligne. Aussitôt les rames bruyantes, tombant avec ensemble, frappent l'eau profonde en cadence, et tous bientôt apparaissent en pleine vue. L'aile droite, alignée, marchait la première, en bon ordre. Puis la flotte entière se dégage et s'avance, et l'on pouvait alors entendre, tout proche, un immense appel : « Allez, enfants des Grecs, délivrez la patrie, délivrez vos enfants et vos femmes, les sanctuaires des dieux de vos pères et les tombeaux de vos aïeux : c'est la lutte suprême ! » Et voici que de notre côté un bourdonnement en langue perse leur répond : ce n'est plus le moment de tarder. Vaisseaux contre vaisseaux heurtent déjà leurs étraves de bronze. Un navire grec a donné le signal de l'abordage : il tranche l'aplustre d'un bâtiment phénicien. Les autres mettent chacun le cap sur un autre adversaire. L'afflux des vaisseaux perses d'abord résistait ;

mais leur multitude s'amassant dans une passe étroite, où ils ne peuvent se prêter secours et s'abordent les uns les autres en choquant leurs faces de bronze, ils voient se briser l'appareil de leurs rames et, alors, les trières grecques adroitement les enveloppent, les frappent ; les coques se renversent ; la mer disparaît sous un amas d'épaves, de cadavres sanglants ; rivages, écueils, sont chargés de morts, et une fuite désordonnée emporte à toutes rames ce qui reste des vaisseaux barbares, tandis que les Grecs, comme s'il s'agissait de thons, de poissons vidés du filet, frappent, assomment, avec des débris de rames, des fragments d'épaves ! Une plainte mêlée de sanglots règne seule sur la mer au large, jusqu'à l'heure où la nuit au sombre visage vient tout arrêter ! Quant à la somme de nos pertes, quand je prendrais dix jours pour en dresser le compte, je ne saurais l'établir. Jamais, sache-le, jamais en un seul jour n'a péri pareil nombre d'hommes.

Les Perses, v. 377-432

HOMÈRE VIIIe s. av. J.-C. — VIRGILE Ier s. av. J.-C. — CLAUDIEN Ve s. ap. J.-C.

Ennius

*Celui que les Romains considéraient comme le « père de la poésie latine », Ennius, composa la première épopée en hexamètres dactyliques de la littérature latine au IIIe siècle avant J.-C. Sous le titre d'*Annales, *elle avait pour sujet l'histoire du peuple romain depuis les origines, comme le montre cet extrait contant la prise des auspices*[1] *par Romulus, le futur fondateur de Rome.*

QUI LES DIEUX CHOISIRONT-ILS POUR FONDER ROME ?

Soucieux, en proie à un grand souci, puis ardemment désireux du trône, <Romulus et Rémus> s'attachent en même temps à l'observation des oiseaux et à la prise des augures. [...] Rémus a l'esprit tendu vers l'auspice et, seul, guette un oiseau favorable. Mais le beau Romulus, en haut de l'Aventin, guette, observe la race au vol élevé. Ils rivalisaient pour savoir s'ils appelleraient la ville « Roma » ou « Rémora ». Tous les hommes avaient souci de savoir lequel des deux serait leur chef. Ils attendent. Comme, au moment où le consul est prêt à donner le signal <de la course>, tous regardent avidement vers les bords de la loge pour saisir l'instant où il lâchera les chars hors des stalles peintes, ainsi le peuple attendait et redoutait visiblement l'événement : à qui des deux serait donnée la victoire de la souveraineté royale. Cependant l'astre pâle se retira aux abîmes de la nuit, puis l'aurore éblouissante, frappée par les rayons, se jeta au-dehors, et en même temps, d'en haut, un oiseau magnifique apparut dans son vol, très haut, à gauche. En même temps que le soleil d'or se lève, viennent du ciel trois fois quatre corps sacrés d'oiseaux et se présentent dans

1. Il s'agit de l'observation du vol des oiseaux, considérés comme des messagers des dieux.

des lieux élevés et beaux. Alors Romulus constate que la primauté lui est donnée et que, par les auspices, les degrés et la base du trône pour lui sont établis.

Annales - texte cité par
Cicéron, *De la divination*, 1, 107-108
(traduction revue par Gérard SALAMON)

HOMÈRE
VIIIe s. av. J.-C.

VIRGILE
Ier s. av. J.-C.

CLAUDIEN
Ve s. ap. J.-C.

Properce

En dehors de Virgile, les poètes augustéens préfèrent chanter les luttes amoureuses plutôt que les combats sur les champs de bataille. Mais quand on écrit sous le principat d'Auguste, peut-on oublier totalement l'histoire ? Properce, poète de l'amour, tient à montrer que sa poésie peut aussi accueillir de grands sujets, comme le récit de la célèbre bataille navale au cours de laquelle Octave, assisté du dieu Apollon, défit la flotte d'Antoine et de Cléopâtre en 31 avant J.-C.

ACTIUM EN MINIATURE

Enfin Nérée avait arqué les deux armées en demi-lune et l'eau teinte par l'éclat des armes tremblait lorsque Phébus quittant Délos fixée sous sa protection (car seule elle a subi, errante, la colère des vents du sud) se dressa au-dessus de la poupe d'Auguste et une nouvelle flamme brilla dessinant trois fois les zigzags d'un éclair oblique. Il n'était pas venu avec les cheveux répandus sur le cou ni avec le chant désarmé de la lyre d'écaille, mais avec le regard dont il fixa Agamemnon fils de Pélops et vida le camp dorien sur des bûchers avides ou comme il desserra les anneaux sinueux du serpent Python qui fit peur aux lyres pacifiques. Bientôt, il dit : « Ô sauveur de l'univers venu d'Albe la longue, Auguste, connu comme plus grand que tes aïeux du temps d'Hector, sois vainqueur sur mer ; la terre est déjà à toi ; c'est pour toi que mon arc fait la guerre et tout ce poids sur mes épaules te favorise. Délivre de la crainte la patrie qui maintenant confiante en ta protection a chargé ton vaisseau des vœux de tous. Si tu ne la défends pas, Romulus, augure pour ses murs, n'a pas bien vu le vol des oiseaux sur le Palatin. Vois donc, c'est trop qu'ils osent approcher avec leurs rames : il est honteux pour les Latins que, si tu es à leur tête, les flots supportent des voilures royales. Et ne t'effraie pas que leur flotte rame avec des ailes par centaines : c'est sur une mer qui le regrette qu'elle glisse ; ce que les navires menaçants portent de rochers brandis par des Centaures, tu feras l'expérience que ce sont des poutres creuses ou des craintes peintes. C'est la cause qui brise ou soulève les forces des soldats ; si la cause n'est pas juste, la honte fait tomber les armes. C'est le moment ; engage les vaisseaux : moi, qui ai fixé l'heure, je conduirai les rostres juliens de ma main porteuse de lauriers. ». Il avait dit, et consume en son arc la charge du carquois, juste après l'arc, la lance de César se manifesta. Rome triomphe par ta promesse tenue de Phébus : la femme[1] est punie ; son sceptre brisé est porté sur les eaux ioniennes. Quant au vénérable César, il admire depuis son astre d'Idalie[2] : « Je suis dieu ; voilà la preuve que vous êtes de mon sang. » Triton accompagne de son chant et toutes les déesses marines applaudirent autour des étendards de la liberté.

Élégies, IV, 6, v. 25-62

1. Comme beaucoup de poètes de l'époque d'Auguste, Properce désigne ici Cléopâtre sans la nommer.

2. Quelques jours après la mort de César en 44 av. J.-C., une comète (*sidus Iulium*) serait apparue dans le ciel de Rome, et fut interprétée comme le signe de l'apothéose du dictateur.

HOMÈRE
VIIIe s. av. J.-C.

VIRGILE
Ier s. av. J.-C.

CLAUDIEN
Ve s. ap. J.-C.

Silius Italicus

Si Homère invoquait la Muse pour chanter la colère d'Achille et la guerre de Troie, Silius Italicus, au Ier siècle après J.-C., choisit la diction épique pour rappeler le souvenir d'une des pages les plus glorieuses de l'histoire de Rome : la guerre que le peuple romain mena pour sa liberté et sa survie contre la puissante armée d'Hannibal lors de la deuxième guerre punique.

L'HISTORIEN-POÈTE ET LA MUSE

Je vais raconter les combats qui firent monter jusqu'aux cieux la renommée des fils d'Énée, et subir à l'altière Carthage les lois de l'Oenotrie[1]. Ô Muse, accorde-moi de pouvoir évoquer les glorieux exploits de l'antique Hespérie[2], la valeur et le nombre des héros que Rome suscita pour la guerre, lorsque le peuple de Cadmus[3], traître à sa promesse jurée, engagea le combat pour la suprématie ; alors on put longtemps se demander sur quelle citadelle la Fortune établirait finalement la capitale du Monde. Trois fois, au mépris du dieu de la guerre, les chefs sidoniens[4] violèrent le traité dont Jupiter était garant, et les accords conclus avec le sénat ; trois fois aussi leur glaive sans scrupule leur fit rompre traîtreusement la paix qu'ils avaient acceptée. Mais c'est pendant la seconde de ces guerres que les deux peuples, tour à tour, s'efforcèrent d'anéantir leur adversaire, et le plus dangereusement menacé fut celui qui, finalement, devait l'emporter. Un chef dardanien força la citadelle d'Agénor, mais le Palatin se vit encerclé par les lignes

1. Nom poétique pour désigner l'Italie.
2. L'Hespérie désigne les régions occidentales, c'est-à-dire l'Italie par rapport à la Grèce.
3. Fondateur légendaire de la cité de Thèbes.
4. Ce terme désigne les Carthaginois.

carthaginoises, et Rome ne dut son salut qu'à ses murs. Les causes d'un si profond ressentiment, la haine entretenue avec un soin jaloux, et l'hostilité transmise par des générations, c'est à moi qu'il est permis de les dévoiler, et de révéler les intentions des dieux. Je vais donc remonter aux sources mêmes de cet immense bouleversement.

La Guerre punique, I, v. 1-20

HOMÈRE
VIIIe s. av. J.-C.

VIRGILE
Ier s. av. J.-C.

CLAUDIEN
Ve s. ap. J.-C.

Lucain

César se rêvait en nouvel Alexandre et trouva sur sa route Pompée « le Grand » (Magnus). *De cette rivalité entre généraux assoiffés de pouvoir allait naître une énième guerre civile. Pour le poète Lucain, auteur d'une épopée qu'il écrivit sous le règne de Néron, la bataille de Pharsale fut le tombeau de la liberté du peuple romain et l'histoire aurait pris un autre cours si face à César ne s'était pas levé son gendre Pompée.*

ON NE PEUT REFAIRE L'HISTOIRE

César avait franchi les remparts du premier retranchement quand, au-dessus de lui, de toutes les collines, Magnus lança ses armes et déploya ses lignes contre l'ennemi pris au piège. L'habitant des vallées d'Henna ne redoute pas Encélade[1], quand, sous le souffle du Notus, l'Etna tout entier vide ses cavernes et descend en torrent dans les plaines, autant que le soldat de César, vaincu par la poussière amoncelée avant la bataille, tremblant sous le voile d'une peur aveugle, qui tombe en s'enfuyant sur les ennemis et se précipite dans sa panique sur les destins mêmes. Tout le sang aurait pu être répandu par les armes des citoyens jusqu'à amener la paix : le général en personne retint les glaives déchaînés. Tu aurais été, Rome, heureuse et libre sous tes lois et ton droit, si en ce lieu Sulla avait été pour toi le vainqueur. C'est pour toi un sujet de douleur et ce le sera toujours que de tirer profit, César, du plus grand de tes crimes en ayant combattu un gendre qui t'était dévoué[2]. Ah ! funestes destins ! La Lybie n'aurait pas pleuré le désastre d'Utique, l'Hispanie celui

1. Un des Géants : lors de la Gigantomachie, il fut tué par la lance d'Athéna et selon la légende, enterré sous l'Etna.

2. Pompée était le gendre de César, par son mariage avec Julie.

de Munda[3] ; le Nil, souillé d'un sang criminel, n'aurait pas ballotté un cadavre plus fameux que le roi de Pharos[4] ; Juba nu[5] n'aurait pas foulé les sables marmariques, Scipion n'aurait pas apaisé de son sang versé les ombres des Puniques, la vie n'aurait pas abandonné le pur Caton. Cela aurait pu être pour toi, Rome, le dernier jour de tes malheurs ; Pharsale aurait pu sortir de l'écheveau des destins.

La Guerre civile, VI, v. 290-313
(traduction revue par Marie LEDENTU)

3. Après la mort de Pompée à Pharsale, Caton le Jeune rassembla ce qui restait de l'armée républicaine pour continuer la lutte contre César en Afrique. Il s'enferma à Utique et se donna la mort pour échapper au joug césarien. En 45 av. J.-C., César remporta une victoire difficile à Munda face au fils de Pompée et à Labiénus, son ancien légat en Gaule.

4. Ptolémée XIII, frère et époux de Cléopâtre, affronta l'armée de César en janvier 47 av. J.-C. près du Nil. Vaincu, il s'enfuit et périt noyé.

5. Juba, roi de Numidie, se rallia au parti de Pompée mais, après la défaite des républicains à Thapsus en 46 av. J.-C., s'enfuit et se suicida.

Pseudo-Sénèque

*L'*Octavie*, composée sous Néron, est le seul spécimen que nous ayons conservé d'une tragédie prétexte, c'est-à-dire ayant un sujet emprunté à l'histoire romaine. Son auteur y évoque le destin cruel d'Octavie, fille de Claude et de Messaline, mariée de force à Néron qui la répudie, l'exile et la fait tuer. Dans l'extrait qui suit, Néron répond à son précepteur Sénèque qui lui a présenté en modèle Octave-Auguste : il oppose au portrait idéalisé du prince sa propre lecture, très négative, des événements qui, des ides de mars en 44 à la bataille d'Actium en 31 avant J.-C., ont mené Octave au pouvoir.*

UNE HISTOIRE SANGLANTE

Brutus arma ses mains pour le meurtre d'un chef qui lui avait accordé le salut : invincible au combat, dompteur des nations, devenu l'égal de Jupiter, grâce à son ascension souvent renouvelée vers les honneurs, César succomba par un crime sacrilège de ses concitoyens. Que de flots de sang vit alors couler Rome, tant de fois déchirée ! Celui qui a mérité le ciel par sa pieuse vaillance, le divin Auguste, combien d'hommes de noble naissance il a massacrés, des jeunes gens, des vieillards, disséminés à travers la terre, fuyant par crainte de la mort leurs pénates et le glaive des trois chefs[1], voués par la liste de proscription à un sinistre trépas ! Les sénateurs virent, plongés dans le chagrin, les têtes des hommes massacrés exposées sur les rostres et on ne leur a pas laissé le droit de pleurer les leurs ni de gémir, quand le Forum était

1. Octave, Antoine, Lépide scellèrent en 43 av. J.-C. une alliance politique, qu'on désigne du nom de « second triumvirat ». Ils ordonnèrent des proscriptions pour se débarrasser de leurs ennemis et acquérir des fonds nécessaires à la lutte contre les assassins de César et tous ceux qui luttaient pour la République.

souillé d'une sinistre pourriture, qu'une lourde sanie dégoulinait sur les visages putréfiés. Et ces flots de sang, ces massacres ne s'arrêtèrent pas là : longtemps la sinistre Philippes nourrit des oiseaux et des fauves et la mer de Sicile engloutit des flottes et des hommes, qui bien des fois frappaient leurs proches ; l'univers fut ébranlé par les grandes forces déployées par les chefs. Le vaincu de la bataille, sur des navires prêts pour la fuite, gagna le Nil, pour périr lui-même peu après : l'impure Égypte absorba de nouveau le sang d'un chef romain ; elle abrite maintenant ses ombres légères. Là-bas fut ensevelie cette guerre civile que l'impiété fit se prolonger longtemps. Désormais épuisé, le vainqueur mit enfin au fourreau son épée émoussée à force de coups féroces et la crainte retint son empire. Il fut protégé par les armes et la fidélité de ses soldats, fait dieu grâce à l'éminente piété de son fils, gratifié après sa mort de l'apothéose et de temples.

Octavie, v. 497-529

V

LA GRANDE HISTOIRE

CHANTER UN PEUPLE ET SES HAUTS FAITS

Revient-il à l'historien de célébrer les hauts faits d'un peuple et de contribuer à sa glorification ? Du point de vue d'un homme du XXIe siècle, l'historien qui s'y risquerait irait bien au-delà de sa fonction. Mais c'est là une vision somme toute assez récente de l'Histoire : songeons par exemple à ce qu'écrit Jules Michelet au seuil de sa monumentale *Histoire de France* : « Ainsi va la vie historique, ainsi va chaque peuple se faisant, s'engendrant, broyant, amalgamant des éléments qui y restent sans doute à l'état obscur et confus, mais sont bien peu de choses relativement à ce que fut le long travail de la grande âme. La France a fait la France. [...] Elle est fille de sa liberté. » Les Anciens ne pensaient pas autrement : faire l'histoire, c'était avant tout montrer comment un peuple, par ses qualités propres, était devenu, après d'humbles débuts, respecté et puissant. L'Histoire se rapprochait par là du discours d'éloge dont nous avons un exemple dans le *Panégyrique d'Athènes* d'Isocrate.

HOMÈRE
VIIIe s. av. J.-C.

VIRGILE
Ier s. av. J.-C.

CLAUDIEN
Ve s. ap. J.-C.

Zosime

Qu'est-ce que l'histoire grecque sinon l'histoire d'une puissance qui naît, grandit de ses victoires et finit par laisser la place à un autre empire ? C'est ce que montre ici, en quelques lignes, Zosime réfléchissant sur les événements et leurs causes.

CONSIDÉRATIONS SUR LES CAUSES DE LA GRANDEUR DES GRECS ET DE LEUR DÉCADENCE

De l'expédition contre Troie jusqu'à la bataille de Marathon, les Grecs semblent n'avoir rien fait de notable ni entre eux ni contre un ennemi extérieur ; mais lorsque Darius, par l'intermédiaire de ses lieutenants, lança contre eux de nombreuses myriades de soldats, les Athéniens, au nombre de huit mille, comme possédés par une divine inspiration, armés de ce qui leur était tombé sous la main, se précipitant au pas de course, remportèrent une telle victoire qu'ils tuèrent quatre-vingt-dix mille hommes et chassèrent les survivants du pays. Cette bataille jeta de l'éclat sur les entreprises des Grecs ; après la mort de Darius, Xerxès, avec des troupes encore bien plus considérables, mena toute l'Asie contre les Grecs, couvrant la mer de vaisseaux et la terre de fantassins ; cependant il fallait passer d'Asie en Europe ; comme si les éléments ne lui suffisaient pas pour accueillir son armée s'ils ne s'enlevaient mutuellement leur destination naturelle, l'Hellespont fut muni d'un pont pour offrir un passage à ceux qui traversaient à pied et l'Athos percé pour qu'il accueillît et la mer et les navires. Frappée de terreur à cette seule nouvelle, la Grèce s'armait cependant dans la mesure de ses possibilités ; dans les batailles navales livrées à l'Artémision et encore à Salamine, elle remporta une victoire tellement plus éclatante que la précédente que Xerxès s'en tira à peine vivant tout en perdant la plus grande partie de ses troupes, et que le reste fut entièrement massacré à Platées[1] ; les Grecs en obtinrent une gloire considérable, grâce à quoi ils libérèrent aussi les Grecs établis en Asie et s'emparèrent de presque toutes les îles.

Certes, s'ils étaient restés constamment dans leur propre territoire et s'ils s'étaient contentés de leur sort, et si les Athéniens et les Lacédémoniens n'étaient pas devenus ennemis à la suite de leur rivalité pour dominer les Grecs, jamais des étrangers ne seraient devenus les maîtres de la Grèce ; la guerre du Péloponnèse ayant amoindri la puissance des Grecs et fait tomber les cités dans l'indigence, c'est à Philippe[2] qu'échut le rôle d'augmenter par son savoir-faire et son intelligence le royaume qu'il avait reçu en héritage et qui n'était en mesure de rivaliser avec aucun de ses voisins. Comme il entretenait par ses richesses ses propres troupes et tous les alliés qui s'y adjoignaient, il passa ainsi de la faiblesse à une grande puissance et livra bataille aux Athéniens à Chéronée ; ayant adopté envers chacun après la victoire une attitude conciliante et douce, il conçut dès lors le projet d'attaquer également le royaume des Perses ; alors qu'il rassemblait les forces nécessaires pour cela, il mourut durant les préparatifs.

Histoire nouvelle, I, 2-3

1. La bataille de Platées (479 av. J.-C.) marque la fin des guerres médiques auxquelles sont consacrées les lignes précédentes.

2. Il s'agit de Philippe de Macédoine, le père d'Alexandre.

Isocrate

Des événements de la seconde guerre médique, Isocrate tire un enseignement : c'est Athènes, sa ville, qui a sauvé l'ensemble de la Grèce prête à tomber sous le joug des Perses. Certes Isocrate ne prétendait pas être un historien, mais c'est malgré tout ici l'histoire du peuple athénien qu'il rappelle à ses concitoyens et qu'il fait revivre par la vigueur de son éloquence.

POUR LA PLUS GRANDE GLOIRE D'ATHÈNES

Ce fut contre un être aussi orgueilleux, qui avait accompli de si grands travaux et était le maître de tant d'hommes[1], qu'ils s'avancèrent en se partageant le danger, les Lacédémoniens aux Thermopyles en face de l'armée de terre, en choisissant mille des leurs et en s'associant un petit nombre d'alliés, avec l'intention d'empêcher dans les défilés l'ennemi d'aller plus avant, les nôtres à l'Artémision, équipant soixante trières en face de toute la flotte ennemie. Ils osaient agir ainsi, moins par mépris des ennemis que par rivalité mutuelle, les Lacédémoniens enviant à notre cité la victoire de Marathon, cherchant à se mettre à notre niveau et craignant que deux fois de suite notre cité ne causât le salut des Grecs, les nôtres désireux surtout de conserver leur réputation et de faire voir à tous que la première fois déjà leur victoire avait été due à leur courage et non pas au hasard, mais aussi de pousser les Grecs à une bataille décisive sur mer en leur montrant que dans les dangers sur mer aussi bien que dans les dangers sur terre le courage triomphe du nombre. Bien que témoignant d'une égale audace, ils n'eurent pas un succès semblable. Les premiers furent écrasés et, l'âme victo-

1. Il s'agit de Xerxès, le roi des Perses.

rieuse, laissèrent abattre leurs corps ; car certes il n'est pas permis de dire qu'ils furent vaincus, aucun d'eux n'ayant accepté de fuir. Les nôtres furent vainqueurs des éclaireurs d'escadre, mais, quand ils apprirent que l'ennemi était maître des défilés, ils retournèrent chez eux, mirent en ordre les affaires de la cité, puis prirent pour le reste des décisions si belles que, après bien des exploits éclatants, ils se distinguèrent encore plus dans les derniers dangers. Alors que tous leurs alliés étaient découragés, que les Péloponnésiens fermaient l'Isthme par une muraille et ne cherchaient que leur salut particulier, que les autres cités étaient soumises aux Barbares et les accompagnaient dans leur expédition sauf s'il en était une que sa faiblesse avait fait négliger, alors que douze cents trières voguaient contre eux et qu'une innombrable armée de terre allait envahir l'Attique, alors qu'aucun salut ne se laissait entrevoir, privés d'alliés, déchus de toutes leurs espérances, quand ils pouvaient non seulement échapper aux dangers présents, mais recevoir des privilèges spéciaux que leur offrait le Roi dans la pensée que, s'il s'adjoignait la flotte de notre cité, il serait aussitôt le maître du Péloponnèse, ils n'acceptèrent pas ses dons, ils n'eurent pas contre les Grecs qui les avaient abandonnés une colère qui les poussât à aller avec joie à un accord avec les Barbares ; pour leur part ils s'apprêtaient à combattre pour la liberté[2] et pardonnaient aux autres qui avaient choisi l'esclavage.

Panégyrique d'Athènes, 92-95

2. Allusion à la préparation de la bataille de Salamine.

HOMÈRE
VIIIe s. av. J.-C.

VIRGILE
Ier s. av. J.-C.

CLAUDIEN
Ve s. ap. J.-C.

Florus

Pour célébrer la gloire du peuple romain, Florus en fait un véritable personnage dont la vie vaut d'être racontée parce qu'il a, à lui seul, en tant qu'acteur de l'Histoire, modifié le destin de toute l'humanité.

LE PEUPLE ROMAIN, HÉROS DE L'HISTOIRE

Le peuple romain accomplit tant d'actions en sept cents ans, du roi Romulus à César Auguste, en temps de paix et en temps de guerre, que, si l'on comparait la grandeur de l'Empire avec le nombre de ses années, on le croirait plus vieux. Il a porté si loin ses armes sur la terre qu'à lire ses exploits, on apprend l'histoire non d'un seul peuple, mais du genre humain. Il fut aux prises avec tant de peines et de dangers que, pour constituer son Empire, Courage et Fortune semblent avoir rivalisé. Aussi, si quelque objet valut jamais la peine d'être connu, c'est bien celui-là ; cependant, comme la grandeur même des événements nuit par elle-même à leur observation et que leur diversité brise la pénétration du regard, je ferai comme les peintres de paysages : je condenserai en une sorte de petit tableau son image entière, contribuant ainsi quelque peu, je l'espère, à provoquer l'admiration pour le peuple-roi, si je réussis à montrer dignement et d'un seul coup l'ensemble de sa grandeur. Si l'on veut considérer le peuple romain comme un seul homme, examiner toute sa carrière, comme il a commencé et a grandi, comment, par la suite, il a, pour ainsi dire, vieilli, comment il a, en quelque sorte, atteint la fleur de sa jeunesse, on y relèvera quatre degrés ou étapes. Le premier âge, sous les rois, dura presque deux cent cinquante ans, au cours desquels le peuple romain combattit autour de la Ville elle-même avec ses voisins. Ce sera son enfance. Suit, du consulat de Brutus et

Collatin à celui d'Appius Claudius et Marcus Fulvius, une période de deux cent cinquante ans, pendant laquelle il conquit l'Italie. Ce fut, pour ce qui est des hommes et des armes, la période où il se montra le plus énergique, et c'est pourquoi on pourrait l'appeler son adolescence. Puis, jusqu'à César Auguste, deux cents ans, pendant lesquels il pacifia tout l'univers. Ce fut alors la jeunesse même de l'Empire et, en quelque sorte, sa robuste maturité. De César Auguste à notre temps, il n'y eut pas beaucoup moins de deux cents ans, pendant lesquels, sous l'effet de l'inertie des Césars, il vieillit et se réduisit en quelque sorte, sinon que, sous le principat de Trajan, il fit jouer ses muscles : contrairement à toute attente, le vieil Empire voit, comme si on lui avait rendu la jeunesse, ses forces reverdir.

Tableau de l'Histoire du peuple romain,
de Romulus à Auguste, I, préface

HOMÈRE
VIIIe s. av. J.-C.

VIRGILE
Ier s. av. J.-C.

CLAUDIEN
Ve s. ap. J.-C.

Jordanès

Non ! Ce ne sont pas les Grecs qui ont vaincu les Perses. Ce sont les Goths ! Cette réécriture de l'histoire des guerres médiques, dans laquelle le lecteur retrouve des éléments bien connus – comme le pont de bateaux construit par Xerxès pour traverser l'Hellespont –, est certes quelque peu étonnante pour qui connaît la version qu'en donnent les Grecs, mais elle relève de la volonté qu'a Jordanès, comme ses prédécesseurs, de glorifier le peuple qui à son époque domine le monde occidental.

L'INVINCIBILITÉ DES GOTHS

Alors Cyrus, le roi des Perses, après un long laps de temps, peut-être six cent trente ans au témoignage de Trogue Pompée, entreprit contre la reine des Gètes, Thomyris, une guerre qui s'avéra fatale à lui-même. Enorgueilli par des victoires en Asie, il s'efforce de soumettre les Gètes, qui, comme nous venons de le dire, avaient pour reine Thomyris. Celle-ci, bien qu'elle eût pu, depuis le fleuve Araxe, empêcher Cyrus d'avancer, lui permit cependant de le franchir, car elle préférait le vaincre au combat que le tenir à l'écart en profitant de l'avantage du terrain. Il fut fait ainsi. À l'arrivée de Cyrus, la fortune sourit d'abord aux Parthes, au point qu'ils massacrèrent et le fils de Thomyris et une très grande partie de son armée. Mais une seconde empoignade a lieu, et les Gètes, avec leur reine, défont les Parthes, les abattent totalement et leur enlèvent un riche butin (c'est à cette occasion que, pour la première fois, la nation des Goths vit des tentes en soie). Alors la reine Thomyris, grandie par cette victoire et maîtresse d'un si grand butin pris aux ennemis, passa dans la partie de la Mésie qu'on appelle maintenant « Scythie mineure », d'un nom emprunté à celui de la « grande Scythie ». Elle y bâtit, sur le littoral mésien de la mer Noire, la cité de Tomi, qui rappelle son nom. Par la suite, Darius, roi des Perses, fils d'Hystaspès, réclama en mariage la fille d'Antyrus, roi des Goths, et tout en formulant sa requête, il laissait planer une menace au cas où l'on n'exaucerait pas son vœu. Les Goths dédaignèrent cette alliance et trompèrent l'espoir de son ambassade. Éconduit et enflammé de rage, Darius dirigea contre eux une armée de 700 000 combattants et il prétendait venger son honneur en précipitant les peuples dans le malheur. Avec des planches, il relia entre eux, de façon à former des ponts, des bateaux presque depuis Chalcédon jusqu'à Byzance et il gagna la Thrace puis la Mésie. De nouveau, il construisit de manière identique un pont sur le Danube, et après deux mois fort occupés, à bout de forces, il perdit 80 000 combattants à Tapai. Craignant que ses adversaires ne s'emparassent du pont sur le Danube, il se replia, en une fuite précipitée, en Thrace, car il pensait que le sol de Mésie ne lui offrirait aucune sécurité s'il s'y attardait, ne serait-ce que peu de temps. Après sa mort, l'histoire se répéta : son fils Xerxès, considérant venger les affronts infligés à son père, avec 70 000 des siens et 300 000 auxiliaires, avec 1 200 navires de guerre et 3 000 navires de transport, partit en guerre contre les Goths. Bien qu'il eût tenté l'entreprise, il ne gagna rien à cet affrontement et il ne put venir à bout ni de leur hargne ni de leur résolution : de la même façon qu'il était venu, il s'en retourna avec la puissante armée sans avoir jamais combattu.

Histoire des Goths, IX, 61-64

DANS LE SILLAGE D'HOMÈRE : RÉCITS DE BATAILLES ET DE SIÈGES

Les grandes heures d'un peuple s'écrivent d'abord sur les champs de bataille : qui n'a pas appris pendant ses cours d'histoire la date de la bataille de Marignan ? Ce sont ses victoires et ses défaites qui font d'un peuple ce qu'il est : les Anciens en étaient, comme nous, persuadés. L'histoire militaire tient donc chez les historiens grecs et romains une place essentielle. À la suite des grandes pages d'Homère, le récit de bataille devient presque un genre littéraire en lui-même, qui répond aux attentes des lecteurs. Ceux-ci se plaisaient à revivre ces moments intenses où, les armées se faisant face, le cours de l'histoire pouvait être changé. Le courage des combattants, la science militaire des généraux suscitaient en eux des sentiments mêlés : effroi, horreur, compassion, admiration… L'historien de son côté trouvait dans ces morceaux de bravoure l'occasion de montrer toute l'étendue de son talent de peintre et de conteur.

Xénophon

Dans l'histoire grecque, la bataille de Mantinée (362 avant J.-C.), qui opposa les Thébains à la fois aux Spartiates et aux Athéniens, était restée célèbre à la fois par la mort du général thébain Épaminondas et parce que les deux camps avaient proclamé leur victoire. C'est la raison pour laquelle Xénophon en fait le récit détaillé.

LA BATAILLE DE MANTINÉE

Et en effet, quand Épaminondas fut près de la montagne, après avoir déployé sa phalange, il donne l'ordre de déposer les armes au pied des hauteurs pour qu'on crût qu'il établissait le camp. Cette manœuvre provoqua chez la plupart des ennemis un relâchement dans la préparation de leurs cœurs avant la bataille, un relâchement aussi dans l'organisation des formations. Mais alors, après avoir fait glisser sur le front ses compagnies qui marchaient en colonnes et formé autour de lui un puissant coin d'attaque, il donna l'ordre de reprendre les armes et marcha en avant ; ses hommes suivaient[1]. Quand les ennemis les virent, contre toute attente, marcher sur eux, aucun ne put garder son calme : les uns couraient à leur poste, d'autres se rangeaient en ligne, d'autres mettaient leurs mors aux chevaux, d'autres revêtaient leurs cuirasses, mais tous avaient l'air davantage d'être sur la défensive que prêts à l'offensive. Lui cependant conduisait son armée, avec en pointe l'attaque comme la proue d'une trière, dans l'idée qu'en faisant une brèche à l'endroit où il lancerait l'assaut, il détrui-

1. Épaminondas avait mis au point une tactique (le renforcement de l'aile gauche de l'armée) qui lui avait permis d'infliger une sanglante défaite aux Spartiates à Leuctres (371 av. J.-C.). Apparemment, c'est le même mouvement qu'il tente de reproduire ici.

rait complètement l'armée adverse. [...] Et pour empêcher les Athéniens de venir, de l'aile droite, au secours de leurs voisins, il disposa sur quelques buttes, face à eux, des cavaliers et des hoplites, dans l'intention que les Athéniens eux-mêmes pussent craindre, s'ils venaient au secours des autres, de voir ces détachements leur tomber dessus. Voilà donc comment il prépara l'engagement et il ne fut pas trompé dans son attente : l'ayant emporté à l'endroit où il allait attaquer, il mit en fuite l'aile adverse tout entière. Mais une fois qu'Épaminondas fut tombé, ceux qui restaient furent même dans l'incapacité de tirer parti de la victoire ; mais, alors que la ligne d'infanterie qui leur était opposée s'enfuyait, les hoplites ne tuèrent personne et ne dépassèrent même pas l'endroit où l'attaque avait eu lieu. Alors que devant eux les cavaliers aussi fuyaient, les cavaliers non plus ne tuèrent et ne poursuivirent ni les cavaliers ni les hoplites mais, comme des vaincus, en proie à la peur, ils se frayèrent un chemin à travers les ennemis en fuite. Pourtant, les auxiliaires à pied et les pélastes[2] qui avaient contribué à la victoire des cavaliers arrivèrent sur l'aile gauche, en vainqueurs, mais là, la plupart d'entre eux périrent sous les coups des Athéniens.

Helléniques, VII, 22-26
(traduction revue par Marie Ledentu)

2. Soldats d'infanterie légère armés du bouclier.

Tite-Live

Le début de la seconde guerre punique est marqué par un certain nombre de graves revers de l'armée romaine face à Hannibal, comme lors de la bataille de la Trébie (218 avant J.-C.). Mais le récit qu'en fait Tite-Live tend à présenter ce combat moins comme une victoire d'Hannibal, dont l'habileté tactique est passée sous silence, que comme une défaite romaine. Le patriotisme romain emprunte parfois des chemins singuliers.

LA TRÉBIE : VICTOIRE D'HANNIBAL OU DÉFAITE DES ROMAINS ?

Le combat fut engagé par les Baléares[1] ; mais comme les légions leur résistaient avec une énergie particulièrement grande, Hannibal ramena à la hâte son infanterie légère vers les ailes, manœuvre qui eut pour effet de presser aussitôt la cavalerie romaine : en effet, alors que 4 000 hommes avaient déjà du mal à résister d'eux-mêmes à 10 000 cavaliers et qu'ils étaient épuisés quand la plupart des autres étaient frais, ils se trouvèrent de surcroît accablés par les javelots, qui formaient comme une nuée, lancés par les Baléares. Qui plus est, les éléphants surgissant aux extrémités des ailes provoquaient une large débandade parmi les chevaux non seulement par un aspect, mais aussi par une odeur auxquels ceux-ci n'étaient pas habitués. La bataille entre les infanteries était plus égale par les courages que par les forces que les Puniques avaient apportées toutes fraîches dans le combat, car ils avaient peu avant soigné leurs blessures ; au contraire, chez les Romains, les corps à jeun et épuisés, raidis par le gel, étaient engourdis. Ils

1. Les îles Baléares fournissaient aux armées antiques des frondeurs réputés. Comme on le voit ici, les frondeurs baléares étaient aussi équipés de javelots.

auraient toutefois résisté avec leur courage si on s'était battu seulement à pied ; mais dans le même temps les Baléares, après avoir repoussé la cavalerie, lançaient leurs javelots sur leurs flancs, les éléphants s'étaient déjà portés au centre de la ligne des fantassins, Magon[2] et ses Numides, dès que la ligne dans son imprévoyance eut dépassé leurs abris, se dressèrent dans son dos et provoquèrent un tumulte et une panique immenses. Cependant, au milieu de tant d'épreuves qui la menaçaient, la ligne resta quelque temps inébranlable, et le fut, contre l'attente générale, surtout face aux éléphants. Les vélites[3], qui avaient été disposés précisément à cet effet, lançaient contre eux des dards qui les faisaient se retourner puis ils les poursuivaient par-derrière et les piquaient sous la queue, là où, la peau étant la plus fine, ils sont vulnérables. Comme ils s'agitaient et étaient près dans leur affolement de se diriger sur ses hommes, Hannibal ordonna qu'on les amenât du milieu de la ligne vers l'extrémité, du côté de l'aile gauche, face aux Gaulois. Là, incontestablement ils provoquèrent aussitôt une fuite. Ce fut pour les Romains une nouvelle panique lorsqu'ils virent leurs troupes auxiliaires en déroute. Aussi, comme ils combattaient déjà en cercle, dix mille hommes environ, les autres n'ayant pu s'échapper, firent avec un immense massacre une percée au centre de la ligne des Africains, à l'endroit où elle avait été renforcée par les auxiliaires gaulois[4].

Ne pouvant retourner au camp en raison de l'obstacle du fleuve ni bien voir, du fait de la pluie, où porter secours aux leurs, les soldats se dirigèrent tout droit vers Plaisance. Plusieurs sorties eurent lieu ensuite de tous côtés : ceux qui gagnèrent le fleuve furent engloutis dans

2. Le plus jeune frère d'Hannibal.

3. Les vélites sont des fantassins légèrement armés, donc très mobiles, dont le rôle est de harceler l'armée ennemie.

4. Il y avait des auxiliaires gaulois aussi bien dans l'armée romaine que dans l'armée d'Hannibal.

ses tourbillons ou bien, dans leur hésitation à entrer dans l'eau, pris en étau par les ennemis ; ceux qui s'étaient dispersés dans une fuite désordonnée à travers champs gagnèrent Plaisance en suivant les traces de la colonne qui avait fait retraite ; à d'autres, la crainte des ennemis donna l'audace pour entrer dans le fleuve et, l'ayant traversé, ils parvinrent au camp. La pluie mêlée de neige et la vigueur insoutenable du froid firent périr ensemble bien des hommes, des bêtes de somme, et presque tous les éléphants. La Trébie fut pour les Puniques le terme de leur poursuite de l'ennemi et ils revinrent au camp tellement transis par le gel qu'ils ressentaient à peine la joie de la victoire.

Histoire romaine, XXI, 55-56
(traduction revue par Marie LEDENTU)

Arrien

L'expédition d'Alexandre le Grand contre les Perses commence, on l'oublie parfois, par la prise de Thèbes qui n'avait pas voulu reconnaître le fils de Philippe comme « protecteur de tous les Grecs ». Arrien raconte ici les circonstances de l'événement ; mais il revient aussi, comme c'est le devoir d'un historien, sur tout ce qui peut expliquer, au-delà de sa cause ponctuelle, le terrible sort de la ville.

PRISE DE THÈBES PAR ALEXANDRE

Alors Alexandre, voyant que les siens étaient en fuite et que les Thébains, en les poursuivant, avaient perdu leur formation de bataille, les fait charger par la phalange en ordre de combat : elle refoule les Thébains derrière les portes de la ville. Cela provoqua chez les Thébains une telle panique que, repoussés dans la ville, ils ne réussirent pas à fermer à temps les portes qu'ils avaient franchies : ceux des Macédoniens qui étaient proches des fuyards se précipitent avec eux à l'intérieur des remparts, qui, vu le grand nombre d'avant-postes à défendre, étaient vides de défenseurs. Arrivés à proximité de la Cadmée[1], les fuyards, avec la garnison de la Cadmée, longent l'Amphéion et, quittant la citadelle, se dirigent vers le reste de la ville ; les autres, qui se trouvaient sur les remparts – qui étaient déjà occupés par ceux des Macédoniens qui s'étaient précipités dans la ville avec les fuyards –, les franchissent et se ruent vers l'agora. Pendant un court moment, les Thébains en formation de combat résistèrent près de l'Amphéion ; mais, lorsque les Macédoniens les pressèrent de toutes parts, Alexandre apparaissant tantôt à un endroit, tantôt à un autre, les cavaliers thébains traver-

1. La Cadmée est la citadelle de Thèbes, construite selon la légende par Cadmos. L'Amphéion est une colline située au nord de la Cadmée.

sèrent la ville pour s'échapper et se précipitèrent dans la plaine ; chez les fantassins, c'est le sauve-qui-peut. Alors la fureur s'empara non pas tant des Macédoniens que des Phocidiens, des Platéens et des autres Béotiens, et ils se mirent à tuer sans aucun discernement les Thébains : les uns, qui ne se défendaient pas, dans leurs maisons, où ils avaient fait irruption, les autres qui résistaient, même des suppliants embrassant les autels, et ils n'épargnaient ni les femmes ni les enfants. Cette catastrophe grecque, par la grandeur de la cité qui avait été prise, par la rapidité avec laquelle cela s'était passé, et encore plus par le caractère inattendu de l'événement, tant pour ceux qui l'avaient subie que pour ceux qui l'avaient accomplie, frappa de terreur non moins les autres Grecs que ceux qui y avaient participé. [...] Mais, chez les Thébains, la soudaineté et l'absurdité de leur défection, la chute rapide de leur ville, prise sans difficulté pour les vainqueurs, l'ampleur du massacre – comme on devait s'y attendre de la part de gens du même peuple qui assouvissaient de vieilles haines – l'asservissement total d'une cité qui se rangeait parmi les toutes premières des cités grecques d'alors par sa puissance et sa réputation militaire, tout cela était, non sans vraisemblance, attribué au courroux divin : les gens disaient que les Thébains expiaient, longtemps après, leur trahison à l'égard de la cause des Grecs dans les guerres médiques, la prise de Platées survenue en pleine trêve et la réduction en esclavage de tous ses habitants, l'égorgement indigne, par les Thébains, de Grecs, des gens qui s'étaient rendus aux Lacédémoniens, le ravage du territoire platéen, sur lequel les Grecs au coude à coude avaient écarté de l'Hellade le danger perse, le fait que les Thébains avaient voté pour l'anéantissement d'Athènes, lorsque, parmi les alliés de Lacédémone, ils avaient proposé de réduire la cité en esclavage.

Histoire d'Alexandre, I, 8-9
(traduction revue par Gérard SALAMON)

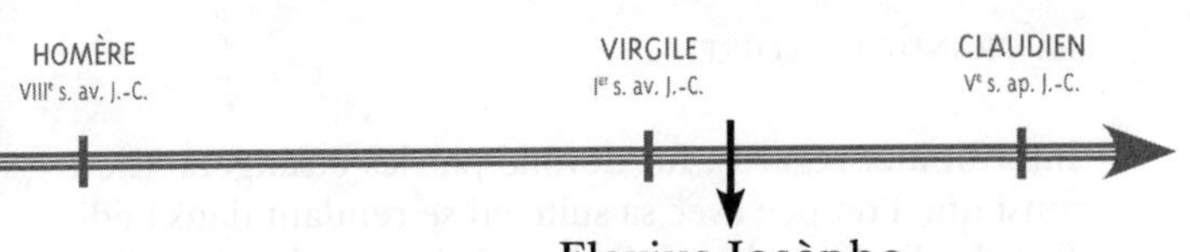

Flavius Josèphe

La prise par Pompée du Temple de Jérusalem est la conséquence de la lutte qui oppose pour le trône de Judée Hyrcan, soutenu par les Romains, à Aristobule dont les partisans se sont réfugiés à l'intérieur du Temple, qui dispose d'un certain nombre de défenses contre un siège. On retrouve dans ce passage de Flavius Josèphe tous les éléments traditionnellement associés aux prises de villes, mais l'historien, qui est juif lui-même, insiste avant tout sur les aspects religieux de l'événement.

POMPÉE S'EMPARE DU TEMPLE DE JÉRUSALEM

C'est seulement au troisième jour du siège, quand ils eurent à grand-peine fait s'écrouler une des tours, que les Romains firent irruption sur le parvis du sanctuaire. Le premier à oser franchir le mur d'enceinte fut le fils de Sylla, Faustus Cornelius, et après lui deux centurions, Furius et Fabius. Suivis chacun de son peloton, ils formèrent un cordon continu dans le périmètre du parvis et se livrèrent au massacre tant de ceux qui cherchaient refuge près du Temple que de ceux qui, pendant peu de temps, voulurent encore se défendre. À ce moment-là, plusieurs prêtres, voyant les ennemis s'avancer sur eux l'épée au poing, restèrent imperturbablement occupés de leur fonction rituelle et furent égorgés pendant qu'ils versaient des libations ou qu'ils offraient l'encens, faisant passer leur salut après le culte dû à Dieu. Mais le plus grand nombre furent tués par leurs congénères du parti adverse ; innombrables furent ceux qui se précipitèrent de lieux escarpés ; tout autour de l'enceinte, il y en eut qui, fous de désespoir, allumèrent un incendie où ils étaient aussitôt carbonisés. Si bien qu'il périt douze mille Juifs, tandis que, du côté des Romains, il n'y eut que très peu de morts, mais quantité de blessés. Rien n'émut autant la nation que le fait que le Lieu Saint, jusqu'ici interdit aux regards, fut dévoilé par les étrangers. C'est ainsi que Pompée avec sa suite en se rendant dans l'édifice du Temple, dans la pièce où le grand prêtre était seul admis à entrer, vit de ses yeux le mobilier intérieur : le lampadaire avec ses lampes, la Table, les vases à libations, les encensoirs, tous objets en or massif, avec en outre une importante provision de parfums et un trésor d'argent sacré de près de deux mille talents.

Guerre des Juifs, I, 149-152

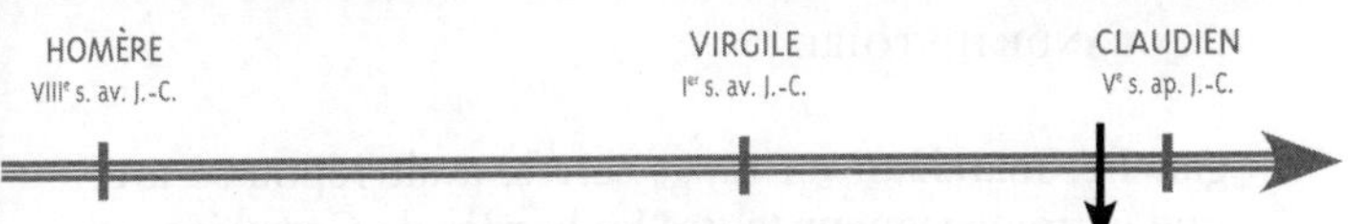

Ammien Marcellin

Le récit que fait Ammien Marcellin de la bataille qui, à Strasbourg en 357 après J.-C., opposa Romains et Germains, illustre la permanence du motif dans le genre historique. On peut certes s'intéresser aux détails du combat dans le cadre de l'histoire militaire, mais c'est surtout au comportement des combattants que s'attache pour sa part l'historien.

LA BATAILLE DE STRASBOURG

Quand les accents des trompettes eurent, selon l'usage, donné de part et d'autre le signal du combat, la lutte s'engagea avec violence. Pendant un temps, on se lança des javelots et les Germains se précipitèrent avec plus de hâte que de prudence ; brandissant leurs armes de la main droite, ils fondirent sur nos escadrons de cavalerie, grinçant des dents affreusement. Leurs cheveux flottants se hérissaient avec plus de fureur que d'habitude, et de leurs yeux rayonnait une sorte de rage. Dressant leur opiniâtreté contre eux, nos soldats protégeaient leur tête derrière le rempart de leur bouclier et, tirant leurs épées ou brandissant leurs javelots qui les menaçaient de mort, ils épouvantaient leurs adversaires. Comme au moment décisif de la lutte, la cavalerie se formait hardiment en escadrons, et que l'infanterie protégeait solidement ses flancs en faisant un front de ses boucliers mis entre eux, des nuages épais de poussière s'élevèrent. Des manœuvres diverses se produisirent, car les nôtres tantôt résistaient, tantôt cédaient du terrain, et certains Barbares, en combattants très avertis, inébranlables sur leurs genoux, s'efforçaient de contenir l'ennemi. Mais avec un acharnement extrême, on en vint au corps à corps, les boucliers se heurtaient bosse contre bosse et le ciel résonnait des grands cris poussés par les vainqueurs et les blessés. Tandis que notre aile gauche, marchant en rangs serrés, avait repoussé avec une extrême vigueur toutes les hordes de Germains qui la pressaient, et qu'elle avançait avec des clameurs parmi les Barbares, nos cavaliers qui occupaient l'aile droite se débandèrent en désordre, contre toute attente. Mais tandis que les premiers de ces fuyards faisaient obstacle aux derniers, trouvant eux-mêmes une protection dans le sein des légions, ils firent halte et reprirent le combat.

La bonne volonté d'une divinité propice nous assistait, et nos soldats massacrèrent l'ennemi en déroute. Parfois, leurs épées faussées, ne disposant plus d'armes pour les frapper, ils arrachaient aux Barbares eux-mêmes leurs traits et les leur plongeaient dans les parties vitales. Aucun de ceux qui les blessaient n'assouvit sa rage dans le sang, ni ne lassa son bras de meurtres multipliés, nul n'eut pitié d'un suppliant et ne lui fit quartier. Ainsi un grand nombre de Barbares gisaient, percés de coups mortels, et réclamaient la mort comme un prompt remède ; d'autres, à demi morts, à qui le souffle manquait déjà, cherchaient encore de leurs yeux mourants à jouir de la lumière ; certains avaient la tête tranchée par des traits énormes comme des poutres, mais elle demeurait encore attachée et pendait à la gorge ; d'autres sur un sol boueux et glissant, tombés dans le sang des blessés, périssaient indemnes de toute blessure, écrasés sous l'amoncellement de ceux qui s'écroulaient sur eux.

Histoires, XVI, 51-53

L'HORREUR DES GUERRES CIVILES

Parmi les guerres qui font la matière des récits historiques, les guerres civiles ont un statut à part. La guerre contre un ennemi étranger est parfaitement admise, qu'il s'agisse de défendre ou de conquérir un territoire, et elle contribue souvent à la gloire de la cité et au prestige des généraux. Les guerres civiles sont en revanche unanimement condamnées. C'est ainsi qu'à Rome où les *imperatores*[1] célébraient par la cérémonie du triomphe leurs victoires sur l'ennemi, il ne serait venu à l'idée de personne de faire de même en cas de victoire sur des concitoyens. Jupiter lui-même, que l'on avait coutume d'associer au triomphe en lui offrant un sacrifice dans son temple du Capitole, l'aurait en effet refusé. Les historiens anciens voient dans ce type de conflits qui dressent des citoyens les uns contre les autres ce qui peut arriver de pire à une cité et causer rien moins que sa disparition. Ils en cherchent des explications dans le déchaînement des passions et une origine dans la décadence des mœurs. Mais les guerres civiles, sujets de nombreux récits, ont été d'abord une réalité de l'histoire antique, en particulier à Rome, où elles ont duré plusieurs siècles. Souvent, comble de l'horreur, c'est au cœur même de la ville que l'on s'égorgeait.

1. *Imperator* est le nom que l'on donne au général victorieux.

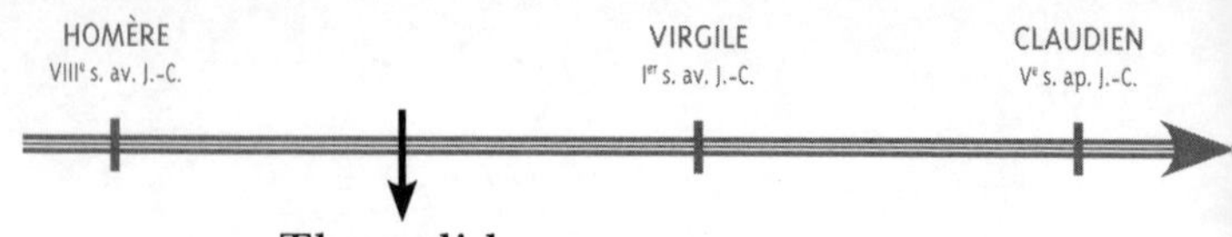

Thucydide

L'île de Corcyre (aujourd'hui Corfou), qui a fait alliance avec Athènes en 433 avant J.-C., est en proie en 427 à des troubles graves opposant le parti populaire et le parti aristocratique dont les tenants, expulsés de la ville, se sont réfugiés sur la montagne. Thucydide donne de cet épisode dramatique une description horrifiée et mémorable.

HORREURS À CORCYRE

Il y eut une attaque et leur retranchement fut pris ; quant aux occupants, s'étant réfugiés tous ensemble sur une hauteur, ils firent une convention par laquelle ils livraient leurs auxiliaires et acceptaient de se rendre avec leurs armes, si leur sort était remis à la décision du peuple athénien. Alors les stratèges les firent passer dans l'île de Ptychia pour les y garder sous convention jusqu'à leur transfert à Athènes : au premier qui serait pris à s'enfuir, la convention était rompue pour tous. Mais les chefs du parti démocratique de Corcyre, craignant que les Athéniens ne laissent la vie sauve aux prisonniers qui leur arriveraient, combinent un stratagème : ils agissent sur quelques-uns des hommes qui étaient dans l'île, en leur envoyant secrètement des amis à eux, non sans leur avoir, sous couleur de bons sentiments, bien sûr, fait la leçon ; ceux-ci devaient dire à leurs amis de l'île qu'ils auraient tout intérêt à s'enfuir au plus vite et qu'eux-mêmes tiendraient une embarcation prête : les stratèges athéniens, en effet, auraient bel et bien l'intention de les livrer au parti populaire de Corcyre ! Ces propos furent écoutés, on combina la présence de l'embarcation et, en partant, ils furent pris : la convention était donc rompue et tous passaient du coup aux mains des Corcyréens. Une circonstance facilita beaucoup l'affaire, en donnant corps au prétexte fourni et en permettant aux auteurs du plan d'agir plus librement : c'est que les stratèges athéniens, de toute évidence, n'auraient pas aimé laisser les prisonniers, ramenés à Athènes par d'autres (puisque eux-mêmes allaient en Sicile), servir la gloire de ceux qui les y conduiraient. Cependant, quand ils furent entre leurs mains, les Corcyréens les enfermèrent dans un grand édifice ; et, plus tard, les faisant sortir par groupes de vingt, ils les conduisaient entre deux files d'hoplites rangés de part et d'autre, que ceux-ci parcouraient attachés entre eux, en se faisant frapper et lacérer par les hommes de chaque file, selon que tel d'entre eux apercevait un de ses ennemis ; des gens avec des fouets, à leurs côtés, pressaient la marche de ceux qui n'avançaient pas assez vite. Jusqu'à soixante hommes furent ainsi emmenés et massacrés à l'insu de ceux qui étaient dans l'édifice : ceux-ci imaginaient qu'on les transférait pour les emmener ailleurs. Mais à peine eurent-ils compris et les eut-on éclairés qu'ils en appelaient aux Athéniens, leur demandant, s'ils le voulaient, de les massacrer eux-mêmes : ils se refusaient, désormais, à sortir de l'édifice et déclaraient qu'ils emploieraient toutes leurs forces à ne laisser entrer personne. Mais les Corcyréens n'avaient pas non plus l'intention de forcer la porte : étant montés sur le dessus de l'édifice et ayant pratiqué une ouverture dans le toit, ils en jetaient les tuiles sur eux et leur lançaient des flèches d'en haut. Eux se gardaient comme ils pouvaient et, dans le même temps, pour la plupart, ils se donnaient eux-mêmes la mort, soit en s'enfonçant dans la gorge les traits envoyés d'en haut, soit en employant les sangles prises à des lits qu'ils avaient là, ou des bandes déchirées à leurs vêtements pour s'étrangler : de mille manières, pendant presque toute la nuit (car la nuit était survenue sur cette scène), succombant de leurs propres mains et frappés d'en haut par les autres, ils tombèrent massacrés. Les Corcyréens, au lever du jour, les jetèrent en piles sur des chars et les conduisirent hors de la ville. Toutes les femmes qui avaient été prises dans le retranchement devinrent leurs esclaves. C'est ainsi que les Corcyréens de la montagne furent massacrés par le parti populaire, et les troubles, qui avaient eu beaucoup d'ampleur, s'arrêtèrent là, du moins pour cette guerre : en effet, de l'un des deux partis, il ne restait pratiquement rien.

La Guerre du Péloponnèse, IV, 46-48

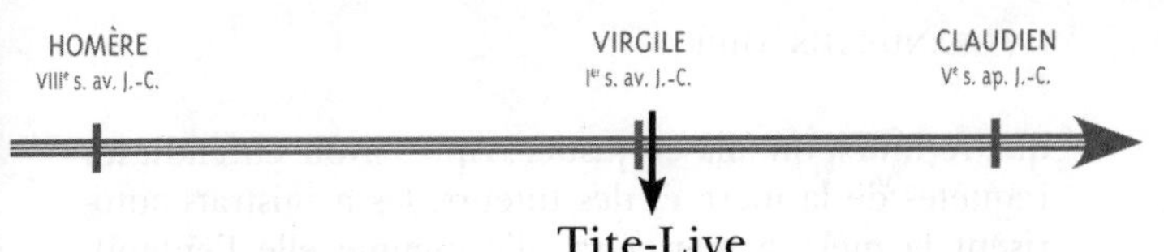

Tite-Live

Il n'y a rien de pire pour une cité que la division du corps social en deux partis rivaux : c'est ce motif qu'illustre l'épisode rapporté ici par Tite-Live. L'histoire se passe à Ardée, une ville du Latium, en 438 avant J.-C., mais il est évident que c'est pour son exemplarité que l'historien la mentionne.

UNE FILLE + DEUX PRÉTENDANTS = UNE GUERRE CIVILE

Tandis que ces événements se produisent à Rome, des ambassadeurs d'Ardée arrivent, implorant en vertu d'une alliance très ancienne, renouvelée par un récent traité, du secours pour leur ville au bord de la destruction. De fait, des luttes intestines les empêchaient de jouir de la paix qu'ils avaient eu la profonde sagesse de maintenir avec le peuple romain. Ce qui provoqua et déclencha ces luttes ce fut, dit-on, la rivalité entre les partis, qui ont causé et causeront la ruine de plus de peuples que les guerres menées contre les étrangers, la famine, les épidémies et les autres fléaux que l'on attribue à la colère des dieux, en tant qu'ils sont les pires des malheurs pour un État. Deux jeunes gens cherchaient à épouser une jeune fille d'origine plébéienne, très célèbre pour sa beauté ; l'un, de même origine sociale qu'elle, était fort de l'appui de ses tuteurs qui, eux aussi, appartenaient à la même classe ; l'autre, un noble, n'était séduit que par sa beauté : il avait l'aide et le soutien des aristocrates. C'est ainsi que la rivalité entre les partis pénétra jusque dans la maison de la jeune fille. Le noble avait la préférence de la mère, qui voulait que la jeune fille fît le mariage le plus brillant possible ; mais les tuteurs, qui dans cette affaire aussi n'oubliaient pas les partis, en tenaient pour qui était des leurs. L'affaire n'ayant pu être réglée entre quatre murs, on alla en justice. Après avoir entendu les requêtes de la mère et des tuteurs, les magistrats autorisent la mère à marier sa fille comme elle l'entend. Mais la violence l'emporta ; car les tuteurs, entourés des gens de leur parti, font ouvertement sur le Forum une harangue pour dénoncer l'injustice de la décision, rassemblent une troupe et enlèvent la jeune fille de la maison de sa mère ; contre eux se dresse, plus furieuse encore, une armée d'aristocrates qui suivent le jeune homme enflammé par l'injustice. Une affreuse bataille se livre. Mise en déroute, la plèbe – qui ne ressemblait en rien à la plèbe romaine – sort en armes de la ville, s'empare d'une colline et fait des incursions sur les terres des aristocrates en y portant le fer et le feu ; elle se prépare à assiéger la ville aussi, après avoir fait venir, en lui laissant espérer du butin, toute la foule des artisans qui étaient jusque-là restés à l'écart du conflit. Et il ne manque aucune des formes ni aucun des malheurs de la guerre, comme si la cité avait été contaminée par la rage des deux jeunes gens qui cherchaient à contracter une funeste union au prix de la ruine de leur patrie. Mais les deux partis jugèrent qu'il y avait dans la cité trop peu d'armes et de guerre : les aristocrates appelèrent les Romains au secours de la ville assiégée, la plèbe appela les Volsques pour l'aider à prendre Ardée.

Histoire romaine, IV, 9
(traduction revue par Gérard SALAMON)

HOMÈRE VIIIe s. av. J.-C. — VIRGILE Ier s. av. J.-C. — CLAUDIEN Ve s. ap. J.-C.

Tacite

Au lendemain du suicide de Néron, l'année 69 après J.-C. ou « année des trois empereurs » voit se rouvrir les funestes pages de la guerre civile qu'Auguste avait refermées en 31 avant J.-C.. Galba est assassiné, puis c'est au tour d'Othon de se suicider après la révolte des armées de Germanie commandées par Vitellius. Celui-ci entre dans Rome avec ses troupes, mais doit faire face aux légions qui ont proclamé Vespasien empereur.

BATAILLE RANGÉE AU CŒUR DE ROME

Antonius[1] divisa ses troupes en trois colonnes : l'une s'avança par la voie Flaminia, où il avait fait halte ; la deuxième longea la rive du Tibre ; la troisième, par la voie Salaria, s'approchait de la porte Colline[2]. La populace fut dispersée sous la charge des cavaliers ; les soldats vitelliens, constitués eux aussi en trois corps, se portèrent à leur rencontre. Des combats nombreux et divers dans leurs issues eurent lieu devant la ville, mais ils furent plus souvent heureux pour les Flaviens[3] qui l'emportaient par la sagesse de leurs officiers. Seuls furent maltraités ceux qui avaient fait un détour par les quartiers gauches de Rome, vers les jardins de Salluste[4], en empruntant des chemins étroits et glissants. Perchés sur les murets en pierre des jardins, les Vitelliens repoussèrent jusqu'au soir, avec pierres et javelots, ceux qui les attaquaient par en dessous, jusqu'à ce qu'ils fussent encerclés par les cavaliers qui avaient fait irruption par la porte Colline.

1. Général de l'armée de Vespasien.

2. Porte le plus au nord de la muraille entourant la ville de Rome, sur le Quirinal.

3. Le nom « Flavien » désigne les partisans de Vespasien, lequel appartenait à la gens Flavia.

4. Ces vastes jardins, qui s'étendaient entre la vallée du Pincio et le Quirinal, avaient été la propriété de l'historien Salluste.

Sur le Champ de Mars aussi, les armées ennemies s'affrontèrent. En faveur des Flaviens, il y avait la fortune et la victoire tant de fois remportée ; les Vitelliens se ruaient avec leur seul désespoir et, bien que repoussés, ils se regroupaient à nouveau dans la ville. Le peuple assistait en spectateur aux combats et, comme dans une lutte aux jeux du cirque, il encourageait de ses cris et de ses applaudissements les uns, puis les autres. Chaque fois qu'un des deux partis avait fléchi, les gens demandaient que, si des vaincus se cachaient dans des boutiques ou se réfugiaient dans une maison, ils en fussent arrachés et égorgés, puis ils s'emparaient de la plus grande partie du butin : en effet, comme le soldat se livrait au sang et aux meurtres, c'est à la populace qu'étaient abandonnées les dépouilles. Dans toute la ville, le spectacle était cruel et hideux : ici des combats et des blessures, là des bains et des tavernes ; en même temps que le sang et des monceaux de cadavres, à côté des prostituées et semblables débauchés ; autant de turpitudes que dans une paix dissolue, toutes les formes de crimes qu'engendre l'occupation la plus impitoyable d'une ville ; bref, on aurait cru que la même cité était tout à la fois en proie à la fureur et à lubricité.

Histoires, III, 82-83
(traduction revue par Marie LEDENTU)

Appien

De la guerre civile qui opposa Marius et Sylla au début du Ier siècle avant J.-C., la tradition latine ne nous a laissé aucune relation historique contemporaine. C'est un historien grec du IIe siècle après J.-C., Appien d'Alexandrie, qui nous offre le récit le plus complet de cette guerre qui donna lieu à un déchaînement de violence et d'horreurs sans précédent dans Rome. Marius, qui s'est allié au chef populaire Cinna, marche sur Rome en 87, bien décidé à exercer sa vengeance sans pitié sur tous ses ennemis qui, comme Sylla, l'ont contraint à quitter Rome quelques mois auparavant.

DES TÊTES SUR LE FORUM

Cela fait, Marius et Cinna entrèrent dans Rome au milieu d'une terreur universelle. Ils laissèrent piller impunément les maisons de ceux qui s'étaient ouvertement déclarés leurs ennemis. Ils avaient l'un et l'autre promis sûreté à Octavius[1] sur la foi du serment. Les devins et les haruspices avaient prédit qu'il ne lui arriverait aucun mal ; mais ses amis lui conseillaient de prendre la fuite. Octavius leur répondit qu'il n'abandonnerait jamais Rome pendant qu'il serait consul. Néanmoins, afin de se mettre un peu de côté, il prit le chemin du Janicule, accompagné des plus illustres patriciens, escorté de quelques troupes qui lui restaient, porté sur son siège consulaire, revêtu du costume de sa magistrature, précédé de ses licteurs armés de haches et de faisceaux, attributs du consul. Là-dessus on vit courir après lui Censorinus, suivi d'un peloton de cavalerie. Ses amis, les soldats mêmes qui l'entouraient, le pressèrent de nouveau de se sauver en fuyant, et ils lui présentèrent

1. Gnaeus Octavius, consul de l'année 87 av. J.-C.

à cet effet un cheval. Il ne daigna pas même se lever ; il attendit le coup de la mort. Censorinus, lui ayant fait trancher la tête, la porta à Cinna, qui la fit accrocher aux rostres[2], dans le Forum, ce qui était sans exemple envers un consul. Après Octavius, furent décapités beaucoup d'autres, dont les têtes subirent le même sort que la sienne, genre d'horreur qui se perpétua et qui, commencé avec Octavius, se réitéra dans les séditions subséquentes, de la part des vainqueurs contre les vaincus. Marius et Cinna firent faire immédiatement des perquisitions contre leurs ennemis, soit sénateurs, soit chevaliers. On ne faisait aucune attention à ceux qui appartenaient à l'ordre de chevaliers après qu'on les avait égorgés ; mais tous ceux qui étaient membres du sénat, leurs têtes étaient exposées aux rostres. On ne redoutait plus ni la vengeance des dieux, ni la justice des hommes. On s'abandonnait au meurtre sans crainte. On se livrait aux plus atroces attentats ; et, de ces attentats, on passait à des horreurs plus atroces encore. On égorgeait sans nulle pitié. On coupait les têtes des cadavres mêmes, et l'on en formait un spectacle horrible, pour inspirer la terreur et l'effroi, ou pour assouvir les regards de la fureur.

Les Guerres civiles à Rome, I, 8, 71

2. Tribune située sur le Forum, d'où les orateurs s'adressaient au peuple romain. Elle tirait son nom des éperons de navire (*rostra*) qui l'ornaient et avaient été pris à des navires ennemis lors d'une bataille navale en 338 av. J.-C. contre les Latins.

COMPLOTS VUS DES COULISSES

On sait bien que pour changer le cours des événements, un complot est souvent aussi efficace qu'une guerre. L'histoire antique est, de fait, riche en complots de toutes sortes, réussis ou non, et il n'est pas étonnant d'en trouver l'écho chez les historiens. Sommes-nous toujours alors dans la grande histoire ? Oui, dans la mesure où de tels épisodes, lors desquels il s'agit de renverser l'ordre établi, se prêtent aux réflexions sur les vicissitudes de la fortune et du pouvoir et sont aussi l'occasion pour l'historien de prendre parti, soit explicitement, soit par l'orientation qu'il donne à son récit. Mais en même temps, les complots en tant qu'ils donnent lieu à des développements anecdotiques voire périphériques dans l'œuvre des historiens se rapprochent de la petite histoire.

HOMÈRE
VIIIe s. av. J.-C.

VIRGILE
Ier s. av. J.-C.

CLAUDIEN
Ve s. ap. J.-C.

Hérodote

À la mort de Cambyse, des « Mages », c'est-à-dire des Mèdes, ont pris le pouvoir en Perse. Mais un groupe de sept hommes, des Perses de haute naissance, décident à l'instigation de Darius de chasser ceux qu'ils considèrent comme des usurpateurs. Ce complot, dont Hérodote rapporte ici le dénouement, permettra à Darius de devenir roi des Perses.

LES SEPT CONTRE LES MAGES

Quand ils se présentèrent aux portes, il arriva ce que pensait Darius : les gardes, pleins de respect pour des hommes qui étaient les premiers entre les Perses et ne soupçonnant pas que d'eux pût venir rien de tel, les laissèrent passer sous la conduite des dieux, et personne ne les interrogea. Quand ils furent ensuite parvenus dans la cour, ils rencontrèrent les eunuques introducteurs des messages, qui leur demandèrent ce qui les amenait ; en même temps qu'ils leur posaient cette question, les eunuques menaçaient les gardiens de la porte pour les avoir laissés passer et, comme les sept voulaient pénétrer plus avant, ils s'y opposaient. Mais les sept, s'exhortant les uns les autres, tirèrent leurs épées, en percèrent sur place ceux qui leur faisaient obstacle, et coururent eux-mêmes à l'appartement des hommes. À ce moment, les Mages se trouvaient tous les deux dans cet appartement, en train de discuter sur ce qu'avait fait Préxaspe[1]. Quand ils virent les eunuques en désordre et poussant des cris, tous deux de nouveau bondirent sur pied et, s'étant rendu compte de ce qui arrivait, se mirent en état de

1. Préxaspe était un Perse de haute naissance que les Mages avaient essayé de circonvenir pour s'assurer le pouvoir. Mais au lieu de faire les déclarations attendues, Préxaspe avait dit toute la vérité aux Perses avant de se suicider.

défense ; l'un eut le temps de décrocher son arc, l'autre recourut à sa lance. Et les deux partis alors en vinrent aux mains. [...] Après avoir tué les Mages et leur avoir coupé la tête, les conjurés laissèrent là ceux d'entre eux qui étaient blessés, à cause de leur incapacité à combattre et pour garder le château ; les cinq autres, avec les têtes des Mages, coururent dehors, criant et faisant grand bruit ; ils appelaient les autres Perses, leur expliquaient ce qui avait eu lieu et leur montraient les têtes ; et, en même temps, ils tuaient tout mage qui se trouvait sur leur route. Instruits de ce qu'avaient fait les sept et de l'imposture des Mages, les Perses crurent devoir en faire autant eux aussi : ils tirèrent leurs épées et, partout où ils trouvaient un mage, ils le tuaient ; si la nuit, survenant, ne les eût arrêtés, ils n'en auraient pas laissé un. Ce jour est, de tous les jours, celui que les Perses solennisent le plus en commun : à son retour, ils célèbrent une grande fête appelée par eux le Massacre des Mages, pendant laquelle aucun mage n'a le droit de paraître en public ; ce jour-là, les Mages se tiennent dans leurs maisons.

Histoires, III, 77-79

Xénophon

Agésilas, ami de l'historien grec Xénophon, règne sur Sparte depuis 399 avant J.-C. et très rapidement, il doit faire face à une tentative de coup d'État conduite par un certain Cinadon. Celui-ci, qui fait partie des Inférieurs, c'est-à-dire des Spartiates déchus de leurs droits civiques, organise une conspiration qui va être découverte lors d'un sacrifice présidé par Agésilas.

COMPLOT À SPARTE CONTRE LE ROI AGÉSILAS

Le sacrifice à peine achevé, moins de cinq jours après, quelqu'un vient faire connaître aux éphores[1] une conspiration, avec le nom de celui qui menait l'affaire, Cinadon : c'était un homme qui, au physique d'un garçon vigoureux, joignait une âme énergique, mais qui n'était pas de la caste des Pairs. Les éphores demandèrent au dénonciateur comment, à son avis, la chose devait avoir lieu : il répondit que Cinadon, après l'avoir amené au bout de l'Agora, lui faisait un jour compter combien il y avait de Spartiates présents : « et moi, dit-il, après avoir compté le roi, les éphores, les Anciens, et d'autres – environ quarante – je lui demande : Pourquoi donc, Cinadon, m'as-tu fait compter ces gens-là ? Et l'autre avait répondu : Ces gens-là, considère-les comme tes ennemis, tous les autres, comme tes alliés, et il y en a plus de quatre mille – je parle de ceux qui sont sur l'agora. » [...] À l'entendre, les éphores se rendirent compte qu'il s'agissait d'un plan bien concerté, et leur effroi fut en conséquence : ils ne convoquèrent même pas ce qu'on appelle la Petite Assemblée, mais, en réunissant, chacun en quelque autre endroit, quelques-uns des Anciens, ils

1. À Sparte, les éphores constituaient un corps puissant de cinq magistrats élus annuellement par les citoyens. Ils étaient chargés de contrôler la conduite des rois et avaient certains pouvoirs judiciaires.

prirent la décision d'envoyer Cinadon à Aulôn en compagnie d'autres jeunes gens, avec mission de ramener quelques habitants d'Aulôn et quelques hilotes[2] dont les noms étaient inscrits sur la scytale[3] qu'on lui confia. Il devait en outre ramener une certaine femme qui passait là-bas pour la plus belle, mais qui avait la réputation de débaucher tous ceux qui arrivaient de Lacédémone, vieux et jeunes. Cinadon avait déjà rempli des missions de ce genre pour le compte des éphores, et on n'avait pas hésité à lui donner dans ces occasions la scytale où se trouvaient inscrits les noms de ceux qu'il fallait arrêter. Il demanda qui, parmi les Jeunes, il devait prendre avec lui : « Va trouver, lui dit-on, le plus âgé des hippagrètes[4], et demande-lui de te faire accompagner par les six ou sept qui se trouveront là » ; et leurs précautions étaient prises pour que l'hippagrète sût qui il devait envoyer, et que ceux qu'on envoyait fussent informés qu'ils devaient arrêter Cinadon. Ils annoncèrent même à Cinadon qu'ils enverraient trois chariots, pour que son détachement n'eût pas à ramener à pied ceux qu'il arrêterait, dissimulant par tous les moyens possibles que l'expédition était dirigée contre lui seul. Ce n'était pas en ville qu'ils voulaient l'arrêter, parce qu'ils ignoraient l'étendue de la conjuration, et qu'ils tenaient à savoir de Cinadon quels étaient ses complices avant que ceux-ci ne pussent se rendre compte qu'ils étaient dénoncés : c'était pour les empêcher de s'enfuir. Ceux qui étaient chargés de l'arrêter devaient le garder et, après lui avoir demandé ses complices, envoyer au plus tôt la liste de leurs noms aux éphores. Ceux-ci attachaient tant d'importance à l'affaire qu'ils allèrent jusqu'à envoyer un escadron de cavalerie

2. Les hilotes étaient des esclaves appartenant à l'État spartiate et qui étaient attribués à certains citoyens privés pour le travail de la terre ou d'autres tâches.

3. Bâton de bois que le soldat spartiate pouvait porter à sa ceinture et qui était utilisé dans la transmission de messages codés : on y enroulait une lanière de cuir ou de parchemin portant un message chiffré.

4. Officiers qui commandaient la cavalerie.

pour aider ceux qu'ils avaient expédiés à Aulôn. Une fois l'homme arrêté, un cavalier vint apporter les noms dont Cinadon avait donné la liste ; aussitôt ils procédèrent à l'arrestation du devin Teisaménos, ainsi que des plus considérables parmi les autres conjurés. On ramena Cinadon, son crime fut établi, il convint de tout, nomma ses complices ; enfin les éphores lui demandèrent quel était donc son but en agissant ainsi : « C'était, répondit-il, pour n'être à Lacédémone l'inférieur de personne. » Là-dessus, sans plus tarder, on lui passe les deux mains et la nuque dans un carcan et, dans cet état, à coups de verges et d'aiguillon, on lui fait faire avec ses complices le tour de la ville. Telle fut donc la punition qu'ils reçurent.

Helléniques, III, 4, 4-11

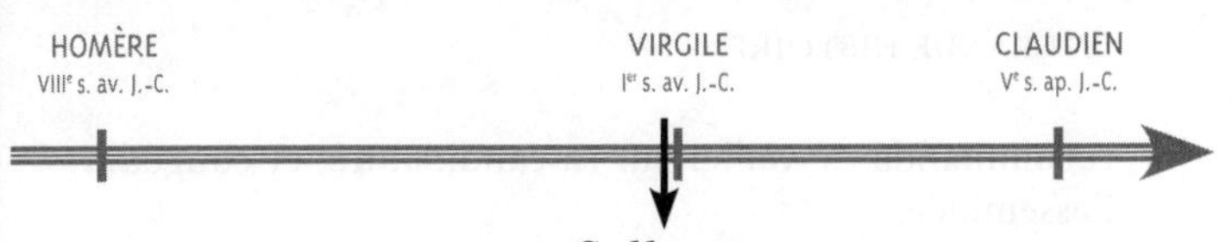

Salluste

Au début du récit qu'il a consacré à la guerre menée par Catilina contre l'État romain en 63 avant J.-C., Salluste reconstitue le discours que le patricien a tenu à ses complices, recrutés parmi les déçus de la politique et les victimes de la crise économique romaine. Avec des promesses, Catilina réussit à galvaniser ses hommes et leur fait prêter serment.

UNE CONJURATION SCELLÉE PAR LE SANG ?

Accablés de maux comme ils l'étaient, sans avoir comme sans espoir, les conjurés trouvaient déjà dans le seul fait de troubler l'ordre un salaire suffisant : néanmoins, après le discours de Catilina, la plupart lui demandèrent de leur exposer quelle serait la conduite de la guerre, quelles récompenses elle leur apporterait, sur quelles ressources présentes ou futures ils pouvaient compter partout. Catilina de leur promettre alors la révision des dettes, la proscription des riches, les magistratures, les sacerdoces, le pillage, et tous les autres bénéfices que comportent la guerre et le bon plaisir des vainqueurs. En outre, il y avait, en Espagne citérieure, Pison ; en Maurétanie, une armée, P. Sittius de Nucérie, tous les deux affiliés au complot ; au consulat se présentait C. Antonius, qu'il espérait bien avoir pour collègue ; outre que c'était son intime ami, Antonius était aux prises avec des difficultés de toutes sortes ; c'est avec son concours qu'une fois consul Catilina passerait à l'action. À ces promesses il ajoutait des injures et des invectives contre tous les bons citoyens, des mots élogieux pour chacun des conjurés nommément ; il rappelait à l'un son indigence, à l'autre son amour du gain, à certains les poursuites et la flétrissure qui les menaçaient, à maint autre la victoire de Sulla, et le butin qu'elle leur avait rapporté. Quand il les vit pleins d'ardeur, il leur recommanda de veiller sur sa candidature, et congédia l'assemblée.

Lors de ces événements, certains ont prétendu qu'après son discours, Catilina, au moment où il faisait prêter le serment à ses complices, aurait fait circuler des coupes pleines de sang humain mélangé à du vin ; tous y ayant goûté, après avoir prononcé la formule d'exécration, comme il est d'usage dans les sacrifices solennels, il leur aurait découvert son dessein. Il aurait voulu ainsi rendre plus étroite leur fidélité mutuelle, par la complicité d'un tel forfait. Quelques personnes voyaient là et ailleurs encore une invention de ceux qui croyaient diminuer la haine dont Cicéron fut plus tard l'objet par l'atrocité même du crime de ceux qu'il avait fait punir. Il ne nous semble pas que la chose, étant donné sa gravité, ait été suffisamment démontrée.

La Conjuration de Catilina, XXI-XXII, 3

Suétone

Sous l'Empire, les complots révèlent le comportement tyrannique de certains empereurs romains. Caligula, qui succède à Tibère en 37 après J.-C., devint rapidement de plus en plus despotique et extravagant. Suétone raconte dans quelles circonstances il fut cruellement assassiné en 41.

CALIGULA VICTIME DE TYRANNICIDES

De telles extravagances et de tels crimes ne manquèrent pas d'inspirer à bien des gens l'idée de le tuer, mais une ou deux conspirations ayant été découvertes, les autres hésitaient faute d'occasion, lorsque deux citoyens se concertèrent et mirent à exécution leur projet, non sans avoir pour complices les plus puissants de ses affranchis et les préfets du prétoire ; car les uns et les autres, s'étant vus eux-mêmes aussi désignés, quoique sans motif, comme ayant pris part à une conjuration, se sentaient malgré tout suspects et odieux à Caligula. De fait, non content de les prendre à part aussitôt après, pour leur déclarer, le glaive en main – ce qui leur inspira une haine profonde – qu'il était prêt à se tuer s'ils le jugeaient, eux aussi, digne de mort, il ne cessa, depuis ce moment, de les calomnier les uns auprès des autres et de semer entre eux la discorde. On décida de l'attaquer lors des jeux palatins, quand il quitterait le spectacle, à midi, et le premier rôle fut réclamé par Cassius Chaerea, tribun d'une cohorte prétorienne, que Gaius, sans considération pour son âge avancé, avait coutume de stigmatiser, par toutes sortes d'outrages, comme un homme mou et efféminé [...].

Le neuvième jour avant les calendes de février, vers la septième heure, comme il hésitait à quitter sa place pour aller déjeuner, car son estomac était encore alourdi par les repas de la veille, les conseils de ses amis le décidèrent enfin à sortir ; dans une galerie qu'il devait traverser se préparaient des enfants nobles, que l'on avait fait venir d'Asie pour les produire sur la scène : il s'arrêta pour les voir et les encourager et, si le chef de la troupe ne s'était pas plaint d'avoir froid, il serait revenu en arrière et les aurait fait jouer aussitôt. Sur ce qui se produisit ensuite il y a deux versions différentes : d'après les uns, tandis qu'il s'entretenait avec ces enfants, Chaerea le blessa grièvement au cou, par-derrière, avec le tranchant de son glaive, en prononçant le mot « Faites ! », puis le tribun Cornelius Sabinus, le second conjuré, l'attaquant de face, lui transperça la poitrine ; d'après les autres, Sabinus, ayant fait écarter la foule par des centurions affiliés au complot, lui demanda le mot d'ordre, suivant l'usage militaire, et Gaius répondant « Jupiter », Chaerea s'écria : « Sois exaucé ! », puis, comme l'empereur se retournait, lui fracassa la mâchoire. Étendu à terre, les membres repliés sur eux-mêmes, il ne cessait de crier qu'il vivait encore, mais les autres conjurés l'achevèrent en lui portant trente coups, tous ayant pour cri de ralliement le mot « redouble ! » ; certains même lui enfoncèrent leur glaive dans les parties honteuses. Au premier bruit, accoururent à son aide ses porteurs de litière, armés de leurs bâtons, puis les Germains de sa garde, qui tuèrent quelques-uns des meurtriers et même certains sénateurs étrangers au crime.

Vie de Caligula, 56 et 58

VI

LA PETITE HISTOIRE

ANECDOTES

Les historiens anciens abandonnent parfois le récit, empreint de gravité, des grands événements, des belles actions et des bouleversements politiques pour conter à leurs lecteurs ce qu'on a coutume d'appeler des anecdotes. Par élargissement du sens du mot grec *anekdotos* désignant un fait inédit, le mot français « anecdote » en est venu à désigner le bref récit d'un fait curieux, pittoresque et accessoire, qui a pour fonction essentielle de divertir, mais auquel on peut néanmoins attacher une signification. C'est ce que ne manquent jamais de signaler nos auteurs grecs et latins. De ce point de vue l'anecdote, dans une œuvre historique, est un *exemplum* condensé qui illustre, souvent en faisant sourire, une des fonctions de l'Histoire pour les Anciens : donner des leçons de vie.

HOMÈRE
VIIIe s. av. J.-C.

VIRGILE
Ier s. av. J.-C.

CLAUDIEN
Ve s. ap. J.-C.

Hérodote

Un des plaisirs de lecture que procure l'œuvre d'Hérodote réside dans les nombreuses anecdotes qui agrémentent la narration, à l'exemple de celle qui met en scène le tyran de Samos, Polycrate (538-527 avant J.-C.). Celui-ci vient de recevoir une lettre de son ami Amasis qui lui conseille, pour éprouver sa chance et le prémunir d'un revers de fortune, de se débarrasser de l'objet qui lui tient le plus à cœur.

LE BONHEUR EST DANS L'ANNEAU

Après avoir lu cette lettre et compris qu'Amasis lui donnait un bon conseil, Polycrate chercha quel était, dans ses trésors, l'objet dont la perte causerait à son cœur le plus de tristesse ; et sa recherche lui fit trouver ceci. Il avait un cachet serti dans une bague d'or qu'il portait d'ordinaire ; il était fait d'une pierre d'émeraude ; c'était une œuvre de Théodoros fils de Téléclès de Samos. Il résolut donc de s'en défaire ; et voici ce qu'il fit : il équipa une pentécontère[1], monta dessus, ordonna de la conduire en haute mer et, quand il fut loin de l'île, il retira la bague de son doigt et, à la vue de tous ses compagnons de navigation, la jeta dans les flots. Cela fait, il vira de bord et, rentré dans son palais, il sentit le chagrin. Mais, le cinquième ou sixième jour après, il lui arriva ce qui suit. Un pêcheur, qui avait pris un grand et beau poisson, jugea convenable d'en faire cadeau à Polycrate. Il le porta donc aux portes du palais, disant qu'il désirait être conduit en présence de Polycrate ; et, quand cela lui eut été accordé, il dit en offrant le poisson : « Ô roi, j'ai pris ce poisson, et je n'ai pas cru convenable de le porter au marché, bien que je sois un homme qui vit du

1. Navire de guerre à cinquante rameurs.

travail de ses mains ; mais il m'a semblé qu'il était digne de toi, digne du prince que tu es ; c'est donc à toi que je l'apporte, et je t'en fais présent. » Polycrate, charmé de ce langage, répondit en ces termes : « Tu as tout à fait bien agi ; je te suis doublement reconnaissant, et de tes paroles et de ton présent ; et nous t'invitons à dîner. » Le pêcheur retourna chez lui, tout heureux de cette invitation. Mais, en ouvrant le poisson, les serviteurs du roi trouvèrent dans son ventre le sceau de Polycrate ; dès qu'ils l'eurent vu et pris, ils le portèrent, pleins de joie, à Polycrate, et, en le lui remettant, ils lui dirent comment on l'avait trouvé. L'idée vint à Polycrate que l'événement était d'origine divine ; il consigna par écrit dans une lettre tout ce qu'il avait fait et tout ce qui lui était arrivé, et cette lettre écrite, chargea quelqu'un de la porter en Égypte. Amasis, ayant lu la lettre qui lui venait de Polycrate, comprit qu'il était impossible à un homme de soustraire un autre homme à l'avenir qui lui était réservé par le sort, et que Polycrate, heureux en tout, lui qui retrouvait même ce dont il se défaisait, ne devait pas avoir une bonne fin. Il lui envoya un héraut à Samos et déclara qu'il dénonçait le traité d'hospitalité. Il le fit dans l'intention de ne pas avoir, si Polycrate était atteint par quelque grande et cruelle infortune, à souffrir lui-même dans son cœur comme au sujet d'un hôte.

Histoires, III, 41-44

Annales des Pontifes

Il existait à Rome, depuis une très haute époque, des livres d'oracles appelés « livres Sibyllins » que l'on conservait dans le temple de Jupiter Capitolin. On les consultait officiellement sous l'autorité des magistrats appelés « quindécemvirs », en cas d'épidémie ou de situation grave pour l'État, afin de savoir comment apaiser les dieux. Sur leur origine, nous disposons d'un témoignage très ancien cité par Aulu-Gelle. L'histoire commence comme un conte : « il était une fois une vieille femme.... »

COMMENT LES LIVRES SIBYLLINS PARVIENNENT À ROME

Voici le témoignage sur les livres Sibyllins qui nous a été conservé dans les anciennes *Annales.* Une vieille femme étrangère et inconnue vint trouver le roi Tarquin le Superbe, apportant neuf livres qu'elle disait être des oracles divins ; elle voulait les vendre ; Tarquin s'enquit du prix. La femme demanda une somme exorbitante, énorme ; le roi se mit à rire, pensant que la vieille femme divaguait sous l'effet de l'âge. Alors elle installe devant lui un petit foyer allumé, y brûle trois des neuf livres ; puis elle interrogea le roi pour savoir s'il voulait acheter les six livres restants au même prix. Tarquin n'en rit que plus et dit que sans aucun doute la vieille femme délirait. La femme aussitôt brûla sur place trois autres livres et lui demanda de nouveau, tranquillement, d'acheter les trois livres restants au même prix. Tarquin prend alors un visage sérieux et se montre plus attentif, il comprend qu'il ne faut pas traiter de haut cette fermeté et cette confiance en soi, achète les trois livres restants au prix exact qui avait été exigé pour la totalité. La femme quitta alors Tarquin et on ne la revit nulle part ailleurs par la suite ; c'est un fait établi. Les trois livres, placés en un lieu sacré, furent appelés « Sibyllins ». Les quindécemvirs les consultent comme un oracle lorsqu'il faut prendre l'avis des dieux immortels au nom de l'État.

Cité par Aulu-Gelle, *Les Nuits attiques*, I, 19, 1-11

HOMÈRE
VIIIe s. av. J.-C.

VIRGILE
Ier s. av. J.-C.

CLAUDIEN
Ve s. ap. J.-C.

Ampelius

C'est au IIIe siècle après J.-C. que fut composé un opuscule scolaire, unique en son genre. Son auteur, Lucius Ampelius, l'a conçu comme une suite de notices destinées à satisfaire la curiosité de son lecteur, le jeune Macrin. Memento de culture générale, essentiellement historique, il recourt abondamment aux anecdotes qui permettent de fixer les traits de grandes figures du passé. On y apprend par exemple dans quelles circonstances singulières Darius devint roi.

C'EST LE CHEVAL QUI FAIT LE ROI

Le roi des Perses Cyrus fut le premier à arracher le pouvoir aux Mèdes. Il laissa deux fils, Cambyse et Smerdis ; Cambyse, ayant, sous prétexte qu'il était l'aîné, frustré son frère, rêva que Smerdis, assis sur le trône, touchait le ciel de la tête, et il prit lui-même soin de le faire tuer ; et par la suite, alors qu'à son retour d'Éthiopie où ses forces avaient été mises en pièces, il était venu en Égypte et qu'il avait remarqué que les habitants du lieu se réjouissaient, en ayant déduit qu'ils se moquaient de ses revers, il blessa Apis à la cuisse et le tua du même coup. Entretemps, un mage, Smerdis, frère de Patibiata, tirant parti de son nom et s'étant proclamé, en fonction d'une certaine ressemblance, le fils de Cyrus, s'était emparé du pouvoir royal perse. Quand cela fut annoncé à Cambyse, il oublia, dans sa hâte de rentrer chez lui, de remettre au fourreau le glaive avec lequel il avait tué Apis : tandis qu'il s'efforçait de le faire, il se blessa à la cuisse à l'endroit précis où il avait blessé Apis ; il mourut de cette même blessure en quelques jours. Après qu'un messager informé de la mort de Cambyse fut arrivé chez les Perses, Potanès donna pour instructions à sa fille Phaedyma, avec laquelle Smerdis avait une liaison, de se risquer à examiner, quand celui-ci se serait assoupi, s'il avait des oreilles cachées sous les cheveux, ou non ; il savait, en effet, que Cyrus avait fait essoriller le mage Smerdis. Potanès affirma que Smerdis était un imposteur : alors sept très nobles Perses se lièrent par serment ; voici leurs noms : Potanès, Hydanès, Aspatinès, Saphernès, Mégaboius, Gobiès, Darius. Ensuite, après avoir tué le mage Smerdis[1], ils décidèrent que régnerait à l'avenir, Potanès excepté, celui d'entre eux dont le cheval hennirait le premier dans un lieu qu'ils auraient choisi. Alors Hibérès, le valet d'écurie de Darius, conduisit vers l'endroit fixé le cheval de son maître, après y avoir caché une jument : alors, le cheval de Darius poussa un grand hennissement. Darius obtint ainsi le pouvoir royal ; c'est de lui que tire son origine Artaban, dont Sallustius Crispus[2] affirme qu'il fut le fondateur du royaume de Mithridate.

Aide-mémoire, 30, 1-5

1. Voir dans le chapitre précédent (p. 162) le récit d'Hérodote : « Les sept contre les Mages ».
2. C'est l'historien Salluste.

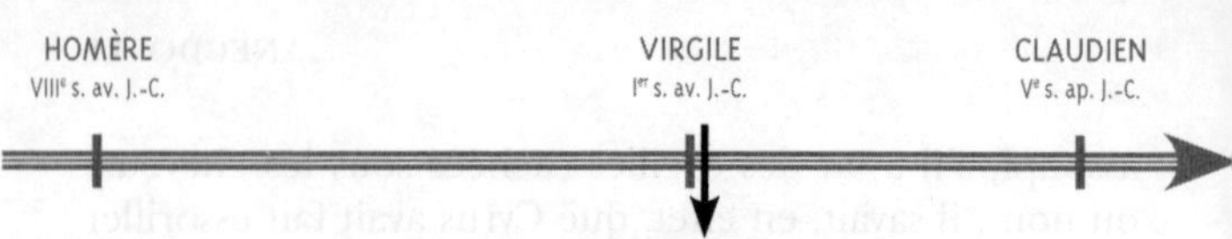

Tite-Live

En pleine guerre contre les Samnites, Rome dut affronter en 311 avant J.-C. une révolte inédite : une grève de joueurs de flûte. L'événement, dont les conséquences auraient pu être graves pour le déroulement des cérémonies religieuses, a retenu l'attention de l'historien Tite-Live.

FLÛTISTES EN GRÈVE !

Je passerais sous silence un événement de la même année, bien petit pour être raconté, s'il n'avait semblé avoir trait à la religion. Les joueurs de flûte, ayant mal supporté de se voir interdire par les précédents censeurs de tenir leur banquet dans le temple de Jupiter, ce qui était une très vieille tradition, partirent pour Tibur en une seule colonne, de sorte qu'il n'y avait personne dans la ville pour jouer pendant les sacrifices. Le sénat en éprouva quelque scrupule religieux et on envoya à Tibur des ambassadeurs chargés de faire en sorte que ces hommes fussent rendus aux Romains. Les habitants de Tibur, ayant obligeamment promis leur concours, exhortèrent d'abord les musiciens qu'ils avaient fait venir à la curie à retourner à Rome ; comme ils ne pouvaient les persuader, ils usent pour les circonvenir d'un moyen bien en rapport avec le caractère de ces hommes. Un jour de fête, sous le prétexte de réjouir de musique leurs banquets, ils les invitent les uns les autres, les gorgent de vin, boisson dont cette catégorie d'hommes est généralement avide, les endorment puis les entassent, ainsi plongés dans le sommeil, sur des charrettes et les ramènent à Rome. Mais les musiciens ne s'en aperçurent pas avant que, sur le Forum où les charrettes avaient été laissées, le jour ne les surprît encore tout alourdis par l'ivresse. Alors le peuple se rassembla et quand on eut obtenu qu'ils restassent à Rome, on leur accorda de déambuler par la ville trois jours durant chaque année, en habits de fête, aux accents de la musique et avec cette licence qui aujourd'hui est de tradition, et on rétablit le droit de banqueter dans le temple pour ceux qui jouaient pendant les cérémonies religieuses.

Histoire romaine, IX, 30, 5-10
(traduction revue par Marie LEDENTU)

Procope de Césarée

Le roi barbare Attila, un des adversaires les plus farouches de l'Empire romain au ve siècle après J.-C., reçut un étrange signe du ciel lors du siège de la cité d'Aquilée en 452.

ATTILA ET LA CIGOGNE

À cette époque, Attila, qui assiégeait Aquilée, cité puissante et réellement très populeuse située au bord de la mer au-delà du Golfe ionien, bénéficia, dit-on, d'une chance inattendue, ainsi qu'on va le voir. Comme ni la force ni aucune autre méthode ne lui avait permis de prendre cette place, Attila avait, raconte-t-on, fini par renoncer à un siège qui lui avait déjà coûté beaucoup de temps, et il avait ordonné à l'ensemble de son armée de faire sans tarder ses préparatifs de retraite afin que toutes ses troupes pussent quitter les lieux dès l'aube du lendemain. Or le jour suivant, tandis que, au lever du soleil, les Barbares, qui avaient levé le siège, se mettaient déjà en route, voilà qu'une cigogne mâle qui avait fait son nid sur une tour de l'enceinte de la cité et y nourrissait ses petits abandonna brusquement ce nid en compagnie de ses cigogneaux. Mais alors que la cigogne mâle s'en allait à tire d'ailes, ses petits, faute d'être déjà totalement autonomes, tantôt l'accompagnaient dans son vol, tantôt volaient juchés sur son dos, et telle fut la manière dont ils abandonnèrent la cité et gagnèrent les lointains. Attila avait vu ce spectacle. Et comme il était supérieurement intelligent et toujours perspicace, il ordonna à son armée de demeurer sur place, en ajoutant que jamais l'oiseau et sa nichée n'auraient quitté leur nid s'ils n'avaient eu de bons motifs pour le faire, et que leur départ laissait présager que la cité connaîtrait sous peu un sort funeste. Voilà pourquoi, dit-on, l'armée barbare reprit le siège. Peu de temps après, une partie de l'enceinte, celle précisément où la cigogne avait son nid, s'effondra soudainement, sans aucune raison, ce qui permit à l'ennemi de pénétrer dans la cité par cette ouverture et amena la prise d'Aquilée de vive force.

La Guerre contre les Vandales, I, 4, 31-35

FAITS DIVERS

Les Anciens étaient aussi friands de faits divers que nous le sommes : la chose est évidente pour qui a lu les lettres écrites par Cicéron et Pline le Jeune, où l'on trouve des comptes rendus d'inaugurations de bâtiments, de catastrophes ou d'affaires criminelles et des procès qui leur font suite. C'est cette pratique que reprennent les historiens en sélectionnant les faits divers qui leur semblent les plus sensationnels, donc les plus marquants. Lorsqu'ils apparaissent dans les œuvres des historiens, ces faits ont perdu toute actualité, mais ils constituent pour nous un éclairage original sur ce monde de l'Antiquité qui, dans ses préoccupations, n'est pas si éloigné du nôtre. L'historien ancien se fait donc aussi à l'occasion chroniqueur.

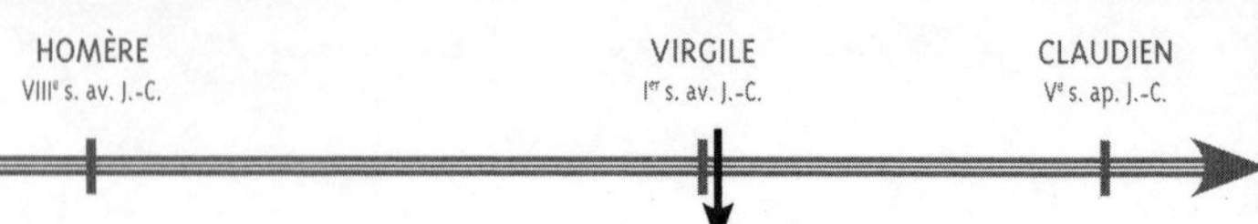

Tite-Live

Tite-Live rapporte ici une bien curieuse affaire qui se produisit en 331 avant J.-C., année qui était restée dans les annales comme « funeste ». Nous ne saurons jamais si l'épisode est historique et d'ailleurs l'historien lui-même ne sait trop que penser, car il n'y a pas, sur la question, d'accord entre ses sources, dont certaines évoquent une épidémie. Il est, en tout état de cause, intéressant de constater que si des matrones romaines ont bien empoisonné leurs époux, le passage ne nous dit rien sur leur mobile.

UNE « AFFAIRE DES POISONS » À ROME

Les premiers personnages de la cité étaient atteints de maladies semblables et mouraient à peu près de la même fin ; certaine servante, se présentant devant Q. Fabius Maximus, édile curule, déclara qu'elle révélerait la cause de ce fléau public s'il lui garantissait que cette dénonciation ne lui ferait pas de tort. Aussitôt, Fabius fait son rapport de l'affaire aux consuls qui, à leur tour, en saisissent le sénat : sur assentiment de cet ordre, l'on donna à la dénonciatrice la garantie demandée. Alors fut révélé que le malheur de l'État était dû à un crime de femmes, que des matrones préparaient les poisons et que, si on voulait la suivre aussitôt, on pourrait les saisir sur le fait. L'on suivit la dénonciatrice et l'on trouva certaines femmes en train de préparer des drogues et l'on découvrit d'autres drogues cachées ; on les apporta sur le Forum et l'on fit mander par un appariteur une vingtaine de matrones dans la demeure desquelles elles avaient été saisies ; deux d'entre elles, Cornelia et Sergia, l'une et l'autre de famille patricienne, soutenant que c'était là de salutaires remèdes, la dénonciatrice, niant leurs dires, les invita à les boire de façon à prouver la fausseté de ses révélations ; les deux matrones prirent le temps de se consulter et, la foule ayant été écartée, rapportèrent la proposition à leurs autres compagnes ; celle-ci ne refusant pas elles non plus de boire, elles absorbèrent sous les yeux du public la potion et moururent toutes victimes de leur propre crime. Leurs complices qui furent arrêtées sur-le-champ dénoncèrent à leur tour un grand nombre de matrones parmi lesquelles cent soixante-dix environ furent condamnées ; et il n'y avait pas eu à Rome, avant ce jour, d'enquête judiciaire. Cette affaire fut considérée comme un prodige et regardée comme le fait d'esprits possédés plutôt que criminels : c'est pourquoi, la consultation des annales ayant révélé qu'autrefois, au cours des sécessions de la plèbe, un clou était planté par le dictateur[1] et que ce procédé expiatoire rendait aux esprits égarés par la discorde la maîtrise d'eux-mêmes, l'on décida de nommer un dictateur pour planter le clou. On désigna Cn. Quinctius qui nomma L. Valerius maître de la cavalerie et tous deux, une fois le clou planté, se démirent de leur magistrature.

Histoire romaine, VIII, 18

1. À Rome, un dictateur est un magistrat, nommé par le sénat en lieu et place des consuls, habituellement dans le cas où la cité est gravement menacée par l'ennemi. Le dictateur dispose, pour une durée maximum de six mois, de tous les pouvoirs : sa première décision est toujours de désigner un « maître de la cavalerie ». Dans le cas envisagé par Tite-Live, on nomme un dictateur parce que seul un magistrat de ce type est habilité à planter le clou expiatoire.

Tacite

Des tribunes qui s'écroulent comme un château de cartes parce qu'elles avaient été mal construites, un grand nombre de victimes mortes écrasées. Comment ne pas penser à la catastrophe survenue le 5 mai 1992 dans le stade Furiani à Bastia ? Et pourtant, l'épisode rapporté par Tacite se passe en 27 après J.-C., à Fidènes, une ville située sur le Tibre un peu au nord de Rome.

MALHONNÊTETÉ D'UN ENTREPRENEUR DE TRAVAUX PUBLICS

Sous le consulat de M. Licinius et de L. Calpurnius, les désastres des grandes guerres furent égalés par une catastrophe imprévue, dont le début marqua aussi la fin. Ayant entrepris un amphithéâtre à Fidènes, afin d'y donner un spectacle de gladiateurs, un certain Atilius, de condition affranchie, négligea d'assurer les fondations sur un sol ferme et de fixer par de solides crampons la superstructure en bois, vu qu'il n'avait ni abondance d'argent ni désir de popularité municipale, mais que l'appât d'un gain sordide l'avait engagé dans cette affaire. La foule y accourut, avide de tels spectacles et sevrée de plaisirs sous le principat de Tibère, des gens de sexe masculin et féminin, de tout âge, dont la proximité du lieu augmentait l'affluence ; le désastre n'en fut que plus grave : l'édifice, surchargé puis disloqué, en croulant au-dedans ou s'effondrant à l'extérieur, entraîne dans sa chute et recouvre une multitude d'êtres humains, attentifs au spectacle ou stationnant aux abords. Ceux du moins qui, dès le début de l'écroulement, avaient été frappés à mort, eu égard à un si triste sort, échappèrent aux tortures ; plus à plaindre furent ceux qui, le corps mutilé, avaient conservé un reste de vie, qui, le jour avec leurs yeux, la nuit en écoutant les hurlements et les gémissements, cherchaient à reconnaître leurs femmes ou leurs enfants. La foule, au premier bruit, s'empresse de venir pleurer, celui-ci un frère, celui-là un proche, cet autre ses parents. Ceux mêmes dont les amis ou les intimes étaient absents pour divers motifs ne laissent pas de trembler ; tant qu'on ne sut pas quelles victimes la catastrophe avait frappées, l'incertitude développa la crainte.

Quand on eut commencé à déblayer les décombres, ce fut une ruée auprès des morts, chacun les étreignant et les couvrant de baisers ; et souvent il y avait lutte, quand, devant un cadavre défiguré, une ressemblance de taille ou d'âge avait induit en erreur ceux qui cherchaient à le reconnaître. Cinquante mille personnes furent estropiées ou écrasées dans cet accident et, pour en prévenir le retour, un sénatus-consulte interdit de donner un spectacle de gladiateurs sans avoir une fortune d'au moins quatre cent mille sesterces et d'élever un amphithéâtre ailleurs que sur un terrain d'une solidité éprouvée. Atilius fut envoyé en exil. Au reste, aussitôt après cette catastrophe, les maisons des grands furent ouvertes, on fournit partout des pansements et des médecins et, pendant ces journées-là, Rome, tout en présentant un aspect morne, se conforma aux principes des Anciens, qui, après de grandes batailles, soulageaient les blessés par leurs largesses et leurs soins.

Annales, IV, 62-63

HOMÈRE
VIIIe s. av. J.-C.

VIRGILE
Ier s. av. J.-C.

CLAUDIEN
Ve s. ap. J.-C.

Pline le Jeune

En dehors des grandes révoltes d'esclaves ou des périodes si troublées que le crime pouvait rester ignoré, nous connaissons très peu d'exemples de maîtres assassinés par leurs esclaves, alors que le grand nombre de ceux-ci constituait un danger permanent. Les châtiments encourus par les esclaves, qui, coupables ou non, étaient tous mis à mort, étaient suffisamment dissuasifs pour protéger les maîtres. Le cas de Larcius Macedo est donc isolé, mais, comme le dit Pline, il mériterait sans doute de trouver sa place dans une œuvre historique.

MEURTRE DANS UNE MAISON ROMAINE

C'est un traitement atroce et qui mériterait plus qu'une lettre, que ses esclaves ont fait subir à Larcius Macedo, un ancien préteur, lequel était d'ailleurs un maître hautain, cruel, et un homme à se souvenir trop peu, ou plutôt trop bien, que son propre père avait été esclave. Il prenait un bain dans sa propriété de Formies ; soudain, ses esclaves l'entourent, l'un le prend à la gorge, l'autre lui frappe le visage, un autre lui meurtrit de coups la poitrine, le ventre, et même, détail que l'on répugne à rapporter, les parties sexuelles. Ensuite, comme ils le pensaient mort, ils le jettent sur les dalles brûlantes afin de vérifier s'il vivait encore. Lui, soit qu'il eût réellement perdu connaissance, soit qu'il fît semblant, donna parfaitement, en restant immobile étendu par terre, l'illusion qu'il était tout à fait mort. Alors seulement on l'emporte, comme s'il avait eu un malaise à cause de la chaleur. Des esclaves restés fidèles le prennent en charge, ses concubines accourent toutes ensemble, en poussant des cris et des hurlements de douleur. Ainsi réveillé par le bruit des voix et revigoré par la fraîcheur de la pièce, il entrouvre les yeux, fait quelques mouvements, et laisse voir – ce qui désormais était prudent – qu'il vivait encore. Ses esclaves s'enfuient en désordre ; beaucoup ont été repris, les autres sont recherchés. Lui-même, ramené difficilement à la vie pendant quelques jours, mourut non sans la consolation de savoir ses meurtriers punis, vengé de son vivant comme le sont d'ordinaire, après leur mort, ceux qui ont été assassinés.

Lettres, III, 14, 1-4
(traduction revue par Gérard SALAMON)

HOMÈRE VIIIe s. av. J.-C. — VIRGILE Ier s. av. J.-C. — CLAUDIEN Ve s. ap. J.-C.

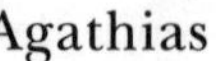

Agathias

L'éruption volcanique qui détruisit en 79 après J.-C. Pompéi et Herculanum est restée dans toutes les mémoires. Mais parmi les catastrophes naturelles survenues dans l'Antiquité, l'une des plus meurtrières est sans doute, s'il faut en croire Agathias, le raz de marée qui toucha l'île de Cos.

UN TSUNAMI SUR L'ÎLE DE COS

À cette époque, l'île de Cos, qui se trouve à l'extrémité de la mer Égée, était entièrement détruite, à l'exception d'une toute petite partie, et s'ajoutèrent à cela des fléaux divers et inouïs. La mer en effet, débordant de manière prodigieuse, submergea les édifices du bord de mer et détruisit leurs richesses et leurs habitants. La force du raz de marée était à ce point extraordinaire qu'il brisa et renversa même là où le flot n'avait pu atteindre. Presque tous les habitants périrent indistinctement, qu'ils aient fui dans des temples, soient restés dans leurs maisons ou se soient rassemblés dans un autre endroit. Pour moi, qui à cette époque me rendais d'Alexandrie à Byzance et avais débarqué dans cette île (elle se trouve sur l'itinéraire), elle apparut comme un spectacle qui passe toute description. Presque toute la ville était un monceau de ruines d'une grande hauteur, des pierres gisaient çà et là, des fragments de colonnes et de poutres tombés à terre ; une épaisse poussière flottait partout et obscurcissait l'air, de sorte qu'on ne pouvait reconnaître les emplacements eux-mêmes des rues, mais seulement les conjecturer. Peu de maisons subsistaient intactes, et ce n'étaient pas celles qu'on avait bâties avec du marbre, de la pierre et quelque matériau apparemment plus solide et plus durable, mais seulement celles qui étaient faites de briques cuites et de terre. On voyait çà et là quelques hommes, hagards et abattus, et comme complètement indifférents à leur propre vie. S'ajoutant aux autres malheurs, toute l'eau de la région, soudain privée de sa qualité d'eau potable, s'était changée peu à peu en une saumure imbuvable. Tout ce qui était là était effrayant et sens dessus dessous, de sorte qu'il ne restait plus rien pour faire honneur à la ville, sinon le glorieux nom des Asclépiades et la fierté d'être la patrie d'Hippocrate. Éprouver de la pitié devant de telles situations semble assurément un sentiment humain, mais s'étonner vraiment, être stupéfait serait le fait de gens qui ignorent complètement le passé, et que par nature le monde de la matière est exposé depuis toujours à des calamités diverses. Bien souvent déjà, auparavant, des villes entières ont été détruites par un séisme ; elles ont perdu leurs anciens habitants, mais ont été relevées par d'autres occupants.

Histoires, II, 16

VII

DES PERSONNAGES POUR L'HISTOIRE

GALERIE DE PORTRAITS

Peut-on imaginer un récit historique consacré uniquement aux événements et faisant abstraction des acteurs de ces événements ? Pour les Anciens, la réponse est non, ne serait-ce qu'en raison de la valeur exemplaire qu'ils attribuent à l'Histoire. Plus généralement, ils sont convaincus que ce sont les hommes qui font l'histoire et qu'elle ne peut exister sans eux. Comme le dit Plutarque :

> « Si l'on supprime les acteurs, on n'aura plus d'historiens. Supprimez le gouvernement de Périclès, les trophées navals dressés par Phromion au cap Rhion, les exploits de Nicias à Cythère, Mégare et Corinthe, la victoire de Pylos de Démosthène, les quatre cents prisonniers de Cléon, Tolmidès croisant autour du Péloponnèse, Myronidès triomphant des Béotiens à Oenophytes : c'est Thucydide que vous avez rayé[1]. »

C'est la raison pour laquelle il y a chez les historiens anciens de si nombreux portraits : l'Histoire devient alors un « monument » élevé à la mémoire et à la gloire des grands hommes. Même si cela n'a rien d'étonnant pour des Modernes, on notera avec intérêt que parmi ces grands hommes figurent aussi des femmes.

1. *La Gloire des Athéniens*, 345 c-e et 347e.

HOMÈRE
VIIIe s. av. J.-C.

VIRGILE
Ier s. av. J.-C.

CLAUDIEN
Ve s. ap. J.-C.

Xénophon

Ayant fait partie pendant un temps de l'entourage du roi de Perse Cyrus le Jeune et combattu à ses côtés, l'historien Xénophon dut être impressionné par le destin de l'Empire perse fondé par Cyrus l'Ancien au VIe *siècle avant J.-C. Il put mettre à profit une documentation acquise de première main pour consacrer à ce roi et à sa carrière un long récit en huit livres. Il y érige Cyrus en personnage exemplaire, figure idéalisée d'homme d'État et de général.*

CHARISME DE CYRUS L'ANCIEN

Nous savons que Cyrus en tout cas se voyait obéi de bon gré par des peuples qui habitaient à des jours de marche, à des mois même, par d'autres encore qui savaient très bien qu'ils ne le verraient même jamais, et qui pourtant acceptaient de se soumettre à lui. Il se montra en cela bien supérieur aux autres rois, que leur trône fût héréditaire ou conquis par eux : le roi de Scythie, si nombreux que soient les Scythes, ne saurait étendre son pouvoir sur une autre nation, bien heureux s'il le garde jusqu'au bout de la sienne ; de même celui de Thrace sur la Thrace, celui des Illyriens sur l'Illyrie, et il en est ainsi de toutes les autres nations que nous connaissons ; pour ce qui est des peuples de l'Europe, on dit qu'ils sont encore autonomes aujourd'hui et indépendants les uns des autres. Cyrus, lui, trouvant les populations d'Asie également autonomes, partit avec une petite armée de Perses, régna sur les Mèdes avec leur consentement, avec leur consentement aussi sur les Hyrcaniens, soumit les Syriens, les Assyriens, les Arabes, les Cappadociens, les habitants des deux Phrygies, les Lydiens, les Cariens, les Phéniciens, les Babyloniens, eut aussi sous son pouvoir les Bactriens, les Indiens, les Ciliciens et aussi les Saces, les Paphlagoniens, les

Magadidiens et un très grand nombre de peuples dont on ne saurait même dire les noms. Il commanda également aux Grecs d'Asie et, à la suite d'une expédition par mer, aux Cypriotes et aux Égyptiens. Il gouvernait là des peuples qui ne parlaient ni la même langue que lui, ni entre eux une langue commune ; pourtant il sut établir son empire, par la crainte qu'il inspirait, sur une si grande étendue de territoires qu'il fit trembler tout le monde et que personne n'entreprit rien contre lui ; il sut si bien aussi inspirer à tous le désir de lui être agréables qu'ils demandaient toujours à être gouvernés comme il l'entendait et il s'attacha tant de peuples qu'il serait difficile de les parcourir seulement, quelque direction que l'on prenne en partant de la capitale, le levant, le couchant, le nord ou le midi.

Cyropédie, I, 3-5

HOMÈRE
VIIIe s. av. J.-C.

VIRGILE
Ier s. av. J.-C.

CLAUDIEN
Ve s. ap. J.-C.

Cornélius Népos

De tous les adversaires que Rome eut à affronter au cours de son histoire, il n'en est pas de plus redoutable que le Carthaginois Hannibal. Héros de la seconde guerre punique, il entra à jamais dans l'histoire à la suite de sa longue traversée des Alpes avec ses éléphants et des lourdes défaites qu'il infligea aux armées romaines. Il méritait donc de figurer en bonne place dans la galerie de portraits de généraux étrangers que l'historien Cornélius Népos composa à la fin du Ier siècle avant J.-C.

HANNIBAL

Après avoir gagné cette bataille[1], il se mit en marche pour Rome sans rencontrer de résistance et, arrivé aux hauteurs proches de la ville, il fit halte. Il avait campé quelques jours en cet endroit et reprenait la route de Capoue, lorsque Q. Fabius Maximus, dictateur romain, se présenta à lui dans la campagne de Falerne. Mais notre héros, bien qu'enfermé dans un défilé, trouva le moyen, la nuit, sans rien abandonner de ses troupes, de se dégager, et Fabius, un si habile général, se laissa tromper comme il suit : une fois la nuit venue, Hannibal fit attacher des sarments à la tête de certaines bêtes à cornes, on y mit le feu, et une grande quantité de bétail ainsi accommodé fut lâché en tous sens ; ces feux qui frappèrent tout à coup leur vue causèrent un grand effroi aux soldats romains et aucun d'eux ne consentit à sortir du retranchement. Après ce succès d'Hannibal, à un court intervalle, M. Minucius Rufus, maître de la cavalerie, jouissant du même pouvoir que le dictateur, se laissa entraîner par ruse à combattre et dut prendre la

1. Référence à la bataille de Cannes (dans le nord de l'Italie) en 216 av. J.-C. où périt le consul Paul Émile avec une très grande partie de l'armée romaine.

fuite. Ti. Sempronius Gracchus, consul pour la seconde fois, étant en Lucanie, bien qu'Hannibal ne fût pas alors sur place, tomba dans une embuscade et fut anéanti. M. Claudius Marcellus, qui avait été cinq fois consul, succomba près de Venouse pareillement sous les coups d'Hannibal. Il serait long de dresser tout entière la liste de ses batailles et le seul fait suivant suffira à montrer la supériorité de ce grand homme : tant qu'il séjourna en Italie, aucun général ne tint tête en bataille rangée à ses attaques, et vis-à-vis de lui, depuis la bataille de Cannes, personne n'osa camper en terrain plat.

Vie d'Hannibal, 5

HOMÈRE
VIIIe s. av. J.-C.

VIRGILE
Ier s. av. J.-C.

CLAUDIEN
Ve s. ap. J.-C.

Polybe

L'historien grec Polybe, amené comme otage à Rome en 167 avant J.-C., devint le précepteur des enfants de Scipion Émilien, dit le second Africain. Celui-ci, héros de la troisième guerre punique, est à jamais associé à la prise et à la destruction de Carthage en 146. Polybe rend compte, dans cet extrait, de l'aura qui entourait le général romain. Il ne cache pas l'admiration que, tout Grec qu'il fût, il portait à cet illustre représentant de la grandeur romaine jusqu'à oser le comparer au grand législateur spartiate Lycurgue.

SCIPION, LE SECOND AFRICAIN

Puisque nous allons rapporter l'action de Publius Cornélius Scipion en Espagne et, en somme, tous les exploits qu'il accomplit au cours de sa vie, nous pensons qu'il est nécessaire d'attirer au préalable l'attention des lecteurs sur la conduite et le caractère du personnage. Comme il est, pour ainsi dire, l'homme du passé le plus fameux, tout le monde cherche à savoir qui donc il était, quel caractère et quelle formation lui permirent d'accomplir tant d'exploits si grands ; mais tout le monde est nécessairement dans l'ignorance et dans l'erreur, parce que les auteurs qui traitent de lui sont passés à côté de la vérité. Nous rendrons par notre récit le bon sens de notre présent propos évident aux lecteurs capables d'apprécier les actions les plus belles et les plus audacieuses de cet homme. Tous les autres historiens le représentent comme un homme chanceux, réussissant la plupart de ses entreprises toujours contre toute attente, et avec l'aide du hasard. Ils pensent que de tels hommes sont pour ainsi dire plus divins et plus admirables que ceux qui agissent en toute chose selon la raison. Mais ils ignorent que, de ces deux cas, l'un est louable, tandis que l'autre est enviable, et que ce qui est enviable est commun même aux premiers venus, alors que seul ce qui est louable est le propre des hommes sensés et prudents, ceux qu'il faut considérer à la fois comme les plus divins et les plus aimés des dieux. Il semble que Scipion eut un caractère et une conduite à peu près identiques à ceux de Lycurgue, le législateur de Lacédémone. Il ne faut pas croire en effet que Lycurgue établit la constitution de Lacédémone sous le coup d'une révérence superstitieuse, et en obéissant en toute chose à la Pythie, ni que Scipion procura une si grande puissance à sa patrie, à partir de songes et de présages ; comme ils voyaient l'un et l'autre que la plupart des hommes n'admettent pas facilement les desseins qui sortent de l'ordinaire, et n'osent pas s'exposer aux périls sans l'espoir de l'aide divine, Lycurgue d'une part, en prenant comme auxiliaire de ses propres entreprises l'oracle de la Pythie, rendait ses conceptions personnelles plus acceptables et plus crédibles, Scipion d'autre part, presque identiquement, en faisant toujours croire au peuple qu'il réalisait ses entreprises avec l'aide de quelque inspiration divine, rendait ses subordonnés plus courageux et plus ardents face aux périls. Mais il agissait en chaque chose avec réflexion et prévoyance et tous les résultats de ses actions se produisaient conformément à ses calculs ; c'est ce qui apparaîtra avec évidence grâce à ce qui va être raconté.

Histoires, X, 2

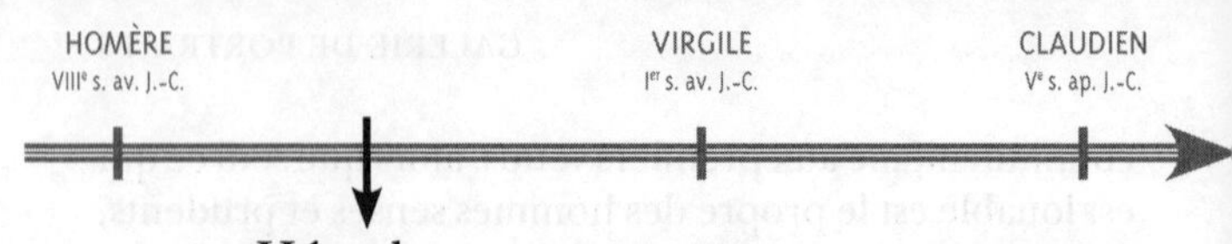

Hérodote

Dans la glorieuse mémoire des guerres médiques, Hérodote choisit d'honorer la bravoure d'un étrange général, lors de la célèbre bataille de Salamine (480 avant J.-C.).

UNE FEMME À SALAMINE !

Je ne saurais dire avec certitude comment se comporta en particulier tel ou tel autre des combattants, Barbares ou Grecs ; mais voici un incident concernant Artémise, d'où elle retira d'être auprès du Roi[1] en un plus grand renom encore qu'auparavant. À un moment où les affaires du Roi étaient gravement compromises, à ce moment le vaisseau d'Artémise était poursuivi par un vaisseau athénien, et elle ne pouvait échapper à sa poursuite, car il y avait devant elle d'autres vaisseaux amis et le sien était le plus proche des ennemis ; elle prit donc ce parti, et il lui réussit de l'avoir pris : poursuivie par le vaisseau athénien, elle fonça sur un vaisseau ami monté par des gens de Calynda et qui portait le roi même des Calyndiens, Damasithymos. Si elle avait eu quelque différend avec lui pendant qu'ils étaient encore du côté de l'Hellespont, je ne peux pas, quant à moi, l'affirmer ; pas non plus si elle agit avec préméditation ou si ce fut par hasard que le vaisseau calyndien se trouva sur sa route ; mais, en fonçant dessus et le coulant, elle tira de cet heureux coup un double avantage pour elle-même ; car le triérarque du vaisseau athénien, quand il la vit foncer sur un vaisseau barbare, pensa que le vaisseau d'Artémise était un vaisseau grec ou bien qu'il désertait le parti des Barbares et venait au secours des Grecs ; il s'en détourna et porta son attaque contre d'autres vaisseaux.

1. Xerxès Ier.

Ce fut pour elle un premier avantage, d'échapper à cette poursuite et de ne point périr ; le second fut que le mal qu'elle avait fait lui valut de jouir auprès de Xerxès de la plus haute estime. On raconte en effet que le Roi, qui regardait la bataille, remarqua son vaisseau en train d'en éperonner un autre, et qu'un de ceux qu'il avait auprès de lui aurait dit : « Tu vois, Maître, comme Artémise se bat vaillamment, comme elle a coulé un vaisseau ennemi. » [...] À ce qu'on lui disait, Xerxès, raconte-t-on, aurait répondu : « Les hommes à mon service sont devenus des femmes ; et les femmes, des hommes. »

Histoires, VIII, 87-88

HOMÈRE
VIIIe s. av. J.-C.

VIRGILE
Ier s. av. J.-C.

CLAUDIEN
Ve s. ap. J.-C.

Tite-Live

Pour peupler son passé le plus lointain, Rome eut ses personnages légendaires, dont Clélie, sorte de Jeanne d'Arc antique. Livrée comme otage au roi étrusque Porsenna qui attaquait Rome pour y rétablir les Tarquins après l'instauration de la République, elle fit preuve, si l'on en croit le récit de Tite-Live, d'un courage hors du commun.

CLÉLIE OU QUAND LE COURAGE VIENT MÊME AUX JEUNES FILLES

Clélie, une jeune fille qui était parmi les otages, étant donné que le camp des Étrusques se trouvait avoir été installé non loin de la rive du Tibre, trompa ses gardiens, traversa le Tibre au milieu des traits des ennemis en ayant pris la tête d'une troupe de jeunes filles et les ramena toutes saines et sauves à Rome auprès de leurs proches. Lorsque cet événement eut été annoncé au roi, celui-ci fut d'abord saisi de colère et envoya des ambassadeurs à Rome pour réclamer Clélie comme otage : il faisait peu de cas des autres. Puis, en étant venu à de l'admiration, il disait que cet exploit était au-dessus des Coclès et des Mucius[1] et il publiait hautement que, si on ne lui livrait pas l'otage, il tiendrait le traité pour rompu, mais qu'à l'inverse, si elle lui était livrée, il la rendrait aux siens sans lui faire de mal et la violenter. De chaque côté

1. Horatius Coclès et Caius Mucius Scaevola s'illustrèrent pendant cette même guerre. Le premier défendit héroïquement un pont de Rome. Le second, s'étant introduit sous un déguisement dans le camp ennemi pour tuer le roi, fut capturé. Pour l'amener à révéler son identité, les gardes du roi le menacèrent du feu. Scaevola introduisit sa main dans un brasero pour montrer sa détermination, ce qui suscita l'admiration de Porsenna. Le roi lui laissa la vie sauve et Scaevola lui fit croire que douze jeunes gens aussi braves que lui s'apprêtaient à le tuer. Porsenna décida alors de retirer ses troupes et de mettre fin à la guerre.

on respecta la parole donnée ; les Romains rendirent le gage de paix en vertu du traité, et auprès du roi étrusque la bravoure fut non seulement en sûreté mais même honorée, car après avoir loué la jeune fille, il dit qu'il lui faisait don d'une partie des otages : qu'elle choisît ceux qu'elle voulait. On les amena tous et elle choisit, dit-on, ceux qui étaient encore des enfants ; ce choix était digne d'une jeune fille et fut loué avec l'accord unanime des otages eux-mêmes, car il importait surtout d'affranchir de l'ennemi un âge qui était plus que tous exposé à l'outrage. Une fois la paix rétablie, les Romains récompensèrent une bravoure inédite chez une femme par un honneur d'un nouveau genre, une statue équestre : au sommet de la Voie Sacrée on plaça l'image de la jeune fille assise sur un cheval.

Histoire romaine, II, 13
(traduction revue par Marie LEDENTU)

HOMÈRE
VIIIe s. av. J.-C.

VIRGILE
Ier s. av. J.-C.

CLAUDIEN
Ve s. ap. J.-C.

Sulpice Sévère

Sous la plume d'un auteur chrétien du IVe siècle après J.-C., les exploits qu'il convient de raconter sont maintenant ceux des nouveaux héros que sont les saints, tel Martin engagé dans un combat contre un ennemi non armé mais néanmoins redoutable. La dimension hagiographique fait tout l'intérêt de ce texte.

UN SAINT FACE À UN DÉMON

Vers le même temps, dans la même ville, Martin entra chez un père de famille et s'arrêta juste sur le seuil, disant qu'il voyait dans la cour intérieure de la maison un démon effrayant. Or, alors qu'il lui commandait de s'en aller, le démon saisit le cuisinier du père de famille, qui se trouvait à l'intérieur de la maison. Le malheureux entra dans un accès de rage et se mit à attaquer de ses dents tous ceux qu'il rencontrait. Grand émoi dans la maison, affolement des esclaves, fuite éperdue des occupants. Martin s'élança au-devant du furieux et dans un premier temps lui commanda de s'arrêter. Mais comme l'autre grondait en montrant ses dents et menaçait de mordre en ouvrant la bouche, Martin lui enfonça les doigts dans la bouche : « Si tu as quelque pouvoir, dit-il, dévore-les. » C'est alors que notre homme, comme s'il avait reçu dans la gorge un fer incandescent, écarta ses dents loin des doigts du bienheureux pour éviter de les toucher ; et comme s'il était contraint par ces châtiments et ces tortures à fuir du corps dont il avait pris possession, sans qu'il lui fût toutefois possible d'en sortir par la bouche, le démon fut évacué par un flux intestinal qui laissa des traces repoussantes.

Vie de Saint Martin, I, 17, 5-7
(traduction Marie Ledentu)

PARLER DES PUISSANTS : HISTOIRE OU ÉLOGE ?

Pour tous les historiens anciens, nous l'avons vu, la première règle de l'Histoire est de « dire le vrai ». Mais ils ont aussi bien conscience que l'impartialité (« écrire sans adulation et sans haine » pour reprendre Tacite) a ses limites, surtout lorsque l'on parle d'un homme puissant et à plus forte raison de son vivant. La frontière est alors ténue, qui sépare l'entreprise historiographique du discours d'éloge, voire de propagande, que l'historien peut être amené à écrire à la demande des puissants. De très nombreux historiens ont pu être confrontés à ce problème et ils y ont répondu en essayant de distinguer, par les codes d'écriture et les règles qui s'y appliquent, histoire et éloge. Lorsque les sollicitations se font plus fortes sous le règne des empereurs romains, attentifs à l'établissement d'une histoire officielle, le panégyrique impérial s'impose comme un genre littéraire à part entière. Il est d'ailleurs intéressant de constater que certains de ces panégyriques, dans un curieux retour à la fonction qui était celle de l'épopée (célébrer les héros), sont écrits en vers. Quoi qu'il en soit et du point de vue des Modernes, les éloges, tout en n'étant pas de l'Histoire, sont des documents historiques.

HOMÈRE
VIIIe s. av. J.-C.

VIRGILE
Ier s. av. J.-C.

CLAUDIEN
Ve s. ap. J.-C.

Polybe

Ce passage de Polybe est très révélateur de la manière dont les Anciens concevaient l'Histoire. On peut en effet en tirer deux enseignements : le premier est qu'un historien peut, sans se renier, rédiger l'éloge d'un personnage à condition de savoir que des règles différentes s'appliquent à chacun des deux genres ; le second est que, même dans un ouvrage historique, on ne peut s'intéresser exclusivement aux faits sans rien dire des personnages.

THÉORIE DE L'ÉLOGE

Mais puisque le cours de notre récit nous a amené au début de la carrière de Philopoemen[1], nous estimons qu'il convient de faire à propos de cet homme à peu près ce que nous avons essayé de faire au sujet d'autres hommes remarquables, c'est-à-dire montrer la formation et le caractère de chacun d'entre eux. Il est étrange, en effet, que les historiens racontent, démonstration à l'appui, les fondations de cités, quand, comment et par qui elles ont été fondées, et en outre les conditions et les péripéties, mais qu'ils taisent la formation et les ambitions des hommes qui ont dirigé l'ensemble de l'entreprise, et ce, quoiqu'il y ait un profit beaucoup plus grand à en tirer : car, dans la mesure où l'on est susceptible d'admirer et d'imiter des hommes vivants plutôt que des constructions sans vie, il est naturel que l'œuvre qui traite d'eux soit la plus utile à l'édification des lecteurs. Donc, si nous n'avions pas consacré à cet homme un ouvrage à part, dans lequel nous avons montré qui il fut, quels parents il eut, quelle formation il reçut au cours de sa jeunesse, il serait nécessaire de rendre compte de

1. Général grec du IIIe siècle av. J.-C. qui infligea des défaites répétées aux Spartiates.

chacun de ces points ; mais, puisque, en dehors de cet ouvrage, nous avons autrefois traité de cet homme en trois livres[2], où nous montrons sa formation au cours de son enfance et ses exploits les plus fameux, il est évident que, dans la présente narration, il conviendrait de retrancher des détails à sa formation et à ses ambitions de jeunesse, mais d'ajouter aussi des détails aux exploits qu'il a accomplis dans la force de l'âge et que nous avons présentés sommairement dans notre ouvrage précédent, afin de respecter le caractère propre à chacun des deux ouvrages. En effet, de même que le premier genre, de par sa nature laudative, réclamait une relation sommaire, avec amplification des faits, de même le genre historique, qui participe de l'éloge et du blâme, recherche une relation véridique, avec une démonstration et des raisonnements accompagnant chaque point.

Histoires, X, 21

2. Nous n'avons malheureusement pas conservé cet ouvrage.

HOMÈRE
VIIIe s. av. J.-C.

VIRGILE
Ier s. av. J.-C.

CLAUDIEN
Ve s. ap. J.-C.

Xénophon

Un éloge a ses règles : il commence toujours par un rappel de l'origine familiale du personnage, conformément à l'idée selon laquelle ce sont d'abord ses ancêtres qui permettent de définir un individu. Voici, à titre d'exemple, ce que dit Xénophon des origines du roi de Sparte Agésilas, dont le nom signifie d'ailleurs en grec « le conducteur de peuples ».

AGÉSILAS, NÉ POUR ÊTRE ROI

Je sais qu'il n'est pas facile d'écrire un éloge digne de la vertu et de la gloire d'Agésilas, et pourtant il faut l'entreprendre. Il ne serait en effet pas bon que, parce qu'il fut parfaitement un homme de qualité, il n'obtienne pas d'éloges, même s'ils lui étaient inférieurs. Eh bien, à propos de sa noblesse, que pourrait-on dire de plus important et de plus beau que ceci : aujourd'hui encore, on rappelle pour ceux qu'on nomme ses ancêtres le rang qu'ils occupent à partir d'Héraclès et ces ancêtres n'étaient pas des particuliers mais des rois issus de rois. Mais on ne pourrait pas non plus leur reprocher de régner sur une cité quelconque ; au contraire, tout comme leur lignée est la plus honorée dans leur patrie, leur cité est la plus glorieuse en Grèce, si bien qu'ils n'exercent pas la primauté sur des seconds mais le commandement sur des commandants. Et voici en quoi il est digne de louer en commun sa patrie et sa lignée : la cité n'a jamais jalousé les honneurs que ces ancêtres ont eus plus que d'autres et n'a jamais entrepris de ruiner leur pouvoir, et les rois n'ont jamais aspiré à plus grands avantages que ceux avec lesquels ils avaient reçu la royauté à l'origine. Aussi bien, c'est clair, aucun autre pouvoir ne s'est maintenu sans interruption, ni une oligarchie, ni une tyrannie, ni une royauté : c'est la seule royauté qui subsiste continûment[1]. Et avant même d'accéder au pouvoir, Agésilas paraissait en être digne, en voici les signes. Quand Agis, qui était roi, mourut, comme il y avait querelle sur le pouvoir entre Léotychidas en tant que fils d'Agis et Agésilas en tant que fils d'Archidamos, la cité jugea qu'Agésilas était le plus inattaquable eu égard à sa naissance et à sa vertu, et le nomma roi. Or, que, par les meilleurs dans la plus puissante cité, il ait été jugé mériter le plus beau privilège, faut-il encore d'autres preuves du mérite qu'il avait acquis avant d'accéder au pouvoir ? Je vais dorénavant exposer tout ce qu'il a accompli pendant son règne ; car c'est d'après ses actes, je pense, que son caractère sera le mieux manifeste.

Agésilas, I, 1-6

1. La permanence de la royauté à Sparte était l'une des spécificités de la cité.

HOMÈRE
VIIIe s. av. J.-C.

VIRGILE
Ier s. av. J.-C.

CLAUDIEN
Ve s. ap. J.-C.

Pline le Jeune

Parmi les innombrables mérites que Pline le Jeune attribue à l'empereur Trajan, il en est un sur lequel il insiste : il a toujours pensé au peuple romain, dont il était proche, avant de penser à lui-même. C'est ce dont témoignent les monuments qu'il a construits.

TRAJAN, UN EMPEREUR QUI BÂTIT POUR LE PEUPLE

Tu es aussi économe dans tes constructions qu'attentif à leur entretien. C'est pourquoi les édifices de la Ville ne sont plus ébranlés, comme auparavant, par le transport d'immenses blocs de pierre ; les maisons sont debout, en sûreté et les temples ne tremblent plus. Tu as assez et même trop, bien que tu aies succédé à un prince qui se contentait d'une vie très simple : il est beau de rejeter et de retrancher une part de ce que ce prince t'a laissé comme nécessaire. En outre ton père distrayait de son usage personnel ce qu'il tenait du hasard du pouvoir, toi tu distrais du tien ce que tu tiens de ton père. Mais combien au contraire tu vois grand pour les ouvrages publics ! Ici un portique, là des sanctuaires s'élèvent comme par enchantement, si bien qu'ils semblent non des constructions entièrement nouvelles, mais des restaurations. Ailleurs le pourtour immense du Cirque rivalise avec la beauté des temples, lieu digne du peuple vainqueur du monde, et qui mérite autant d'être vu que les spectacles auxquels on y assistera ; et il mérite d'être vu non seulement pour toutes ses beautés, mais surtout pour ce que les places du peuple et du prince sont au même niveau : d'un bout à l'autre un même front, partout une ligne continue et égale ; César[1] pour

1. Le nom propre est devenu un titre donné aux empereurs romains.

voir le spectacle n'a pas de tribune pour lui seul, pas plus qu'il n'a de spectacle pour lui seul. Tes citoyens pourront à leur tour te regarder ; ils auront le droit de voir non la loge du prince, mais le prince en personne mêlé au public, assis au milieu du peuple, du peuple à qui tu as donné cinq mille places de plus. Tu avais augmenté l'effectif de ce peuple par tes largesses et tu avais encouragé son accroissement à l'avenir sur la foi de ta libéralité.

Panégyrique de Trajan, 51
(traduction revue par Gérard SALAMON)

La valeur militaire du personnage dont on fait l'éloge est l'un des thèmes les plus constants du genre et de ce point de vue, Mamertin ne fait que se conformer à ses modèles. Mais les historiens modernes notent avec malice que c'était sans doute la seule qualité réelle de Maximien.

UN EMPEREUR INVINCIBLE

Dans cette année qui s'ouvrait sous de tels auspices, que pouvait-il advenir sinon quelque nouveau merveilleux prodige ? Pouvait-il en être un plus grand que ton fameux passage en Germanie où, le premier de tous, empereur, tu as prouvé que l'Empire romain ne connaissait d'autres limites que celles de tes armes ? Sans doute le cours du Rhin paraissait jadis avoir été tracé par la nature elle-même pour servir de frontière et protéger les provinces romaines contre la férocité du monde barbare. Et avant votre principat[1], qui ne s'est félicité de voir ce fleuve servir de rempart aux Gaules ? N'éprouvions-nous pas une crainte extrême quand une longue période de beau temps réduisait le lit du Rhin[2] ? Ne retrouvions-nous pas notre sécurité quand nous voyions croître ses inondations ? De même, me semble-t-il, l'Euphrate faisait à l'opulente et fertile Syrie comme une ceinture protectrice, avant que les royaumes des Perses ne fissent à Dioclétien une soumission volontaire. Mais cette capitulation, il l'obtint à la façon de Jupiter son patron, grâce à l'un de ces signes habituels à son père qui font trembler l'univers, et par la majesté de votre nom. Toi, invincible empereur, c'est en portant chez eux la dévastation, les

1. Conformément à l'organisation de l'Empire à la fin du IIIe siècle après J.-C., Maximien partageait le pouvoir avec Dioclétien.
2. Mamertin était originaire de Gaule.

combats, les massacres, le fer et le feu que tu as dompté ces peuples sauvages et indomptables. Par une destinée qui est celle des fils d'Hercule, tu dois à ta seule valeur les contrées que tu revendiques. Depuis lors notre âme est affranchie de ses soucis et libre. Les eaux du Rhin peuvent bien tarir et n'entraîner plus dans leur maigre cours que quelques cailloux polis sur un fond transparent, nous n'en éprouvons plus aucune crainte : tout ce que j'aperçois au-delà du Rhin est romain !

Panégyrique de Maximien, 7-8

Claudien

Parmi les panégyriques en vers, ceux de Claudien sont particulièrement célèbres et très représentatifs de ce que la forme poétique peut apporter à l'éloge.

TEL UN DIEU !

Toi qui gouvernes, avec ton frère en Orient, d'un même soin,
le monde de ton père, avance-toi sous des auspices
heureux, et de Phébus ouvre la nouvelle carrière,
espoir du ciel et objet de ses vœux, toi que, dès le seuil de la vie,
la cour a nourri et couvé, toi que les camps, qui resplendissent
des armes dégainées, ont élevé parmi les lauriers des triomphes.
Ta Fortune sublime ignore les foyers des simples citoyens
et t'a donné le règne avec le jour. Le pouvoir, ton parent,
t'a accueilli, dépôt sacré, dans la pourpre de Tyr ;
l'armée entoura ta naissance des aigles victorieuses
et t'offrit un berceau au beau milieu des hastes.
Quand tu naquis, sur tout le Rhin la belliqueuse Germanie
trembla ; le Caucase, de peur, ébranla ses forêts ;
et Méroé déposa ses carquois, reconnut ton pouvoir divin
et arracha de ses cheveux ses flèches inutiles.
Enfant, tu as rampé parmi les boucliers ; les dernières dépouilles
des rois pour toi étaient un jeu ; tu étais le premier
à embrasser ton père après les durs combats malgré son œil farouche,
à chaque fois que l'Hister vaincu il ramenait ses étendards,
tout chaud de massacres arctiques, à réclamer de lui

sur les dépouilles, des arcs de Scythie, des baudriers pris aux Gélons,
les javelots d'un Dace ou les mors d'un Suève.
Maintes fois, selon ton désir, ton père en souriant t'a soulevé
sur son bouclier flamboyant, et t'a pressé sur son sein haletant :
sans avoir peur du fer ni redouter l'éclair sinistre de son casque,
tu tendais les bras vers le haut de son aigrette.
Alors, joyeux, il dit ainsi : « Ô roi de l'Olympe étoilé,
que mon fils me revienne tel après avoir écrasé l'ennemi,
après avoir pillé les biens de l'Hyrcanie, ou bien enorgueilli
du sang de l'Assyrie. »

Panégyrique pour le troisième consulat de l'empereur Honorius, v. 7-35

FAIRE SON PROPRE ÉLOGE

Nous ne sommes pas étonnés de trouver dans une librairie, sous la forme d'entretiens ou de mémoires, l'autobiographie de tel ou tel homme politique. C'est en effet le meilleur moyen de s'assurer de son image auprès de ses contemporains et de la postérité. Une telle préoccupation n'était pas étrangère aux Anciens : le premier exemple célèbre en est sans doute l'*Anabase* de Xénophon. À Rome, nous dit Tacite, cela ne heurtait pas, au moins au début, les mentalités :

> « Beaucoup ont même pensé que raconter sa propre vie était la preuve d'une conscience morale pure, et non vaine fatuité : Rutilius et Scaurus[1] l'ont fait, sans susciter ni défiance ni critique[2]. »

Mais c'était en même temps un exercice périlleux, comme en est bien conscient Cicéron lorsqu'il envisage de commémorer le glorieux consulat lors duquel il a fait échouer la conjuration de Catilina :

> « On est obligé à plus de retenue, quand il y a lieu de louer, à des omissions, quand il y a lieu de blâmer. Et puis, on obtient moins de crédit, on a moins d'autorité[3]. »

De fait, l'autobiographie renvoie au statut même de l'Histoire et interroge ses règles. L'historien doit dire la vérité et être impartial : mais quand on parle de soi-même, de quelle vérité s'agit-il et peut-on être impartial ?

1. P. Rutilius Rufus et M. Aemilius Scaurus sont deux magistrats du début du Ier siècle av. J.-C. Ils furent parmi les premiers Romains à avoir produit des récits où ils racontaient leur vie et leur carrière politique et en faisaient l'apologie. Nous n'avons rien conservé de leurs œuvres.

2. Tacite, *Vie d'Agricola*, 1.

3. Cicéron, *Lettres à ses proches*, V, 12, 8.

HOMÈRE
VIIIe s. av. J.-C.

VIRGILE
Ier s. av. J.-C.

CLAUDIEN
Ve s. ap. J.-C.

Xénophon

*Avant d'être historien, Xénophon avait été soldat et était parti, avec un certain nombre d'autres Grecs, comme mercenaire pour aider Cyrus le Jeune à monter sur le trône de Perse. Cyrus ayant échoué, Xénophon fut désigné comme général pour ramener les Grecs chez eux. C'est ce qu'il raconte dans l'*Anabase*, où il parle de lui – comme le fera plus tard César – à la troisième personne, sans oublier de faire son propre éloge.*

HÉROÏSME DE XÉNOPHON

Alors ils se mirent en route le plus vite qu'ils purent. Quand les ennemis sur la hauteur les virent se diriger vers le sommet de la montagne, immédiatement ils s'élancèrent, eux aussi, vers ce sommet, pour s'en emparer avant eux. Et à ce moment il s'éleva une grande clameur poussée par les soldats grecs, qui encourageaient leurs camarades, une grande clameur aussi poussée par les gens de Tissapherne[1], qui encourageaient les leurs. Xénophon galopant sur le flanc de ses troupes les exhortait à bien faire : « Soldats, disait-il, songez que cette fois ce combat va décider de votre retour en Grèce ; que cette fois il s'agit de vos enfants et de vos femmes ; que cette fois un léger effort va vous permettre d'accomplir sans combat le reste de votre route. » Sotéridas de Sicyone lui cria : « Les choses entre nous deux, Xénophon, ne sont pas égales : tu te prélasses sur un cheval, et moi, je peine durement à porter mon bouclier. » Xénophon l'entend, saute à bas de sa bête, tire l'homme hors du rang, et, lui arrachant son bouclier, il s'avançait l'arme au bras, aussi vite que ses forces le lui permettaient, mais il avait aussi une cuirasse de cavalier, de sorte qu'il était accablé.

1. Tissapherne, qui est à la poursuite des mercenaires grecs, a joué un rôle essentiel à la tête de l'armée perse dans la défaite militaire de Cyrus.

À ceux qui étaient devant lui il ordonnait de continuer leur marche, à ceux qui étaient derrière de le dépasser, tandis qu'il les suivait avec peine. Cependant les autres soldats donnent des coups à Sotéridas, lui jettent des pierres, l'injurient, jusqu'à ce qu'ils l'aient forcé à reprendre son bouclier et à aller à pied. Remonté sur sa bête, Xénophon piqua de l'avant, tant que le chemin fut praticable, et quand il ne le fut plus, il laissa son cheval et courut à pied. Ils arrivèrent ainsi au sommet avant l'ennemi.

Anabase, III, 4, 44-49

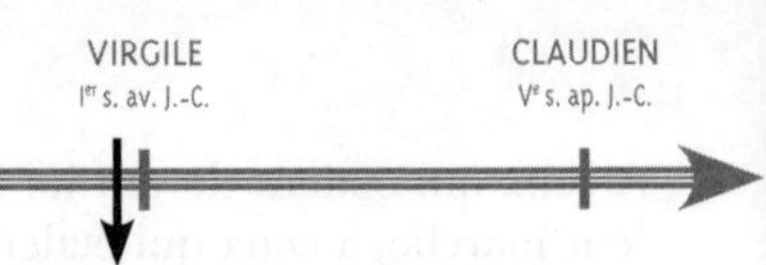

César

C'est au combat, dans les moments décisifs et face à l'adversité, que se mesure la valeur d'un général : c'est pourquoi César ne cache pas la difficulté des guerres qu'il a à mener. C'est le cas ici : alors que la reddition d'Alésia est proche, les Romains qui assiègent la ville doivent faire face à la fois à une attaque menée par l'armée gauloise arrivée en renfort et à une sortie des assiégés. Heureusement, César veille.

UN GÉNÉRAL SUR TOUS LES FRONTS

César envoie d'abord le jeune Brutus avec des cohortes, puis son légat C. Fabius avec d'autres ; à la fin, la lutte devenant plus vive, il amène lui-même des troupes fraîches. Ayant rétabli le combat et refoulé l'ennemi, il se dirige vers l'endroit où il avait envoyé Labiénus ; il prend quatre cohortes au fort le plus voisin, et ordonne qu'une partie de la cavalerie le suive, que l'autre contourne les retranchements extérieurs et attaque l'ennemi à revers. Labiénus, voyant que ni terrassements ni fossés ne pouvaient arrêter l'élan de l'ennemi, rassemble trente-neuf cohortes, qu'il eut la chance de pouvoir tirer des postes voisins, et informe César de ce qu'il croit devoir faire.

César se hâte pour prendre part au combat. Reconnaissant son approche à la couleur de son vêtement – le manteau du général qu'il avait l'habitude de porter dans l'action – et apercevant les escadrons et les cohortes dont il s'était fait suivre – car des hauteurs que les Gaulois occupaient on voyait les pentes que descendait César – les ennemis engagent le combat. Une clameur s'élève des deux côtés, et une clameur aussitôt y répond de la palissade et de tous les retranchements. Les nôtres, renonçant au javelot, combattent avec l'épée. Soudain les ennemis aperçoivent la cavalerie derrière eux. De nouvelles cohortes approchaient : ils prirent la fuite. Nos cavaliers leur coupent la retraite. Le carnage est grand. Sédullus, chef militaire des Lémovices et leur premier citoyen, est tué ; l'Arverne Vercassivellaunos est pris vivant tandis qu'il s'enfuit ; on apporte à César soixante-quatorze enseignes ; bien peu, d'une armée si nombreuse, rentrent au camp sans blessure. Apercevant de la ville le massacre et la fuite de leurs compatriotes, les assiégés, désespérant d'être délivrés, ramènent leurs troupes du retranchement qu'elles attaquaient. À peine entendent-elles le signal de la retraite, les troupes de secours sortent de leur camp et s'enfuient. Si nos soldats n'avaient été harassés pour être maintes fois intervenus en renfort et avoir été à la peine toute la journée, on aurait pu détruire entièrement l'armée ennemie. La cavalerie, lancée à sa poursuite, atteint l'arrière-garde peu de temps après minuit ; beaucoup sont pris ou massacrés ; les autres, ayant réussi à s'échapper, se dispersent dans leurs cités.

Guerre des Gaules, VII, 87-88

HOMÈRE
VIIIe s. av. J.-C.

VIRGILE
Ier s. av. J.-C.

CLAUDIEN
Ve s. ap. J.-C.

Auguste

Les Res gestae *d'Auguste constituent un document exceptionnel, puisque le* princeps *lui-même y dresse un catalogue de ses hauts faits. À l'en croire, Rome, dont il se voyait comme le nouveau fondateur après la période noire des guerres civiles, lui doit tout ou presque.*

IMPRESSIONNANT BILAN DE CARRIÈRE

Il y avait dans la Ville environ quatre-vingts statues en argent me représentant en pied, à cheval ou sur un quadrige. Je les ai moi-même fait enlever et de leur produit, j'ai déposé des dons en or au sanctuaire d'Apollon, en mon nom et au nom de ceux qui ont voulu m'honorer par des statues.

J'ai libéré la mer des pirates. Au cours de cette guerre, j'ai capturé environ trente mille esclaves qui avaient échappé à leurs maîtres et pris les armes contre la République, et je les ai rendus à leurs maîtres pour qu'ils fussent châtiés. De son plein gré l'Italie tout entière m'a prêté serment d'allégeance, et m'a réclamé comme chef pour la guerre dans laquelle j'ai remporté la victoire d'Actium. Les provinces des Gaules, des Hispanies, de l'Afrique, de la Sicile et de la Sardaigne prêtèrent serment dans les mêmes termes. Ont alors servi sous mes enseignes plus de sept cents sénateurs, et quatre-vingt-trois d'entre eux avaient déjà été ou sont ensuite devenus consuls jusqu'au jour où j'écris ceci, cent soixante-dix environ sont devenus prêtres[1].

J'ai agrandi les frontières de toutes les provinces du Peuple romain, dont étaient voisines des nations qui

1. Il s'agit à Rome d'un statut honorifique qui n'impose, sauf exception, aucune règle de vie particulière et n'interdit pas de continuer sa vie politique. Un prêtre peut accéder à toutes les charges civiles.

n'obéissaient pas à notre pouvoir. J'ai pacifié les provinces des Gaules et des Hispanies, ainsi que la Germanie, tout le territoire que délimite l'Océan entre Gadès et l'embouchure de l'Elbe. J'ai pacifié les Alpes, de la région qui est proche de la mer Adriatique jusqu'à la mer Tyrrhénienne, sans jamais faire la guerre de manière injuste à un peuple. Ma flotte a navigué sur l'Océan de l'embouchure du Rhin vers des régions orientales jusqu'au pays des Cimbres, où aucun Romain n'était parvenu jusqu'à cette date, ni par terre ni par mer. Les Cimbres, les Charydes et les Semnons, ainsi que d'autres peuples germains de cette région, ont demandé par des ambassadeurs mon amitié et celle du Peuple romain. Sous mon commandement et mes auspices, deux armées ont été conduites à peu près en même temps en Éthiopie et dans l'Arabie qu'on appelle Heureuse ; dans les deux nations, de grandes masses d'ennemis ont été détruites en bataille et plusieurs places fortes ont été prises. En Éthiopie, on en est parvenu jusqu'à la ville de Nabata, dont Meroë est proche. En Arabie, l'armée avança jusqu'à la ville de Mariba, au pays des Sabéens.

J'ai ajouté l'Égypte à l'empire du Peuple romain.

Hauts faits du divin Auguste, 24-27

HOMÈRE
VIIIe s. av. J.-C.

VIRGILE
Ier s. av. J.-C.

CLAUDIEN
Ve s. ap. J.-C.

Flavius Josèphe

Issu d'une grande famille juive de Jérusalem, mais devenu citoyen romain après la prise de cette ville par les Romains parce qu'il avait été partisan de la reddition, Flavius Josèphe avait beaucoup à se faire pardonner par ses compatriotes. C'est la raison de son autobiographie, dans laquelle il vante avant tout ses qualités d'honnêteté, de prudence et de modération, comme lorsqu'il est chargé par la communauté de Jérusalem de gouverner la Galilée en proie aux attaques des brigands et des cités syriennes.

PLAIDOYER *PRO DOMO*

Laissant mes collègues rentrer de Gischala à Jérusalem, je m'occupai de procurer des armes aux villes et de les fortifier. Je fis venir les plus courageux des brigands. Me rendant compte qu'il n'y avait pas moyen de leur ôter leurs armes, j'arrivai à persuader le peuple de les prendre à leur solde comme mercenaires : il vaut encore mieux, disais-je, leur verser spontanément un petit traitement que de les voir mettre vos biens au pillage. Je fis jurer à ces brigands de n'entrer sur le territoire que quand ils y seraient appelés ou dans le cas où ils n'auraient pas touché leur solde, puis je les congédiai en insistant pour qu'ils n'attaquent ni les Romains ni leurs voisins ; car mon premier souci était d'assurer la paix en Galilée. Voulant, sous le couvert de l'amitié, garder comme otages de la fidélité du pays les magistrats de Galilée, soixante-dix au total, je m'en fis des amis et des compagnons de voyage, je les prenais pour assesseurs dans les procès, et je ne prononçais la sentence qu'avec leur approbation, en m'appliquant à ne pas violer la justice par des jugements trop expéditifs et à me garder d'accepter, dans ces affaires, le moindre cadeau corrupteur. Arrivé aux environs de trente ans, âge où, même si l'on ne cède pas aux passions coupables, il est difficile d'échapper aux calomnies de l'envie, spécialement quand on occupe un poste qui confère une grande autorité, j'avais respecté l'honneur de toutes les femmes et j'avais méprisé tous les cadeaux que l'on m'offrait, en homme qui n'en a que faire. Bien plus, je n'acceptais même pas des mains de ceux qui me les apportaient les dîmes qui m'étaient dues comme prêtre. [...] L'attachement et la fidélité de la population galiléenne à mon endroit étaient telles que, leurs cités prises de force, leurs femmes et leurs enfants réduits en esclavage, ils gémissaient moins sur leurs propres malheurs qu'ils ne se souciaient d'assurer ma sécurité.

Autobiographie, 77-79 et 84
(traduction revue par Gérard SALAMON)

BAS LES MASQUES !

Si l'historien est parfois contraint à l'éloge, il a aussi le privilège, quand il écrit après les faits et après la mort des protagonistes de l'histoire, de rétablir la vérité et de dénoncer les faux-semblants en peignant les puissants sous leur véritable jour et en redonnant à leurs opposants, exclus de l'histoire officielle, la place qui doit leur revenir dans la mémoire collective. C'est très exactement ce qu'explique Tacite lorsqu'il évoque le règne de Néron :

« Lorsque Arulenus Rusticus prononça l'éloge de Paetus Thrasea[1], et Herennius Senecio celui d'Helvidius Priscus, cela leur coûta la vie ; et l'on ne se contenta pas des auteurs, on se déchaîna même contre leurs livres : les triumvirs furent chargés de brûler sur le comitium, en plein Forum, les œuvres laissées par ces illustres génies. On croyait sans doute, par ce feu, étouffer la voix du peuple romain, la liberté du sénat, la conscience du genre humain[2]. »

L'historien exerce alors pleinement sa fonction de juge mais, à vouloir trop éviter l'éloge, il court le risque de se laisser entraîner au blâme et, ce faisant, de ne plus respecter l'exigence d'impartialité.

1. Paetus Thrasea fut, sous le règne de Néron, une importante figure stoïcienne de l'opposition à l'empereur. En 66 après J.-C., il reçut l'ordre de s'ouvrir les veines, ce qu'il fit sous les yeux de son gendre C. Helvidius Priscus. Ces deux figures concluent, sur un mode dramatique, le livre XVI des *Annales* de Tacite.

2. Tacite, *Vie d'Agricola*, 2.

Diodore de Sicile

Athènes, berceau de la démocratie, faillit tomber sous le joug de la tyrannie à la fin de la guerre du Péloponnèse (404 avant J.-C.). Des partisans de l'oligarchie, conduits par Critias et soutenus par le général spartiate Lysandre, forcèrent l'assemblée à nommer une commission de trente personnes chargée d'élaborer une nouvelle constitution. Ces hommes en profitèrent pour faire régner la terreur dans la cité de la sage Athéna avant que la démocratie ne fût à nouveau rétablie.

LES TRENTE, BOURREAUX DES ATHÉNIENS

Ainsi à Athènes, trente hommes devenus tyrans par cupidité personnelle plongèrent leur patrie dans de grands malheurs et perdirent eux-mêmes bien vite leur pouvoir en laissant une honte éternelle attachée à leur nom ; [...] Ils firent traîner en longueur la rédaction des lois, toujours sous de bons prétextes, et remplirent le Conseil et toutes les magistratures de leurs amis ; aussi ces derniers portaient-ils le nom de magistrats, mais étaient en fait des agents des Trente. Tout d'abord ils firent passer en jugement les plus malfaisants des citoyens, et les condamnèrent à mort ; jusque-là les plus modérés des citoyens étaient satisfaits des événements. Mais ensuite, avec le dessein d'agir avec plus de violence et contre la loi, ils demandèrent une garnison aux Lacédémoniens en disant qu'ils établiraient un régime à leur convenance ; ils savaient en effet qu'ils ne pourraient exécuter leurs projets de meurtre sans l'aide d'armes étrangères, car le peuple entier s'attacherait à garantir la sécurité de tous les citoyens. Les Lacédémoniens envoyèrent une garnison avec Callibios pour la commander ; les Trente se gagnèrent le commandant par des présents et toutes les faveurs possibles, puis ils se mirent à choisir parmi les hommes riches ceux qui répondaient à leurs desseins : ils les arrêtaient sous prétexte de menées révolutionnaires, les condamnaient à mort et confisquaient leurs biens. [...] Ils firent ainsi périr Nicératos, fils de Nicias, le chef de l'expédition contre Syracuse, homme dont tous appréciaient la bienveillance et la générosité, et qui, par sa fortune et sa réputation, était le premier, ou peu s'en faut, de tous les Athéniens. Aussi dans toutes les maisons on ressentit la mort de cet homme, et le souvenir de sa bonté provoquait les larmes. Les tyrans cependant ne cessaient d'agir sans souci des lois et, comme leur folie grandissait encore davantage chez eux tous, ils égorgèrent soixante des étrangers les plus riches pour se rendre maîtres de leur fortune. Quant aux citoyens, ils en tuaient chaque jour ; aussi ceux qui avaient des ressources s'enfuirent-ils presque tous de la ville. Ils tuèrent encore Autolycos, un homme au franc-parler, et de façon générale, ils choisissaient les gens les plus distingués. Ils firent tant de mal à la cité qu'ils poussèrent à l'exil plus de la moitié des Athéniens.

Bibliothèque historique, XIV, 2, 1 ; 4, 2-4 ; 5, 5-7

Velleius Paterculus

Après la monumentale histoire romaine de Tite-Live, il n'y avait plus guère de place que pour des œuvres plus brèves. C'est le parti qu'adopte Velleius Paterculus, au début du règne de Tibère, en rédigeant un résumé haut en couleurs de l'histoire de Rome depuis ses origines jusqu'à son époque en seulement deux livres. L'historien, à l'occasion du rappel des événements consécutifs à la mort de César, n'a pas de mots assez forts pour jeter l'anathème sur Marc Antoine, responsable de l'assassinat de Cicéron.

ANTOINE, ASSASSIN DE L'ÉLOQUENCE

Il n'y eut rien de plus lamentable à cette époque que de voir César contraint de proscrire quelqu'un ou de voir Cicéron proscrit par quelqu'un. Le crime d'Antoine fit taire cette voix du peuple : personne ne défendit la vie de celui qui pendant tant d'années avait défendu sur le plan public celle de l'État et sur le plan privé celle des citoyens. C'est en vain cependant, Marc Antoine – car l'indignation qui jaillit de mon cœur et de ma poitrine me contraint à déborder du cadre que j'avais fixé à mon ouvrage –, c'est en vain, dis-je, que tu as compté son salaire à celui qui a fait taire cette voix si divine et tranché une tête si illustre et que tu as suscité le versement d'une prime macabre pour le meurtre de celui qui avait jadis sauvé l'État et avait été un si grand consul. Tu as enlevé alors à Cicéron des jours qu'il aurait vécus dans l'inquiétude des années de vieillesse et une vie qui eût été plus malheureuse sous ton principat que ne le fut sa mort sous ton triumvirat ; la renommée et la gloire que lui avaient données ses actes et ses paroles, tu ne les as pas annulées, mais au contraire augmentées. Il vit et il vivra dans la mémoire de tous les siècles et, tant que subsistera ce corps que constitue l'univers, qu'il ait été formé par le hasard, la providence ou par quelque autre cause et qu'il fut presque le seul parmi les Romains à contempler avec son intelligence, à embrasser avec son génie et à éclairer avec son éloquence, il emportera avec lui pour l'accompagner dans sa durée la gloire de Cicéron et toute la postérité admirera ce qu'il a écrit contre toi, détestera ce que tu as fait contre lui et le genre humain disparaître du monde plus vite que son nom.

Histoire romaine, II, 66

Dion Cassius

L'histoire en 80 livres que Dion Cassius rédige en grec couvre les événements de Rome depuis l'arrivée d'Énée en Italie jusqu'à l'époque contemporaine de l'auteur. L'écriture biographique y acquiert une présence remarquée dans les livres consacrés à l'histoire de Rome sous le Principat. C'est ainsi qu'on peut lire un portrait « psychologique » du successeur d'Auguste, Tibère, passé maître dans un art du faux-semblant qu'il a érigé en mode de gouvernement.

TIBÈRE : PORTRAIT D'UN HYPOCRITE

Tibère de son côté était certes d'origine patricienne et nanti d'une bonne éducation, mais il était aussi doté d'une nature bien particulière. Il feignait de ne pas désirer ce qu'il désirait, et il ne souhaitait pour ainsi dire rien de ce qu'il paraissait souhaiter ; tenant au contraire des propos tout à fait opposés à ses choix profonds, il niait tout ce à quoi il aspirait, et mettait en avant tout ce qu'il détestait. Il se fâchait contre ce dont il n'avait cure et se montrait bien disposé à l'égard de ce qui l'irritait fort. Il s'apitoyait sur ceux qu'il châtiait durement et traitait mal ceux qu'il absolvait. Son pire ennemi, il le regardait parfois comme son compagnon le plus intime, et son meilleur ami il le traitait en parfait étranger. En bref, il jugeait que dévoiler ses pensées seyait mal à son autorité. Car de là s'ensuivaient beaucoup de cuisants échecs, disait-il, tandis que l'attitude inverse garantissait des succès bien plus nombreux et profitables. Or si la situation avait été constante, il eût été sans risque pour ceux qui venaient l'aborder : car ils pouvaient inverser toutes leurs interprétations, jugeant que lorsqu'il ne désirait pas un objet, c'est qu'en fait il en avait grande envie, et tout pareillement qu'il se passionnait pour ce dont il n'avait cure. En réalité, il s'emportait contre quiconque le perçait à jour, et il exécuta beaucoup de gens à qui il n'avait rien à reprocher sinon d'être entrés dans ses pensées. Si bien qu'il était certes dangereux de n'être pas conscient de ce qu'il était (car souvent les gens approuvaient ce qu'il disait, au lieu d'approuver ce qu'il voulait, d'où leur disgrâce), mais il était bien plus dangereux encore de le percer à jour ; car on était alors soupçonné de vouloir dévoiler sa manière d'agir et, ensuite, de ne plus s'en satisfaire. Le seul à pouvoir survivre, si l'on peut dire, et ce type d'homme est infiniment rare, était celui qui n'ignorait rien de sa nature et n'en disait pas le moindre mot. Car dans ces conditions, en ne lui faisant aucune confiance, ils n'étaient pas déçus, et ne montrant pas qu'ils comprenaient ses agissements, ils n'attiraient pas sa haine. À coup sûr, il provoqua des troubles considérables, soit qu'on s'opposât à ses déclarations, soit qu'on l'approuvât : car désirant véritablement une chose mais feignant volontairement d'en souhaiter une autre, il trouvait bien sûr des opposants dans l'un et l'autre cas, et par suite détestait les uns en toute sincérité, et les autres par souci d'apparence.

Histoire romaine, LVII, 1

Tacite

On s'interroge aujourd'hui encore sur les causes de la mort de Britannicus, successeur légitime de l'empereur Claude. Mais pour Tacite, il n'y a aucun doute : Britannicus a été assassiné sur l'ordre de Néron, qui, après avoir été adopté par Claude, a usurpé la place de Britannicus sur le trône. Il le peint comme un meurtrier froid, cynique et calculateur.

NÉRON : LES MANŒUVRES D'UN FRATRICIDE

Néron n'osait pas ordonner publiquement le meurtre d'un frère ; il a donc recours à des moyens détournés et fait préparer du poison par l'intermédiaire de Iulius Pollion, tribun d'une cohorte prétorienne[1], à qui était confiée la garde d'une nommée Locuste, condamnée pour empoisonnement et fameuse par le nombre de ses crimes. Dans l'entourage immédiat de Britannicus on avait depuis longtemps pris soin de ne placer que des gens sans foi ni loi. Le poison lui fut d'abord administré directement par ceux qui étaient chargés de son éducation[2], mais il le rejeta, soit qu'il ne fût pas assez actif, soit qu'on en eût atténué la force pour qu'il n'agisse pas instantanément. Mais Néron, qui ne supportait pas ces lenteurs dans le crime, menaçait le tribun et ordonnait le supplice de l'empoisonneuse au prétexte que « en ayant égard à la rumeur publique et en se préparant des moyens de défense, tous deux compromettaient sa propre sécurité ». Comme ils promettaient enfin un trépas aussi prompt que si Britannicus était tombé sous le fer, le poison est distillé tout près des appartements de César et avec des substances dont on avait éprouvé l'effet foudroyant.

1. Les prétoriens constituaient la garde personnelle de l'empereur.
2. Britannicus n'avait que quatorze ans au moment de sa mort.

C'était l'usage que les fils des empereurs prissent leurs repas assis[3] avec les autres nobles de leur âge, sous les yeux de leurs parents, à une table spéciale et plus frugale. Britannicus y mangeait : comme ses mets et sa boisson étaient goûtés d'abord par un serviteur de confiance, on ne voulait pas négliger cet usage ni rendre le crime patent par deux morts à la fois. Voici l'expédient auquel on eut recours : un breuvage encore inoffensif, mais très chaud, est servi à Britannicus après avoir été goûté ; puis, comme celui-ci le repoussait parce qu'il était trop chaud, on y verse mêlé à de l'eau fraîche le poison ; il se répandit dans tous ses membres avec une rapidité telle que la parole et la vie lui furent ravies à la fois. Le trouble s'empare de ses voisins de table ; les moins prudents s'enfuient ; mais ceux dont l'intelligence est plus profonde demeurent à leur place, immobiles et les yeux fixés sur Néron. Et lui, accoudé sur son lit et comme étranger à ce qui se passait, dit que le fait n'avait rien d'extraordinaire : c'était la conséquence de l'épilepsie dont Britannicus souffrait depuis son plus jeune âge et on allait voir peu à peu lui revenir la vue et le sentiment.

Annales, XIII, 15, 4-16, 5

3. Les adultes étaient quant à eux installés sur des lits de table et s'accoudaient pour manger.

VIII

L'HISTOIRE AUTREMENT

HISTOIRE DES ARTS ET DES SCIENCES

Nous sommes habitués à envisager la succession des siècles non seulement du point de vue des événements politiques et militaires, mais aussi du point de vue des arts, des idées et des progrès scientifiques et techniques. On parle ainsi du XVIIe siècle comme du siècle de la tragédie, du XIXe siècle comme du siècle du roman, du XVIIIe siècle comme du siècle des Lumières tel que l'illustre l'Encyclopédie de Diderot et d'Alembert… Mais une telle approche du mouvement de l'histoire n'était pas étrangère aux Anciens et elle relevait de l'Histoire entendue comme discours sur les origines : l'historien ancien, nous l'avons vu, recherche les causes des événements. Il n'est donc pas surprenant de voir Velleius Paterculus traiter de cette question dans son *Histoire romaine* :

> « Je ne cesse de rechercher les causes de cette convergence et de cette réunion à chaque époque de talents semblables, manifestant les mêmes tendances et remportant les mêmes succès ; je n'en trouve aucune que je puisse tenir pour absolument certaine, mais seulement de vraisemblables, notamment celle-ci. L'émulation nourrit le talent et, tantôt l'envie, tantôt l'admiration pousse à l'imitation ; il est donc naturel que ce qu'on a cultivé avec la plus grande ardeur atteigne les sommets, mais il est difficile de se maintenir dans la perfection et, tout naturellement, ce qui ne peut avancer recule[1]. »

1. Velleius Paterculus, *Histoire romaine*, I, 17.

Tite-Live

L'importance à Rome du théâtre, lié aux « jeux » que l'on célébrait en l'honneur des dieux, suffit à expliquer qu'un historien comme Tite-Live s'intéresse aux conditions de sa naissance et à son développement. Mais ce que ce passage nous donne à lire n'est pas la véritable histoire du théâtre latin : il s'agit d'une reconstruction, marquée par des préoccupations morales et la volonté de cacher tout ce que Rome devait à la Grèce en ce domaine.

L'ORIGINE DU THÉÂTRE À ROME

Cette année et l'année suivante, sous le consulat de C. Sulpicius Péticus et de C. Licinius Stolon, l'épidémie continua. Il ne se fit rien de mémorable, sinon que, pour rétablir la paix avec les dieux, on célébra, pour la troisième fois depuis la fondation de Rome, un lectisterne[1] : mais comme rien ne calmait encore la violence du mal, ni la sagesse humaine, ni l'assistance divine, la superstition s'empara des esprits, et l'on dit qu'alors, entre autres moyens d'apaiser le courroux céleste, on imagina les jeux scéniques : c'était une nouveauté pour ce peuple guerrier qui n'avait eu d'autre spectacle que les jeux du cirque. Au reste, comme dans tout commencement, ce fut quelque chose de modeste, et qui plus est, venant de l'étranger. Point de chant, point de gestes pour les accompagner : des danseurs, venus d'Étrurie, effectuant des sauts au son de la flûte, exécutaient, à la mode toscane, des mouvements qui n'étaient pas sans grâce. Bientôt la jeunesse s'avisa de les imiter, tout en se renvoyant en

1. Un lectisterne est une cérémonie destinée à calmer la colère des dieux : il s'agissait d'offrir, aux frais de la cité, un repas aux statues d'une ou plusieurs divinités installées sur des lits de parade. Les lectisternes servaient en particulier à conjurer les épidémies.

vers grossiers de joyeuses railleries ; et les gestes s'accordaient avec la voix. La chose une fois accueillie se répéta souvent et prit de l'essor. Comme on appelait « hister », en langue toscane, un danseur, on donna le nom d'histrions aux acteurs romains ; ceux-ci ne se lançaient plus comme auparavant des vers rudes et sans art, pareils aux fescennins[2], qu'ils improvisaient tour à tour, mais représentaient dorénavant des satires aux rythmes variés, avec un chant réglé sur les modulations de la flûte, et que le geste suivait en mesure. Quelques années après, Livius[3], laissant la satire, osa le premier présenter sur scène une action suivie autour d'une intrigue.

Histoire romaine, VII, 2
(traduction revue par Gérard SALAMON)

2. On appelle « fescennins » les vers improvisés utilisés à l'origine par les Romains avant l'adoption de la métrique grecque. Celle-ci fut introduite à Rome par le poète Ennius au début du IIIe siècle av. J.-C.

3. Il s'agit du poète Livius Andronicus, d'origine grecque. Il composa, dit-on, la première véritable pièce de théâtre représentée à Rome, une tragédie.

HOMÈRE
VIIIe s. av. J.-C.

VIRGILE
Ier s. av. J.-C.

CLAUDIEN
Ve s. ap. J.-C.

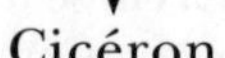

Cicéron

Cicéron praticien de l'art oratoire s'en est fait aussi l'historien : dans le Brutus, *il raconte l'histoire de l'éloquence à Rome et, pour la Grèce, en retrouve les sources à Athènes. Pour Cicéron, en effet, un art est déterminé non seulement par une époque, mais aussi par un lieu.*

NAISSANCE ET DÉCADENCE DE L'ÉLOQUENCE

Avant qu'Athènes fît ses délices de l'art oratoire et du mérite qu'il y a à le pratiquer, elle avait déjà accompli bien des choses dignes de mémoire dans la paix et dans la guerre. Le goût de l'éloquence n'était d'ailleurs pas partagé par toute la Grèce, mais il était propre à Athènes. Qui connaît, en effet, un orateur argien ou corinthien ou thébain qui a vécu à la même époque ? Tout au plus peut-on faire quelque conjecture au sujet d'Épaminondas, qui fut un homme cultivé. Mais, jusqu'à aujourd'hui, je n'ai entendu parler d'aucun orateur spartiate. Homère rapporte que Ménélas était certes un orateur agréable, mais qu'il était laconique. Or, dans certaines circonstances, la brièveté est une qualité, mais ce n'en est pas une, de façon générale, dans l'éloquence. Mais, hors de la Grèce, le goût de l'éloquence se répandit largement et les honneurs prodigués à cet art donnèrent de l'éclat au nom des orateurs. Une fois que, sortie du Pirée, l'éloquence eût été portée au-dehors, elle parcourut toutes les îles et voyagea à travers l'Asie entière, si bien qu'au contact d'autres mœurs elle prit un vernis exotique, perdit toute la pureté de langage, ce qu'on pourrait appeler sa santé, qu'elle avait en Attique, et en vint presque à ne plus savoir parler naturellement.

Brutus, 49-51
(traduction revue par Gérard Salamon)

Diogène Laërce

Peut-on, quand on est grec, admettre que la philosophie soit née ailleurs qu'en Grèce ? Pour Diogène Laërce, la question ne peut pas réellement se poser, malgré les revendications d'autres peuples, puisque le terme même « philosophie » est la preuve de l'origine grecque de la discipline.

L'ORIGINE DE LA PHILOSOPHIE

Certains disent que la philosophie a son origine chez les Barbares. Il y eut en effet, disent-ils, chez les Perses les « Mages », chez les Babyloniens ou les Assyriens les « Chaldéens », les « Gymnosophistes » chez les Indiens et, chez les Celtes et les Gaulois, ceux qu'on appelle « Druides » et « Semnotheoi », comme le dit Aristote dans son traité *Sur l'art des Mages*, et aussi Sotion dans le vingt-troisième livre de la *Succession des philosophes.* On dit également qu'Ôchos était phénicien, Zalmoxis thrace et Atlas libyen.

Les Égyptiens de leur côté racontent que de Nilos naquit un fils, Héphaistos, qui fut à l'origine de la philosophie et que présidaient à celle-ci des prêtres et des prophètes ; que de celui-ci jusqu'à Alexandre de Macédoine, se sont écoulées quarante-huit mille huit cent soixante-trois années, période au cours de laquelle se produisirent trois cent soixante-treize éclipses de soleil et huit cent trente-deux éclipses de lune.

Depuis les Mages, dont le premier fut Zoroastre le Perse, jusqu'à la prise de Troie, Hermodore le platonicien dit, dans son traité *Sur les mathématiques*, qu'il se passa cinq mille ans. Xanthos le Lydien dit pour sa part qu'il y eut six mille ans de Zoroastre jusqu'à la traversée de Xerxès et qu'après Zoroastre se succédèrent de nombreux Mages, qui avaient pour noms : Ostanas et Astrampsychos, Gôbryas et Pazatas, jusqu'à l'anéantissement des Perses par Alexandre.

Mais ces auteurs ne se rendent pas compte qu'ils attribuent aux Barbares les réalisations des Grecs, qui furent à l'origine en réalité non seulement de la philosophie, mais même de la race humaine. Songeons en tout cas qu'il y eut chez les Athéniens Musée, chez les Thébains Linos. Le premier était, dit-on, fils d'Eumolpe et il fut le premier à écrire une *Théogonie* et à construire une sphère ; il dit que tout provient d'un seul principe et se dissout en ce même principe ; il mourut à Phalère et on composa pour son épitaphe le distique suivant :

« Le sol de Phalère retient le fils bien-aimé d'Eumolpe,
Musée, corps mort, sous ce tombeau. »

C'est également du père de Musée que les Eumolpides chez les Athéniens tirent leur nom. Quant à Linos, on dit qu'il est le fils d'Hermès et de la Muse Ourania ; il écrivit une *Cosmogonie*, et mit en vers le parcours du soleil et de la lune, ainsi que les origines des animaux et des fruits. Voici le début des poèmes qui lui sont attribués :

« Oui, il y eut autrefois un temps où toutes choses sont simultanément venues à l'existence. »

C'est en s'inspirant de ce vers qu'Anaxagore[1] a dit que toutes les choses furent faites en même temps, puis que l'Intellect arriva et les mit en ordre. On rapporte que Linos mourut en Eubée frappé par une flèche d'Apollon et que pour lui fut composée cette épitaphe :

« C'est ici que la terre a reçu Linos le Thébain à sa mort,
Le fils de la Muse Ourania à la belle chevelure. »

Ainsi donc, c'est avec les Grecs que commença la philosophie, dont le nom même exclut qu'elle soit d'origine barbare.

Vies et doctrines des philosophes illustres. Livre I, prologue
(traduction Gérard SALAMON)

1. Philosophe et savant grec du ve siècle av. J.-C.

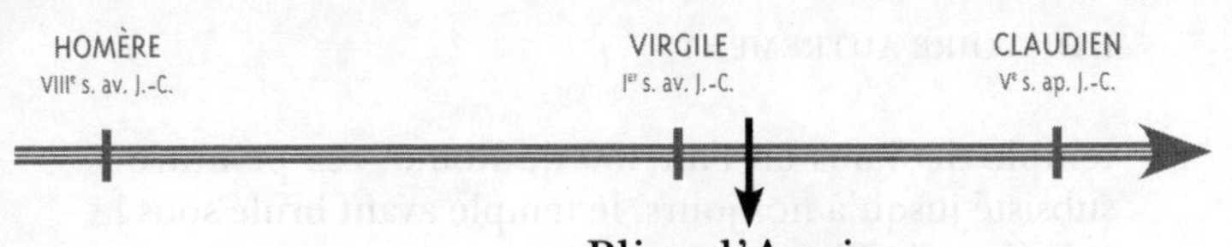

Pline l'Ancien

*L'*Histoire naturelle *se veut une somme des connaissances qu'un Romain du Ier siècle après J.-C. doit posséder. Parmi celles-ci, il y a bien entendu l'histoire de la peinture, que Pline l'Ancien reprend, conformément aux règles de l'Histoire, à partir des origines…*

AUX SOURCES DE LA PEINTURE

Les Égyptiens déclarent qu'elle a été inventée chez eux six mille ans avant de passer en Grèce : vaine prétention, c'est bien évident. Quant aux Grecs, les uns disent que le principe en a été découvert à Sicyone, les autres à Corinthe, et tous reconnaissent qu'il a consisté à tracer, grâce à des lignes, le contour d'une ombre humaine : ce fut donc là, selon eux, la première étape ; dans la seconde, on employa les couleurs une par une, d'où le nom de monochrome usité quand on eut trouvé un procédé plus complexe, et cette méthode est encore en usage aujourd'hui. […] On sait qu'il existe encore de nos jours à Ardée dans des sanctuaires des peintures plus vieilles que la cité de Rome et qui suscitent, plus que nulle autre, mon admiration personnelle : après une période aussi longue, elles demeurent comme exécutées depuis peu, sans être pourtant nullement protégées. Il en est de même à Lanuvium, où Atalante et Hélène ont été peintes nues côte à côte par un unique artiste : toutes deux sont d'une parfaite beauté. […] Chez les Romains également, cet art reçut de bonne heure ses lettres de noblesse, puisque les Fabii, appartenant à une très illustre famille, en tirèrent leur surnom de Pictor et le premier à porter ce surnom peignit lui-même le temple de Salus en l'an 450 de Rome[1] : sa peinture a subsisté jusqu'à nos jours, le temple ayant brûlé sous le principat de Claude.

Histoire naturelle, XXXV, 5-7

1. Ce personnage est l'un des ancêtres de l'historien Fabius Pictor.

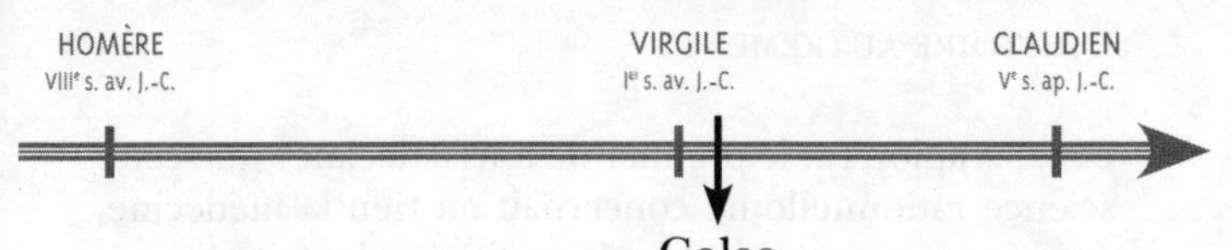

Celse

Celse était peut-être lui-même médecin : en tout cas il dispose sur ce sujet d'une information particulièrement sûre, essentiellement grecque. C'est la manière dont la médecine s'est progressivement constituée comme une science à part entière, une ars, *en se détachant de la philosophie, qu'il expose au lecteur dans la préface de son grand ouvrage ; et il le fait avec une remarquable clarté.*

GENÈSE DE LA MÉDECINE

La science médicale était d'abord considérée comme une partie de la philosophie, étant donné que le traitement des maladies et l'observation de la nature avaient pris naissance chez les mêmes auteurs : le besoin de cette science s'est évidemment fait sentir le plus chez les hommes qui avaient amoindri leurs forces physiques par leur méditation sédentaire et leurs veilles nocturnes. Aussi trouvons-nous un grand nombre de philosophes qui y furent experts, dont les plus célèbres sont Pythagore, Empédocle et Démocrite. Mais c'est Hippocrate de Cos, – un disciple de Démocrite selon certains auteurs – qui est avant tout digne de la mémoire des hommes : aussi remarquable par son talent professionnel que par son éloquence, il détacha notre discipline de l'étude de la philosophie. [...] À la même époque la médecine fut divisée en trois branches : l'une traitant par le régime, la seconde par les médicaments, la troisième par l'action de la main. Les Grecs ont appelé la première « diététique », la deuxième « pharmaceutique », la troisième « chirurgie ». Mais les maîtres de la branche qui traite les maladies par le régime, de loin les plus célèbres, s'efforçant d'approfondir encore certaines questions, se sont arrogé aussi l'étude de la nature, estimant que sans elle la médecine était mutilée et impuissante. Après eux, Sérapion fut le premier de tous à déclarer que cette science rationnelle ne concernait en rien la médecine, qu'il fonda uniquement sur la pratique et les faits d'expérience. À sa suite Apollonius, Glaucias, assez longtemps plus tard Héraclide de Tarente et quelques hommes de valeur prirent le nom d'empiriques, conformément à la doctrine même qu'ils professaient. Ainsi la diététique se divisa elle-même en deux branches, les uns se réclamant d'un art théorique, les autres exclusivement de la pratique.

De la médecine, préface, 6-11

HISTOIRE DES INSTITUTIONS

Le monde gréco-romain est celui des cités : il n'est donc pas étonnant que l'histoire politique, au sens étymologique du terme, ait retenu l'attention des historiens anciens. À la différence peut-être des lecteurs modernes, ce type de développements passionnait les lecteurs anciens, parmi lesquels, faut-il le rappeler, on comptait d'abord les hommes politiques eux-mêmes. Il importait de comprendre comment un régime s'était imposé, subsistait, était remplacé par un autre, quels événements avaient conduit à la création de telle ou telle institution, quels hommes, en matière de réformes, avaient joué un rôle essentiel. L'histoire d'une cité avec ses institutions et ses révolutions politiques avait en effet, comme l'histoire d'un grand homme, une valeur exemplaire. Les réflexions morales, habituelles dans les récits des historiens grecs et romains, ne sont pas absentes de l'histoire politique : il s'agit toujours de tirer les leçons du passé.

Polybe

La narration des étapes de la conquête romaine est aussi l'occasion pour Polybe d'analyser le fonctionnement de la vie politique de la cité, et en particulier le passage de la royauté à la République, et de mettre ainsi l'histoire au service de l'homme politique. Dans l'extrait suivant, l'historien se fait donc politologue et appuie son analyse sur des réflexions plus générales concernant le caractère des gouvernants et les mécanismes du pouvoir.

POURQUOI LES ROIS DOIVENT CÉDER LA PLACE

Dans l'ancien temps, les rois, une fois choisis et investis de ce pouvoir, vieillissaient sur le trône ; ils fortifiaient et entouraient de remparts des points très favorables, ils annexaient des territoires, tant en vue de leur sécurité que pour procurer le nécessaire en abondance à leurs sujets. Et du même coup, en se consacrant à cela, ils échappaient entièrement à la calomnie et à l'envie, parce qu'ils ne se distinguaient guère ni par le vêtement ni par ce qu'ils mangeaient et buvaient : ils avaient un mode d'existence analogue à celui des autres, partageant toujours la vie du peuple. Mais lorsqu'ils tinrent leur pouvoir d'une succession héréditaire et qu'ils trouvèrent leur sécurité tout assurée, tout assurées aussi des ressources supérieures même à leurs besoins, alors ce superflu les fit céder à leurs désirs : ils crurent que les chefs devaient se différencier de leurs sujets par des vêtements exceptionnels, cultiver aussi l'exception et la variété en matière de satisfactions et d'apprêts gastronomiques, ne tolérer aucun obstacle dans leurs relations et rapports amoureux, fût-ce contre toute convenance. Tantôt cette conduite suscita l'envie et l'irritation, tantôt c'était une flambée de haine et d'hostilité passionnée ; ainsi la tyrannie naquit de la royauté, tandis que s'enfantaient les débuts d'un mouvement révolutionnaire, et que se formait une conspiration contre le pouvoir. Et cela ne venait pas de chez les gens les plus vils, mais des plus nobles et des plus magnanimes, qui étaient en outre les plus audacieux : c'est à des hommes de ce caractère que les excès des gouvernants sont le moins tolérables.

Une fois pourvu ainsi de chefs, le peuple joignait ses forces aux leurs pour les raisons qu'on a dites, en sorte que le système royal et monarchique était entièrement aboli, tandis qu'en revanche le système aristocratique prenait son origine et sa genèse.

Histoires, VI, 7-8

HOMÈRE
VIIIe s. av. J.-C.

VIRGILE
Ier s. av. J.-C.

CLAUDIEN
Ve s. ap. J.-C.

Plutarque

C'est dans un passé légendaire que les cités, dans l'Antiquité, inscrivaient leur origine à travers des figures de fondateurs. Ainsi les auteurs anciens, dont le biographe Plutarque, attribuaient au législateur Lycurgue la responsabilité d'avoir durablement organisé les institutions de Sparte.

CRÉATION DU SÉNAT À SPARTE

Des nombreuses innovations faites par Lycurgue, la première et la plus importante fut l'établissement du sénat, qui, tempérant, selon l'expression de Platon, le pouvoir hypertrophié des rois par un suffrage égal au leur pour les décisions les plus importantes, fut la principale cause du salut de l'État et de la modération du gouvernement. Celui-ci, toujours oscillant, inclinait tantôt du côté des rois vers la tyrannie, tantôt du côté du peuple vers la démocratie. Placé entre les deux, le sénat fut comme un lest et un contrepoids qui le tint en équilibre et lui assura la sécurité, l'ordre et la fixité, car les vingt-huit sénateurs qui le composaient se rangeaient toujours du côté des rois quand il fallait faire échec à la démocratie, et venaient, au contraire, renforcer le peuple, le cas échéant, pour empêcher la tyrannie. […] Cependant, ceux qui vinrent après lui, s'apercevant que l'oligarchie, trop forte et trop puissante encore, regorgeait d'un excès de sève et d'ardeur, comme dit Platon, lui donnèrent pour frein l'autorité des éphores, dont les premiers, Élatos et ses collègues, furent nommés, cent trente ans à peu près après Lycurgue, par le roi Théopompe.

Vie de Lycurgue, 5, 10-14 et 7,1

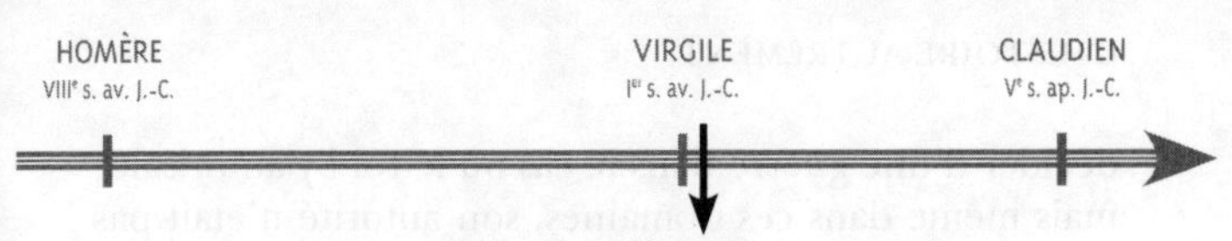

Denys d'Halicarnasse

Fondateur de la ville de Rome, Romulus était aussi pour les Anciens un législateur qui dota avec intelligence la cité d'une organisation politique reposant sur un subtil partage des pouvoirs entre le roi, le sénat et le peuple réuni en assemblées.

LE MODÈLE ROMULÉEN

Il réserva au roi les prérogatives suivantes ; il avait en premier lieu un pouvoir absolu sur les questions religieuses et les sacrifices, et il dirigeait personnellement toutes les cérémonies relatives aux divinités ; il assurait en second lieu la sauvegarde des lois et des coutumes nationales, et veillait au respect de la justice, qu'elle fût fondée sur le droit naturel ou les conventions humaines ; il jugeait lui-même les crimes les plus graves et confiait ceux de moindre importance aux sénateurs, tout en veillant à ce que leurs décisions ne s'écartassent pas des règles du droit ; c'était lui qui réunissait le sénat et convoquait le peuple en assemblée, lui qui exprimait son avis le premier, lui enfin qui faisait exécuter les décisions de la majorité. Voilà les prérogatives que Romulus accorda au roi. Il y ajouta en outre les pleins pouvoirs dans la conduite de la guerre. Quant à l'assemblée du sénat, il lui attribua les honneurs et les pouvoirs suivants : elle délibérait et votait sur toutes les questions que le roi lui soumettait, et toute décision qu'elle prenait à la majorité l'emportait. Sur ce point, également, Romulus fit un emprunt à la constitution lacédémonienne ; en effet, les rois de Lacédémone ne disposaient nullement des pleins pouvoirs et n'étaient pas libres de faire ce qu'ils voulaient ; c'était l'assemblée des Anciens qui exerçait un contrôle complet sur la conduite de l'État. Le corps du peuple, enfin, se vit accorder les trois droits que voici : élire les magistrats en assemblée, ratifier les lois et décider d'une guerre dans le cas où le roi l'y autorisait ; mais même dans ces domaines, son autorité n'était pas sans limites, puisqu'il y fallait encore l'assentiment du sénat. Les gens du peuple ne votaient pas tous ensemble, mais on les convoquait successivement par curies, et la décision prise à la majorité des curies était renvoyée au sénat. Aujourd'hui, pourtant, cette coutume a changé : le sénat n'a plus l'autorité sur les résolutions votées par le peuple ; c'est au contraire le peuple qui a tout pouvoir sur les décrets sénatoriaux. [...] Cette répartition des pouvoirs permettait non seulement de régler les affaires civiles avec mesure et d'une façon ordonnée, mais aussi de mener les opérations militaires dans la rapidité et la discipline.

Les Antiquités romaines, II, 14

HOMÈRE
VIIIe s. av. J.-C.

VIRGILE
Ier s. av. J.-C.

CLAUDIEN
Ve s. ap. J.-C.

Calpurnius Pison

Les Romains attribuaient à Servius Tullius, sixième roi après Romulus, plusieurs réformes dans l'organisation de la vie politique : parmi elles, l'invention d'une méthode ingénieuse pour faire le décompte de la population. Denys d'Halicarnasse, féru de recherches antiquaires, nous en a transmis le récit qu'il a trouvé chez un historien latin du début du IIe *siècle avant J.-C., le consul Lucius Calpurnius Pison, représentant de la tradition annalistique.*

LE PREMIER RECENSEMENT À ROME

Comme le rapporte Lucius Pison au livre I de ses *Annales*, Servius Tullius, voulant connaître le nombre des habitants de la cité, celui des nouveau-nés, des morts et de ceux qui arrivaient à l'âge adulte, fixa la valeur de la pièce que les proches devaient verser pour chacun, au trésor d'Ilythie que les Romains appellent Héra Lucina pour les nouveau-nés, à celui d'Aphrodite qui réside dans un bois sacré et qu'ils dénomment Libitine, pour les morts, et à celui de Juventas pour ceux qui arrivaient à l'âge adulte. Grâce à ces pièces, il pouvait déterminer chaque année le nombre de l'ensemble des habitants et savoir lesquels parmi eux étaient en âge de servir dans l'armée.

Cité par Denys d'Halicarnasse,
Les Antiquités romaines, IV, 15, 5

HOMÈRE
VIIIe s. av. J.-C.

VIRGILE
Ier s. av. J.-C.

CLAUDIEN
Ve s. ap. J.-C.

Tite-Live

Quelle fut l'ampleur du bouleversement politique qu'entraînèrent l'expulsion des rois et l'instauration de la res publica *sous l'égide de Brutus ? Pour Tite-Live, la responsabilité incombant au libérateur du joug royal fut grande pour ne pas mettre en péril l'équilibre des pouvoirs dans la cité.*

BRUTUS ORGANISE LA RÉPUBLIQUE ROMAINE

D'ailleurs, on peut fixer à cette date[1] l'origine de la liberté parce qu'on rendit le pouvoir consulaire annuel plutôt que parce qu'on retrancha quoi que ce soit à la puissance des rois. Tous leurs droits, tous leurs insignes, les premiers consuls les conservèrent ; par là on évita seulement que, si les deux consuls disposaient des faisceaux, la crainte qu'ils suscitaient n'en parût redoublée : Brutus le premier, grâce à la déférence de son collègue, disposa des faisceaux. Or il n'avait pas montré plus d'ardeur à venger la liberté qu'il n'en eut ensuite à la défendre. Avant tout, pour que le peuple épris de la liberté nouvelle ne pût par la suite se laisser fléchir par des prières ou des libéralités royales, il le fit jurer par un serment « de ne pas permettre que quiconque règne à Rome ». Ensuite, pour accroître même par le nombre les forces au sénat, il compléta l'effectif des sénateurs, qui avait été réduit par les exécutions commandées par Tarquin, en choisissant les premiers membres de l'ordre équestre jusqu'au nombre total de trois cents ; c'est de là, dit-on, que vient la tradition de convoquer au sénat « ceux qui sont sénateurs et qui sont conscrits » : on appelait conscrits, naturellement, ceux qui avaient été choisis. Il est étonnant de voir combien cette mesure fut

1. 509 av. J.-C. Précisons que la République romaine n'a rien à voir avec la démocratie athénienne : le pouvoir y est détenu par les aristocrates.

utile pour la concorde de la cité et pour unir aux sénateurs les sentiments de la plèbe.

On s'occupa ensuite des questions religieuses ; parce que certains cultes publics étaient régulièrement accomplis par les rois en personne, les sénateurs, pour éviter que l'on regrettât les rois, créèrent un roi des sacrifices. Ils placèrent ce sacerdoce sous l'autorité du pontife, pour que l'honneur ajouté au titre ne fût pas un obstacle à la liberté, qui était pour l'heure l'objet premier de leurs soins.

Histoire romaine, II, 1-2

HOMÈRE
VIIIe s. av. J.-C.

VIRGILE
Ier s. av. J.-C.

CLAUDIEN
Ve s. ap. J.-C.

Valère Maxime

Un des plus grands honneurs pour un Romain était de célébrer la cérémonie du triomphe, ce qui lui permettait d'inscrire à jamais son nom dans les annales de la cité et sur les fastes (calendriers officiels de Rome). On imagine à quelle compétition cet honneur pouvait donner lieu : le témoignage de l'historien Valère Maxime, écrivant à une époque où le triomphe était devenu le monopole de l'empereur et des membres de sa famille, est là pour nous le rappeler.

LE TRIOMPHE : UN HONNEUR RÉGLEMENTÉ

Pour des combats sans importance, certains généraux désiraient qu'on leur décernât des triomphes. Pour prévenir ces demandes, on pourvut par une loi à ce que personne ne triomphât à moins d'avoir tué cinq mille ennemis dans une seule bataille. Ce n'était pas en effet par le nombre, mais par la gloire des triomphes que, selon nos ancêtres, le prestige de notre ville serait exalté. En outre, pour empêcher qu'une loi si remarquable ne fût rendue sans effet par l'avide désir d'avoir le laurier[1], elle fut soutenue par l'ajout d'une seconde loi que proposèrent les tribuns de la plèbe L. Marius et M. Caton. Elle menace en effet d'un châtiment les généraux qui auraient osé adresser au sénat un rapport comportant un nombre falsifié d'ennemis tués au combat ou de citoyens perdus et elle leur prescrit de jurer, dès leur entrée dans la ville, devant les questeurs urbains, que sur les deux nombres ils ont transmis au sénat des informations exactes. [...] Mais si éclatants et si exceptionnellement utiles pour l'État que soient les exploits qu'il a accomplis dans une guerre civile, un général n'a pourtant jamais

1. La couronne laurée était l'insigne du triomphe.

reçu pour cela le titre d'« imperator », ne s'est jamais vu décerner des prières d'actions de grâce, n'a jamais triomphé sous la forme d'une ovation[2] ou d'un défilé en char parce que, fussent-elles inévitables, ces victoires ont toujours été considérées comme des deuils, vu qu'elles ont été acquises par un sang qui n'est pas celui d'étrangers mais le sang de concitoyens.

Faits et dits mémorables, II, 8, 1 et 7
(traduction revue par Marie Ledentu)

2. L'*ovatio* constituait une forme simplifiée de triomphe : le général entrait dans Rome à pied ou à cheval, et non sur un char tiré par quatre chevaux blancs, et portait une couronne de myrrhe à la place de la couronne laurée.

CONDENSÉS D'HISTOIRE

L'Histoire n'est-elle pas nécessairement amenée à prendre, à un moment ou à un autre, la forme de l'abrégé ? N'est-il pas indispensable de condenser l'histoire, de la réduire à de grandes dates ou à de grands noms, si l'on veut l'enseigner, la mémoriser et structurer sa perception du temps ? L'époque ancienne a fait, elle aussi, l'expérience de ce mouvement : dans l'Empire romain notamment, s'est progressivement développé, aux côtés des œuvres historiques monumentales, un nouveau genre, « l'abrégé ». Avec lui est apparu un nouveau type d'historien, l'abréviateur. Mais cette nouveauté est toute relative : il s'agit en fait d'un retour à la liste, qui est une des sources du genre historique.

HOMÈRE
VIIIe s. av. J.-C.

VIRGILE
Ier s. av. J.-C.

CLAUDIEN
Ve s. ap. J.-C.

Eutrope

Que doit-on savoir au IVe siècle après J.-C. des dernières années de César, entre sa victoire sur Pompée à Pharsale et son assassinat à Rome ? Ce passage d'Eutrope est très révélateur de ce qu'est devenue l'histoire d'une période qui peine à comprendre un passé devenu trop ancien.

SURVOLER LA GESTE DE CÉSAR APRÈS PHARSALE

Rentré à Rome au bout d'un an, César se fit consul pour la quatrième fois et partit aussitôt pour les Espagnes où les fils de Pompée, Cnaeus et Sextus, avaient recommencé une importante guerre. Il y eut de nombreux combats, le dernier près de la cité de Munda, où César fut presque vaincu au point que, les siens étant en fuite, il voulut se suicider pour éviter, lui qui avait acquis une si grande gloire à la guerre, de tomber à l'âge de cinquante-six ans au pouvoir de deux adolescents. À la fin, ayant reconstitué ses forces, il l'emporta et le fils aîné de Pompée fut tué, le cadet prit la fuite.

Ensuite César, après avoir mis fin aux guerres civiles dans le monde entier, revint à Rome ; il se mit à se comporter avec excès et d'une façon contraire aux usages de la liberté romaine. Donc, comme il distribuait selon son bon plaisir les magistratures qui étaient auparavant conférées par le peuple, ne se levait plus à l'arrivée du sénat et agissait en d'autres domaines comme un roi et presque un tyran, il y eut contre lui une conjuration de soixante, voire plus, sénateurs et chevaliers romains. Les principaux parmi les conjurés étaient deux Brutus, issus de la famille de Brutus qui avait été le premier consul de Rome et avait expulsé les rois, C. Cassius et Servilius Casca. César étant donc venu un jour de séance du sénat à la curie au milieu de tous les autres, il fut transpercé de vingt-trois blessures.

Abrégé d'histoire romaine, VI, 24-25

HOMÈRE
VIIIe s. av. J.-C.

VIRGILE
Ier s. av. J.-C.

CLAUDIEN
Ve s. ap. J.-C.

Florus

Le Tableau de l'Histoire du peuple romain *de Florus est la marque d'une époque où l'histoire doit se lire vite. Mais ce passage est remarquable à la fois par la précision des renseignements qu'il donne, par la volonté d'analyse psychologique que manifeste l'auteur et par le souci qu'il a d'émouvoir le lecteur en recourant au pathétique.*

RACCOURCI SAISISSANT : LE TRIUMVIRAT

Alors qu'à lui seul Antoine constituait déjà une lourde menace pour la paix, une lourde menace pour l'État, Lépide se joignit à lui comme le feu à l'incendie. Que faire contre deux consuls, deux armées ? Il fallut s'associer à un pacte aussi sanguinaire. Les aspirations de chacun des partenaires étaient différentes, comme leurs caractères. Lépide était poussé par le désir des richesses qu'il espérait acquérir à la suite du bouleversement de l'État ; Antoine, par celui de se venger de ceux qui l'avaient déclaré ennemi public ; César[1], par le fait que son père n'était pas vengé et que les menées de Cassius et Brutus étaient une insulte pour ses mânes. C'est sur les bases de cette sorte de traité que les trois généraux concluent la paix. Au confluent, entre Pérouse et Bologne, ils joignent leurs mains et leurs armées les saluent tous les trois. La morale ne préside guère à l'installation par la force du triumvirat et la république, opprimée par les armes, voit renaître une proscription à la Sylla, dont le chiffre de cent quarante sénateurs tués n'est pas la moindre atrocité. La mort y fut affreuse, horrible, pitoyable, pour ceux qui fuyaient par tout l'univers. Qui pourrait assez se lamenter sur le caractère

1. Il s'agit d'Octave (le futur Auguste) fils adoptif de César.

indigne d'une situation en vertu de laquelle Antoine avait proscrit son oncle Lucius César, Lépide, son frère Lucius Paulus ? Sans doute avait-on déjà l'habitude, à Rome, d'exposer à la tribune aux harangues les têtes des victimes : même dans ces conditions, cependant, la cité ne put retenir ses larmes, quand elle vit la tête coupée de Cicéron sur cette tribune qui avait été la sienne, et l'on accourait pour le voir, comme on le faisait d'habitude pour l'entendre. Ces crimes étaient inscrits sur les tablettes[2] d'Antoine et de Lépide : César se contenta d'y mettre les noms des assassins de son père pour éviter qu'en demeurant impuni, le meurtre de celui-ci ne finît à la longue par paraître juste.

Tableau de l'Histoire du peuple romain de Romulus à Auguste, II, 16

2. Ce sont les listes sur lesquelles étaient inscrits les noms des proscrits : ceux-ci étaient privés de leurs biens et pouvaient être tués par tout Romain.

Festus

Les quelques lignes qui suivent sont un véritable tour de force : Festus y résume en effet quatre siècles, de l'entrée des Gaulois en Italie à la transformation des Gaules en province romaine. Cela ne va évidemment pas sans quelques raccourcis : c'est ainsi que l'auteur ne dit rien de l'aide apportée par les Gaulois à Hannibal lors de la seconde guerre punique.

ROME ET LES GAULOIS : RÉSUMÉ D'UN CONFLIT

Avec les Gaulois, le peuple romain eut des guerres très dures. Les Gaulois, en effet, tenaient même cette partie de l'Italie qui va jusqu'au Rubicon, où se trouve aujourd'hui Médiolanum[1] : ils étaient à tel point confiants dans leurs forces qu'ils s'attaquèrent à Rome même et, après le massacre des armées romaines, ils pénétrèrent dans l'enceinte de la ville, assiégèrent le Capitole, dans la citadelle duquel s'étaient réfugiés six cents très nobles sénateurs qui se rachetèrent du siège au prix de mille livres d'or. Ensuite, Camille, qui était en exil, ayant levé dans les campagnes une masse d'hommes, écrasa les Gaulois qui s'en retournaient avec leur victoire ; il rapporta l'or et les enseignes que les Gaulois avaient pris. Beaucoup de consuls, de préteurs et de dictateurs combattaient les Gaulois avec des résultats variés[2]. Marius chassa d'Italie les Gaulois : après avoir franchi les Alpes, il leur livra bataille avec bonheur. Avec dix légions, qui comptèrent chacune trois mille soldats italiens, C. César soumit en

1. C'est l'actuelle ville de Milan : le nom *Mediolanum* semble effectivement être d'origine celte.

2. Cette phrase résume la période qui va de 390 av. J.-C. (date donnée par l'historiographie romaine pour la victoire de Camille) à 101 av. J.-C. (victoire de Marius sur les Cimbres et les Teutons, considérés comme des Gaulois).

neuf ans les Gaules, des Alpes au Rhin ; il combattit les Barbares établis outre-Rhin, passa en Bretagne ; la dixième année, il rendit tributaires les Gaules et les Bretagnes. Il y a dix-huit provinces en Gaule, en Aquitaine et dans les Bretagnes : les Alpes maritimes, la Viennoise, la Narbonnaise, la Novempopulanie, les deux Aquitaines, les Alpes grées, la Grande Séquanie, les deux Germanies, les deux Belgiques, les deux Lyonnaises : en Bretagne, il y a la Grande césarienne, la Flavienne césarienne, la Bretagne première, la Bretagne seconde.

Abrégé des hauts faits du peuple romain, 6, 1-3

Ampelius

*L'*Aide-mémoire *d'Ampelius est bien entendu avant tout un ouvrage « scolaire », mais il est cependant représentatif d'une tendance de l'Antiquité à réduire les connaissances historiques à des listes de noms ou d'événements plus ou moins anecdotiques destinés, pour certains, à expliquer le surnom d'un personnage.*

À LA FIN ÉTAIT LA LISTE

Les plus illustres généraux des Romains.
Brutus, qui tua ses enfants au nom de la liberté de l'État.
Valérius Publicola, qui, pour cette même liberté, fit sans trêve la guerre contre Tarquinies ; ce même Valérius accrut l'importance du peuple en lui donnant le droit d'exercice des libertés publiques.
Manlius Torquatus, qui tua son fils pour affermir la discipline des camps.
Quinctius Cincinnatus, appelé aussi Serranus, à qui la dictature fut déférée au moment où il labourait.
Camille, qui, après avoir anéanti le peuple des Gaulois Sénons, restaura Rome qu'ils avaient incendiée.
Les deux Fabius : le premier soumit en un seul combat les Étrusques, les Samnites, les Ombriens et les Gaulois, débarrassa les tribus des affranchis et fut, pour cela, surnommé « le Très grand » ; le second brisa Hannibal en atermoyant, de là vient qu'il fut surnommé « Celui qui prend son temps ».
Papirius Cursor : il affligea les Samnites qui avaient envoyé les Romains vaincus sous le joug d'une pareille indignité après les avoir vaincus, et sa rapidité le fit appeler « le Coureur ».
Curius : alors qu'il faisait rôtir au four des raves, il dit à ceux qui lui faisaient des offres : « je préfère manger dans ma vaisselle de terre et commander à ceux qui ont de l'or ».

Aide-mémoire, 1

CHRONOLOGIE DES ÉVÉNEMENTS MENTIONNÉS DANS LES TEXTES

Vers 1184 avant J.-C. : guerre de Troie

753 : fondation de Rome par Romulus

663-609 : règne de Psammétique, en Égypte

vers 559-529 : règne de Cyrus le Grand/l'Ancien

538-527 : tyrannie de Polycrate à Samos

530-522 : règne de Cambyse, roi de Perse

522 : complot des Sept Perses contre les Mages. Installation de Darius sur le trône perse

534-509 : règne de Tarquin le Superbe, dernier roi de Rome

509 : Brutus libère Rome du joug de la royauté, en chassant de Rome Tarquin le Superbe, responsable du viol de Lucrèce

509 : Valérius Publicola est victorieux dans sa guerre contre Tarquinies

Vers 507-505 : Porsenna, roi étrusque, assiège Rome (exploits d'Horatius Coclès, de Mucius Scaevola et de Clélie)

494 : sécession de la plèbe romaine sur le mont Sacré

490-479 : guerres médiques entre Athènes et la Perse

490 : bataille de Marathon (victoire athénienne, sous les ordres de Miltiade, contre les Perses)

480 : bataille des Thermopyles (les Perses anéantissent les trois cents Spartiates commandés par Léonidas qui leur barraient le passage)

480 : bataille navale de Salamine

480 : bataille navale de l'Artémision (défaite des Perses)

479 : bataille de Platée, qui marque la fin des guerres médiques

458 : Lucius Quinctius Cincinnatus est nommé dictateur à Rome

438 : guerre civile à Ardée

431-404 : guerre du Péloponnèse, entre Sparte et Athènes

427 : guerre civile à Corcyre

404 : gouvernement des Trente à Athènes

401 : mort de Cyrus le Jeune et retraite, sous la direction de Xénophon, des 10 000 mercenaires grecs qui étaient à son service (épisode raconté dans l'*Anabase*)

399-361 : règne d'Agésilas à Sparte

390 : prise de Rome par les Gaulois ; victoire des Gaulois à la bataille de l'Allia, au nord de Rome

390 : victoire de Camille sur les Gaulois

362 : bataille de Mantinée opposant les Thébains aux Spartiates et aux Athéniens ; mort du général thébain Épaminondas

336 : mort de Philippe de Macédoine, qui régnait sur la Macédoine depuis 359

335 : prise de Thèbes par Alexandre le Grand

331 : affaire des poisons à Rome

311 : grève de joueurs de flûte, pendant la guerre de Rome contre les Samnites

264-241 : première guerre punique

255 : Xanthippe, général spartiate au service des Carthaginois, inflige une défaite à l'armée romaine conduite par Régulus

218-202 : deuxième guerre punique

218 : Hannibal franchit les Alpes et atteint l'Italie

218 : Hannibal vainc l'armée de Scipion et de Tiberius Sempronius Longus près de la rivière Trébie

216 : bataille de Cannes, la plus sanglante de toutes les défaites de Rome (perte de près de 30 000 hommes)

149-146 : troisième guerre punique

146 : destruction de Carthage par Scipion Émilien. Le territoire devint la province romaine d'Afrique

101 : victoire de Marius sur les Cimbres et les Teutons, tribus germaniques qui envahissaient la Gaule

87 : guerre civile entre Marius et Sylla ; Marius s'allie au chef populaire Cinna et marche sur Rome, qu'il prend à la fin de l'année

82 : bataille de la porte Colline où Sylla vainc l'armée de Marius. Il est ensuite élu dictateur

63 : consulat de Cicéron ; l'orateur déjoue la conjuration de Catilina

63 : prise du temple de Jérusalem par Pompée

62 : mort de Catilina à la bataille de Pistoia

58-51 : guerre des Gaules (César achève la conquête de la Gaule)

49-48 : guerre civile entre César et Pompée le Grand

48 : bataille entre l'armée de Pompée et l'armée de César à Dyrrachium

48 : défaite décisive de Pompée à Pharsale

46 : victoire décisive de César à Thapsus, qui anéantit le parti de Pompée le Grand

45 : bataille de Munda remportée par César face au fils de Pompée et à Labiénus

44 : assassinat de César aux ides de mars

43 : assassinat de Cicéron

43 : second triumvirat : accord conclu entre Octavien, Antoine, Lépide pour diriger l'empire

42-36 : guerre d'Octavien contre Sextus Pompée, l'un des fils de Pompée le Grand

31 : bataille d'Actium, victoire d'Octavien sur Antoine et Cléopâtre, qui met fin à la guerre civile

12-9 : Nero Claudius Drusus, gendre d'Auguste, soumet la Germanie au terme de plusieurs campagnes victorieuses

14-37 après J.-C. : règne de l'empereur Tibère

27 : écroulement d'un théâtre à Fidènes

41 : assassinat de l'empereur Caligula

48 : discours de l'empereur Claude en faveur de la citoyenneté romaine pour les Gaulois de la Gaule chevelue

67-70 : première guerre judéo-romaine

69 : second consulat de Servius Galba

69 : année des trois empereurs (Galba, Othon, Vitellius)

69-79 : règne de l'empereur Vespasien

79-81 : règne de l'empereur Titus, fils aîné de Vespasien

81-96 : règne de l'empereur Domitien, le plus jeune fils de Vespasien

284-305 : principat de Dioclétien. Soumission des royaumes de Perse

286-305 : principat de Maximien-Hercule

357 : bataille de Strasbourg entre les Romains et les Alamans (Germains)

396 : troisième consulat de Flavius Honorius

452 : siège d'Aquilée par Attila

527-565 : règne de Justinien, empereur romain de Constantinople, et de Théodora

556 : raz de marée sur l'île de Cos

VIe siècle : guerres de l'empire d'Orient contre les Goths, les Alamans, les Perses, les Huns

LES AUTEURS DU « SIGNET »[1]

Agathias de Byzance (530-579 après J.-C.)

Né à Myrina, petite ville de la province d'Asie, Agathias fit des études de rhétorique à Alexandrie puis de droit à Constantinople. C'est dans cette ville qu'il exerça par la suite une profession juridique tout en s'adonnant à l'écriture de poèmes d'abord, dont une bonne partie est conservée dans l'*Anthologie palatine* et celle de Planude, avant de se tourner vers l'histoire. Souhaitant poursuivre l'œuvre de Procope, il commence ses *Histoires* là où Procope avait interrompu ses *Guerres*, c'est-à-dire lors de la campagne d'Italie de 552. Le texte, en cinq livres, est inachevé et s'arrête avec le récit du tremblement de terre de Byzance (décembre 557) et l'invasion en Thrace des Huns Kotrigours (559).

Ammien Marcellin (environ 330-400 après J.-C.)

Syrien d'origine grecque, né à Antioche, cet officier de l'armée romaine s'attacha à Ursicin, commandant de l'armée d'Orient, puis accompagna l'empereur Julien dans son expédition en Perse. Il est l'auteur d'une œuvre en latin intitulée *Histoires* qui, prenant la suite des *Histoires* de Tacite, traitait la période 96-378 après J.-C. Seule la fin est conservée, couvrant les années 353-378. Ammien Marcellin est un narrateur précis et vigoureux : à l'image de Tacite, il sait peindre des tableaux vivants et pathétiques. Il introduit dans son œuvre des digressions de nature technique, philosophique ou militaire

1. Les auteurs grecs sont indiqués en italique, les auteurs latins en romain.

permettant de mieux comprendre les événements relatés.

Ampelius (environ IIIe siècle après J.-C.)

Nous ne savons rien de précis concernant cet auteur sinon qu'il rédigea un *Aide-mémoire* qui contenait, aux côtés de notices géographiques et mythologiques, plusieurs sommaires historiques et anecdotiques dont la source est principalement Tite-Live.

Annales des Pontifes

Ces *Annales*, qui recensaient année par année les événements à caractère religieux – à l'exemple de la « table blanchie à la chaux » qui était affichée par le Grand Pontife – étaient considérées par Cicéron (*De l'orateur*, II, 52) comme étant à l'origine de l'historiographie romaine. Elles ont continué à être publiées, parallèlement aux œuvres des premiers historiens latins, jusque vers 130 avant J.-C. : à cette date, le Grand Pontife, P. Mucius Scaevola, mit fin à leur rédaction. Nous savons qu'elles furent ensuite publiées, mais nous ignorons la date exacte de cette publication ainsi que la forme et le contenu précis des 80 livres dont parlent les Anciens. Nous n'avons conservé des annales pontificales qu'un petit nombre de fragments.

Anthologie grecque

L'ouvrage, long de plus de dix livres, regroupe les collections d'épigrammes réalisées à l'époque byzantine (xe siècle après J.-C.), dont les plus importantes sont l'*Anthologie palatine*, l'anthologie de Planude et celle de Méléagre. Les thèmes évoqués, les dates de rédaction et les formes employées sont multiples et difficiles à établir, notamment en raison de l'habitude qu'avaient les compilateurs d'ajouter des vers de leur cru à ceux qu'ils rassemblaient. Les auteurs principaux en sont Simonide (VIe siècle avant J.-C.), Philodème, qui fut un contemporain de Cicéron, Parménion, Polémon et

Nicarchos (Ier siècle après J.-C.), Rufin (IIe siècle après J.-C.), Posidippe, Dioscoride et Asclépiade, qui vécurent au IIIe siècle avant J.-C., Méléagre (130-60 avant J.-C.) et, pour les plus tardifs, Paul le Silentiaire (c'est-à-dire l'huissier à la cour), Macédonios et Agathias (VIe siècle après J.-C.).

Appien (fin du Ier et début du IIe siècle après J.-C.)

Né à Alexandrie, probablement sous le règne de Domitien, il acquit la citoyenneté romaine et vint à Rome, où il exerça la fonction d'avocat avant d'obtenir, grâce à Fronton, une charge de procurateur. Il écrivit une histoire de Rome qui traitait de l'expansion de l'Empire romain. Une partie de cette œuvre, aux sources très variées (Salluste, Tite-Live, Asinius Pollion…), était consacrée au récit détaillé et suivi des guerres civiles à Rome. Les cinq livres qu'il leur a consacrés constituent pour nous un document précieux, eu égard à la disparition de la quasi-totalité de la littérature historiographique qui traitait de ce sujet.

Aristote (384-322 avant J.-C.)

Né à Stagire, ville grecque sous influence macédonienne, en Thrace, Aristote partit se former à Athènes et se fit le disciple de Platon à l'Académie, où il resta une vingtaine d'années (366-348). Après des séjours en Asie Mineure, il fut nommé précepteur d'Alexandre le Grand, puis revint à Athènes et y fonda sa propre école, le Lycée (335). Esprit encyclopédique, Aristote voyait dans la philosophie un savoir total et ordonné, couvrant la logique, les sciences de la nature, la métaphysique, la théorie de l'âme, la morale, la politique, la littérature : on connaît en particulier la *Poétique* et la *Rhétorique*. Ses œuvres publiées ont presque toutes disparu : les textes que nous avons conservés (et qui sont nombreux) sont des ouvrages dits « ésotériques », c'est-à-dire qui n'étaient pas destinés à la publication et constituaient des sortes de notes et de rédactions préparatoires en vue de la discussion et de l'enseignement à l'intérieur du Lycée. Ils furent édités tardivement, au Ier siècle avant J.-C.

Arrien (environ 95-175 après J.-C.)

Officier et haut fonctionnaire romain né à Nicomédie en Bithynie. Élève d'Épictète, il fut gouverneur de Cappadoce sous Hadrien et arrêta l'invasion des Alains en 134. Comme beaucoup d'historiens anciens, c'est après la fin de sa carrière officielle qu'il se consacra à l'écriture de l'histoire : ses œuvres les plus célèbres sont celles qu'il consacre à l'expédition d'Alexandre le Grand (l'*Anabase* et l'*Inde*) ; il a pour sources les historiens contemporains d'Alexandre.

Auguste (63 avant J.-C.-14 après J.-C.)

Fils adoptif de Jules César, Octavien accéda au pouvoir à la suite des guerres civiles et reçut en 27 avant J.-C. le titre d'Auguste sous lequel on le connaît. Les *Res gestae* ou *Hauts faits du divin Auguste* constituent un testament politique, rédigé à la première personne, dans lequel il rappelle toutes ses actions militaires, politiques ou religieuses, au service de Rome. Une version de ce document devait être gravée sur son mausolée.

Aulu-Gelle (IIe siècle après J.-C.)

Aulu-Gelle, dont la vie est mal connue, est l'auteur des *Nuits attiques*, ouvrage rédigé vers 150 après J.-C. Il s'agit d'un recueil de chapitres, généralement brefs, dont chacun évoque quelque curiosité de langage, débusque telle étymologie controuvée, relate telle ou telle anecdote. Puisant à de nombreuses sources grecques et latines, l'auteur aborde toutes sortes de sujets d'érudition, avec des intérêts variés (histoire, géographie, droit, philosophie, littérature…) et une prédilection pour les questions d'archaïsme linguistique et de sémantique.

Calpurnius Pison (né vers 176 avant J.-C.)

L. Calpurnius Piso, surnommé *Frugi* (« l'honnête ») en raison de son intégrité, fut avant tout un homme politique : il fut tribun de la plèbe en 149 avant J.-C., consul en 133 avant J.-C. et censeur en 120 avant J.-C. (ce qui lui valut le surnom supplémentaire de *Censorius*). Si l'on en croit les auteurs anciens, ses *Annales* racontaient l'histoire de Rome depuis l'arrivée d'Énée en Italie jusqu'à la période contemporaine de l'auteur. Mais nous ne savons pas quand cette œuvre a été rédigée, combien il y avait de livres et à quelle date elle s'arrêtait : le dernier événement attesté dans les fragments que nous avons conservés date de 146 avant J.-C.

Celse (début du Ier siècle après J.-C.)

Nous ne savons que peu de choses de ce contemporain de l'empereur Tibère. Il écrivit, à la suite de Varron, une encyclopédie consacrée aux six « arts » : agriculture, médecine, art militaire, éloquence, philosophie et droit. Seuls les huit livres traitant de la médecine (livres VI-XIII) nous ont été transmis. En raison de la précision de l'information dont dispose Celse, on a supposé qu'il était médecin : mais la question n'a pas été tranchée. Il était admiré dès l'Antiquité pour l'élégance de son style.

César (100-44 avant J.-C.)

Jules César prétendait que la famille patricienne à laquelle il appartenait, la *gens* Iulia, descendait de Iule, fils d'Énée, lui-même fils de Vénus. Son génie politique et militaire éclate dans sa carrière, jalonnée par les magistratures, les campagnes (en Gaule, notamment, au cours des années 58-56 et 52-51), et la guerre civile, jusqu'à l'instauration du pouvoir absolu à partir de 49. César sera assassiné aux ides (le 15) de mars 44 par Brutus et d'autres conjurés. Cet homme d'action était aussi un homme de culture, grammairien à ses heures, et auteur de deux récits consacrés aux événements dans lesquels il joua un rôle, la *Guerre des Gaules* et la *Guerre civile.* Ces ouvrages se présentent comme des « mémoires historiques » *(commentarii)* et cherchent à donner une impression (fallacieuse) d'objectivité. Dédaignant le plus souvent l'anecdote et le pittoresque, César historien met l'accent sur les faits, les chiffres, la géographie, la tactique, les rapports de force et ses grandes qualités de général.

Cicéron (106-43 avant J.-C.)

L'existence du plus fameux des écrivains romains déborde de rebondissements, car cet avocat brillant fut de tous les combats, tant judiciaires que politiques ou philosophiques. Né à Arpinum, dans un municipe éloigné d'une centaine de kilomètres de Rome, Cicéron voit le jour dans une famille aisée de notables. Toutefois, comme Caton l'Ancien, qu'il admire, Cicéron est un « homme nouveau » *(homo nouus)* : il est le premier de sa lignée à parcourir la carrière des honneurs jusqu'à son degré le plus élevé, le consulat, qu'il exerce en 63. C'est lors de ce consulat qu'il dénonce, dans ses *Catilinaires,* une conspiration qui menaçait la République, en employant la formule fameuse « Ô temps, ô mœurs ! » *(O tempora, o mores).* À la suite des manœuvres de son ennemi juré, le tribun Clodius, il est exilé pendant un an (58-57), pour avoir fait mettre à mort les complices de Catilina sans jugement. Malgré le bon accueil qui lui est fait à son retour, son rôle politique ne cesse de décliner dans les années suivantes. Cicéron, l'un des plus fervents défenseurs du régime républicain, finit par rallier le camp de Pompée contre César, juste avant que ce dernier ne l'emporte définitivement. À la mort du dictateur, l'orateur prend le parti de son petit-neveu, Octavien, le futur Auguste, pensant pouvoir influencer ce jeune homme de dix-neuf ans. Il le sert en rédigeant les *Philippiques,* dirigées contre Marc Antoine, lequel lui voue dès lors une haine inexpiable. Antoine réclame à Octavien la mort de l'orateur dès leur première réconciliation. Cicéron meurt en 43 avant J.-C. assassiné par les séides d'Antoine ; sa tête et ses mains seront clouées à la tribune du Forum. L'œuvre de Cicéron, qui est très étendue et très variée, comprend une riche correspondance, environ cent quarante discours judiciaires et politiques et des traités de rhétorique et de philosophie ; mais Cicéron n'a pas été l'historien qu'il rêvait d'être.

Claudien (vers 400 après J.-C.)

Grec d'Alexandrie venu à Rome, Claudien est le dernier grand poète païen de la Rome antique. Dans la Rome théodosienne, décadente et harcelée par la menace barbare, il connut un succès immédiat. De lui nous avons conservé de nombreux poèmes de circonstance, où il fait l'éloge des puissants de son époque, notamment Honorius, l'empereur d'Occident. C'est à lui aussi que nous devons la dernière épopée mythologique latine, *Le Rapt de Proserpine*, dont 1 100 vers ont été conservés.

Cornélius Népos (environ 100-25 avant J.-C.)

Originaire de Gaule cisalpine, ami de Catulle et de Cicéron, Cornélius Népos se tint à l'écart de la vie politique et se consacra à sa carrière d'écrivain, en cultivant plus particulièrement le genre de la biographie. De son œuvre abondante, la postérité n'a conservé, à part quelques extraits, que la section *Sur les grands généraux des nations étrangères* (vingt vies de Grecs et quelques-unes de rois d'autres pays). Son écriture se veut simple, sans excès d'érudition, pour être frappante, édifiante, et mettre en relief les grands hommes.

Denys d'Halicarnasse (environ 60 avant J.-C. - après 7 avant J.-C.)

Ce Grec d'Asie Mineure s'installa à Rome, en tant que rhéteur, vers 30 avant J.-C. et y demeura vraisemblablement jusqu'à la fin de sa vie. Son œuvre se compose de deux ensembles. D'une part, *Les Antiquités romaines*, recherche savante dont seule la première moitié, environ, nous est parvenue, retraçaient l'histoire de Rome depuis les origines jusqu'à la première guerre punique (265 avant J.-C.). Grand admirateur des Romains, Denys écrit à leur gloire et invite les lecteurs à partager son admiration, tout en soutenant la thèse des origines grecques de Rome (Romulus et Rémus ayant eu pour ancêtres des colons grecs venus s'établir dans le Latium). D'autre part, les *Opuscules rhétoriques* sont des traités de critique littéraire consacrés aux grands orateurs et à Thucydide, importants pour la théorie du style.

Diodore de Sicile (Ier siècle avant J.-C.)
Né à Agyrion en Sicile, Diodore voyagea beaucoup et vécut à Rome, sans doute sous César et Auguste. Grand érudit, il est l'auteur de la *Bibliothèque historique*, ensemble de quarante livres visant à relater l'histoire universelle, depuis les temps mythiques jusqu'à la guerre des Gaules (54 avant J.-C.). Les livres I à V et XI à XXII, ainsi que des extraits et des résumés, ont été conservés. L'œuvre de Diodore est précieuse par son information, sa méthode et sa largeur de vue, qui embrasse la mythologie, le monde grec, Rome et les Barbares.

Diogène Laërce (*c.* 200)
Nous ne savons rien de sa vie. Il vivait peut-être à Nicée, en Bithynie. Rien ne permet de définir avec précision son allégeance philosophique, à supposer qu'il en ait eu une. Comme il ne dit rien du néoplatonisme, il est probable qu'il ait vécu vers 200. Son ouvrage, intitulé *Vies et doctrines des philosophes illustres*, qui va de Thalès à Épicure, est hétéroclite, mais il offre une foule de renseignements qui en font une source indispensable pour la connaissance de la philosophie ancienne, depuis les présocratiques jusqu'au début du IIIe siècle après J.-C. Le livre se rattache, avec une foule d'éléments structurels qui lui sont propres, à la littérature des *Diodachai*, autrement dit des successions à l'intérieur des différentes

écoles philosophiques. Pour chaque école, on trouve des sections biographiques, avec des références aux sources dont Diogène s'est servi, et des sections doxographiques, exposant les principaux dogmes de la doctrine étudiée. Aucune explication pleinement satisfaisante n'a été donnée quant au manque d'homogénéité de l'ensemble. Sa curiosité multiforme, son goût pour les bizarreries métriques et linguistiques ont permis à certains interprètes de suggérer une relation entre Diogène et la Seconde Sophistique.

Dion Cassius (155-235)

Né à Nicée en Bithynie, Dion Cassius fit une brillante carrière à Rome : sénateur sous le règne de Commode, préteur sous Pertinax, il fut plusieurs fois consul suffect (c'est-à-dire pour une partie de l'année seulement) sous Septime Sévère. Il devient par la suite proconsul d'Afrique puis consul ordinaire. Il quitte alors Rome pour s'installer définitivement en Bithynie où il disparaît en 235. Auteur d'une biographie d'Arrien et d'un ouvrage sur les rêves, perdus, il nous a laissé une colossale *Histoire romaine* en quatre-vingts livres, des origines de Rome au règne d'Alexandre Sévère. De cette œuvre monumentale, seuls les livres XXXVI à LIV, couvrant la période allant de 68 à 10 avant J.-C., nous sont parvenus intacts, le reste nous étant connu par résumés ou extraits. Malgré sa volonté de prendre pour modèle Thucydide, son histoire s'inscrit davantage dans le courant des annales, où Dion puisa la majorité de ses renseignements sur le passé de Rome. Il constitue une source irremplaçable sur les institutions de la République romaine.

Ennius (239 - ? 169 avant J.-C.)

Né à Rudies, en Calabre, point de rencontre des civilisations grecque, osque et latine, Ennius, qui a servi dans l'armée romaine lors de la première guerre punique, fut amené à Rome par Caton l'Ancien. Il fréquenta la famille des Scipions. Parmi son œuvre poétique, qui est très variée (tragédies, comédies, satires), se trouve une épopée historique en hexamètres dactyliques, *Les Annales*, qui chantait l'histoire de Rome depuis les origines jusqu'à l'époque du poète. Il ne nous reste plus que quelques fragments pour apprécier cette œuvre admirée tout au long de l'Antiquité romaine.

Eschyle (525-456 avant J.-C.)

Né à Éleusis dans une famille d'eupatrides, Eschyle a vu la chute de la tyrannie et la mise en place des réformes de Clisthène qui devaient conduire Athènes à la démocratie. Il aurait en outre participé, contre les Perses, aux batailles de Marathon et de Salamine. Il est pour nous le premier des grands tragiques grecs. Reconnu de son vivant, il bouleverse les règles du théâtre en introduisant un deuxième acteur sur scène. Ses pièces ont une forte valeur morale, dans un style grandiose et imagé. Sur les soixante-treize œuvres qu'il aurait écrites, sept nous sont parvenues. Parmi elles se trouve la seule trilogie dont nous disposons, l'*Orestie*, qui relate l'assassinat d'Agamemnon à son retour de Troie, puis celui de Clytemnestre par son fils et, enfin, le procès d'Oreste. De lui nous possédons encore *Prométhée enchaîné*, *Les Sept contre Thèbes*, *Les Suppliantes* et *Les Perses* : cette dernière tragédie est la seule tragédie grecque à sujet historique que nous ayons conservée.

Eutrope (IVe siècle après J.-C.)

De sa vie nous ne savons pas grand-chose sinon qu'il prit part à la campagne perse de l'empereur Julien (363 après J.-C.) et qu'il enseigna l'histoire à l'empereur Valens. Il publia, à la demande de celui-ci, un *Abrégé d'histoire romaine* en 10 livres (6 pour la période royale et républicaine, 4 pour la période impériale) allant de Romulus jusqu'à la mort de Jovien (364 après J.-C.). Cet ouvrage fut traduit en grec vers 380 après J.-C.

Festus (IVe siècle après J.-C.)

Contemporain d'Eutrope, il fut lui aussi proche de l'empereur Valens auquel il dédia son *Abrégé des hauts faits du peuple romain*, qui résumait l'histoire de Rome depuis les origines jusqu'à Valens lui-même. À la différence de l'ouvrage d'Eutrope qui donne une vision globale de l'histoire romaine, Festus a manifestement organisé son *Abrégé* autour de deux thèmes : les conquêtes ayant conduit à la création de l'empire et les guerres contre la Perse.

Florus (début du IIe siècle après J.-C.)

Historien et rhéteur latin né en Afrique du Nord, L. (ou P.) Annaeus Florus écrivit un *Tableau de l'Histoire du peuple romain, de Romulus à Auguste.* On a vu longtemps dans cette œuvre, qui s'arrêtait à la fermeture par Auguste du temple de Janus en 29 avant J.-C., un simple abrégé de l'*Histoire romaine* de Tite-Live, mais les sources de Florus, qui fait du peuple romain le personnage principal de son récit, sont beaucoup plus variées.

Hérodote (480-420 avant J.-C.)

Né en 480 avant J.-C. à Halicarnasse, ville dorienne du territoire d'Ionie, en Asie Mineure, celui que Cicéron tenait pour « le père de l'histoire » voyagea beaucoup, d'Athènes, où il séjourna, en Égypte, à Tyr et en Scythie. Il ne vit pourtant pas toutes les contrées qui sont décrites dans ses *Histoires,* vaste « enquête » (c'est le sens de *historiè* en grec), dont le premier but est de rapporter les tenants et les aboutissants des guerres médiques. Friand d'anecdotes, Hérodote est célèbre pour ses digressions, si bien que les *Histoires* débordent largement le projet annoncé : la Lydie, l'Égypte, la Scythie et la Libye, autant de contrées visitées, pour le plus grand plaisir du lecteur. L'œuvre fut, à la période alexandrine, divisée en neuf livres, nommés selon les Muses. Les quatre premiers rapportent la formation de l'Empire perse et les cinq derniers les guerres médiques.

Hésiode (vers 700 avant J.-C.)

Tout ce que nous connaissons de ce poète, nous le trouvons dans ses œuvres, la *Théogonie* et *Les Travaux et les Jours.* De condition modeste, Hésiode, poète et paysan, nous raconte tenir son savoir des Muses, qui lui seraient apparues au sommet de l'Hélicon alors qu'il faisait paître ses bêtes. Dans la *Théogonie,* il évoque les origines du monde (la cosmogonie) et la naissance des dieux (la théogonie), jusqu'à l'avènement de Zeus et la victoire sur le chaos initial ; puis le poète définit la place et le rôle des hommes par rapport aux dieux. Postérieur à Homère, et contemporain de la naissance de la cité-État, Hésiode propose une synthèse de la pensée religieuse des Grecs. Dans *Les Travaux et les Jours,* il donne des conseils pratiques à ses contemporains, et notamment à son frère, Persès. Sa poésie est didactique : elle délivre un enseignement. Dans cet enseignement, les mythes sont centraux : c'est dans ce poème que se trouvent le mythe des races et celui de Pandore. Bien que sa renommée ait été éclipsée par celle d'Homère, il constitue la source la plus belle et la plus complète de la mythologie grecque. Les Anciens lui attribuaient en outre *Le Bouclier* dont l'authenticité a été mise en doute et *Le Catalogue des femmes,* aujourd'hui perdu.

Homère (VIIIe siècle avant J.-C. ?)

Ce n'est pas le moindre des paradoxes que le plus célèbre poète de l'Antiquité est peut-être aussi l'un des moins connus. Homère a-t-il seulement existé ? Étaient-ils plusieurs ? Le nom désigne-t-il une école d'aèdes ? Nul ne sait. « L'affaire Homère » a fait couler beaucoup d'encre, et aujourd'hui encore, les érudits multiplient les hypothèses. L'obscurité s'est faite dès l'Antiquité, en partie à cause de la célébrité de l'auteur : nombre de « vies », fictives, ont circulé, tant et si bien que, s'il y a un Homère, c'est celui que la tradition a forgé. Celui-ci vécut en Ionie, au VIIIe siècle avant J.-C., et a composé l'*Iliade* et l'*Odyssée,* immenses épopées comptant respectivement près de

16 000 et plus de 12 000 vers. Louées dès l'Antiquité, ces deux œuvres sont fondatrices de la culture occidentale. Chantées par les aèdes dans les cours aristocratiques, elles sont les premières œuvres de notre patrimoine qui nous sont parvenues intactes. L'*Iliade*, poème de la gloire et de la guerre, relate la colère d'Achille qui, pour ne pas manquer à l'idéal héroïque, fait le sacrifice de sa vie. Récit de voyage et conte merveilleux, l'*Odyssée* chante les errances d'Ulysse jusqu'à son retour à Ithaque. Les deux textes s'intègrent aux légendes issues de la guerre de Troie. À la suite de l'enlèvement d'Hélène, épouse du roi de Sparte Ménélas, par le prince troyen Pâris, les Grecs partent en expédition contre Troie, riche cité d'Asie Mineure ; après dix ans de siège, la ville est prise, et les chefs grecs reprennent la mer pour de nouvelles aventures. L'*Iliade*, poème de la gloire et de la guerre, relate la colère d'Achille, qui ne veut pas déroger aux valeurs héroïques. Récit de voyage et conte merveilleux, l'*Odyssée* chante les errances d'Ulysse jusqu'à son retour à Ithaque.

Isocrate (436-338 avant J.-C.)

Né à Athènes dans une riche famille, Isocrate eut les moyens de suivre les leçons des sophistes, et il fut également influencé par la pensée de Socrate. Après avoir composé des plaidoyers judiciaires pour des clients, il ouvrit à Athènes une école dans laquelle il enseignait le maniement du discours et qui connut un grand succès. Pour lui, la pratique du discours était la meilleure méthode d'éducation et débouchait sur un idéal moral : celui de l'homme cultivé et du bon citoyen. Son activité se rattachait ainsi à la fois à la rhétorique et, à cause de sa dimension éthique et politique, à la philosophie (c'est cette dernière dénomination qu'il revendiquait). Dans ses discours de politique générale, Isocrate s'éleva contre les guerres que se livraient les cités grecques et les incita à s'unir contre la Perse, sous l'autorité d'Athènes. À la fin de sa vie, il défendit, contrairement à Démosthène, l'idée d'une alliance entre les Macédoniens et les Grecs. Nous possédons de lui vingt et un discours, dont le *Panégyrique d'Athènes* (publié en 380 avant J.-C.), écrits dans une prose limpide, ample et cadencée ainsi que des lettres. Selon Cicéron (*De l'Orateur*, II, 57), sortirent de l'école d'Isocrate deux historiens, célèbres en leur temps, Éphore et Théopompe.

Jordanès (VIe siècle après J.-C.)

Goth lui-même, Jordanès, qui vécut une partie de sa vie à Constantinople, écrivit une *Histoire des Goths* dont la source est l'ouvrage du même nom écrit par Cassiodore et aujourd'hui perdu, ainsi qu'une *Histoire romaine jusqu'en l'an 551.*

Josèphe (Flavius) (37- *c.* 100 après J.-C.)

Flavius Josèphe naquit dans une famille sacerdotale de Jérusalem. En 66, il participa à la révolte des Juifs contre Rome ; après s'être rendu au général romain et futur empereur Vespasien, il fut emprisonné, puis libéré. En 70, il servit d'interprète à l'empereur Titus et assista, au côté de celui-ci, à la chute de Jérusalem et à la destruction du Temple. Il est l'auteur de la *Guerre des Juifs* – qu'il avait vécue de bout en bout, jusqu'à la chute de Massada et que l'on ne connaît que par lui – et des *Antiquités juives,* deux amples ouvrages historiques, d'un pamphlet *Contre Apion,* ainsi que d'une *Autobiographie* dans laquelle il justifie ses prises de position, notamment vis-à-vis des Romains.

Justin (IIIe siècle après J.-C. ?)

Nous ne savons rien de Justin, dont le nom (M. Junianus ou Junianius Justinus) et la date même sont incertains. Il doit d'être demeuré à la postérité à son *Abrégé des histoires philippiques de Trogue Pompée* dont il nous donne la biographie, qu'il tire de l'œuvre originale. Trogue Pompée, historien romain d'origine gauloise (il était voconce, c'est-à-dire originaire de Gaule narbonnaise), était contemporain d'Auguste. Ses *Histoires philippiques* comptaient 44 livres dont il ne nous reste, en dehors de l'abrégé de Justin, que les prologues. Justin semble avoir été fidèle à Trogue Pompée, pour le fond et pour le style. Parfois, il le reprend même directement pour lui rendre hommage : c'est le cas pour le fameux discours de Mithridate.

Lucain (39-65 après J.-C.)

Neveu de Sénèque, Lucain ne reste qu'un an dans son Espagne natale avant d'être amené à Rome, où il est confié aux meilleurs professeurs puis introduit dans les cercles du pouvoir et dans l'intimité de Néron. La légende veut que ce génie littéraire se soit attiré la jalousie et la haine de Néron par ses succès poétiques. L'empereur aurait cherché à l'empêcher de publier ses œuvres, et en particulier son épopée, *La Guerre civile*, également appelée *La Pharsale*, consacrée à l'affrontement entre Pompée et César et qui constitue une réponse à la version des événements donnée par César lui-même dans la *Guerre civile*. L'œuvre de Lucain, qui, par sa taille, se place juste après l'*Énéide* virgilienne, relève d'une tout autre esthétique. L'ouvrage, d'inspiration stoïcienne, qui ne redoute pas d'aborder des événements récents, est marqué au coin du pessimisme et du désespoir. Le seul personnage qui suscite l'admiration de Lucain, le sage stoïcien Caton le Jeune, le dernier républicain, se suicide à Utique. Le vers qui résume le destin du sage pourrait prophétiser celui de Lucain : « La cause du vainqueur plut aux dieux, mais celle du vaincu à Caton » (I, 128). L'écrivain s'enrôle en effet dans la conjuration de Pison qui cherche à détrôner l'empereur-tyran. Le complot échoue et Lucain, âgé de vingt-six ans, est condamné, comme son oncle, au suicide.

Lucien (*c.* 120-180 après J.-C.)

Né à Samosate, en Syrie, Lucien est l'un des plus brillants esprits de l'Antiquité tardive. Après des études d'éloquence et de philosophie, Lucien utilise ses talents d'orateur en donnant des cours et des conférences publiques en Asie Mineure, en Italie, en Grèce et en Gaule. Mais c'est en Égypte qu'il s'établit et mourut, vers 180 après J.-C. Il est célèbre pour les *Dialogues des morts,* imités par Fénelon, Voltaire et Fontenelle. Mais son œuvre, vaste et variée (les Anciens lui prêtent plus de 86 ouvrages), se rattache à différents genres : la déclamation, l'éloge, le dialogue, l'autobiographie, la nouvelle, le pamphlet... Il a également écrit de nombreux essais sur des thèmes littéraires, philosophiques ou historiques : c'est ce dernier genre qu'illustre l'essai intitulé *Comment écrire l'histoire.* Esprit brillant, Lucien cultive avec bonheur l'humour, notamment dans les *Histoires vraies,* qui sont une parodie des romans d'aventures. Mais, de façon générale et dans l'ensemble de son œuvre, Lucien excelle à tourner en dérision la vanité, l'ignorance, les croyances et la superstition de ses contemporains.

Mamertin (env. fin du IIIe siècle après J.-C.)

Nous ne savons rien du Claudius Mamertinus auquel les manuscrits attribuent le panégyrique de Maximien, si ce n'est qu'il parla en 289 et 291 devant cet empereur. Son discours se trouve dans ce que l'on appelle *Les Panégyriques latins,* un recueil de onze discours d'apparat prononcés devant des empereurs par des orateurs gaulois, dans la tradition du *Panégyrique de Trajan* de Pline le Jeune. Ils ont été rédigés dans une période qui va de l'époque de Dioclétien et de Maximien (fin du IIIe siècle après J.-C.) à celle de Théodose (fin du IVe siècle après J.-C.). La plupart des discours de ce recueil ont été prononcés à Trèves, ville proche de la frontière de tous les dangers, en raison des invasions barbares. Les auteurs étaient des professeurs de rhétorique et de hauts fonctionnaires de l'administration impériale. À l'époque impériale, les occasions (victoires, anniversaires, etc.) de pratiquer une éloquence d'apparat devant les souverains ne manquaient pas aux orateurs : à travers le langage codé de l'éloge, ils expriment d'intéressants messages politiques et idéologiques.

Pline l'Ancien (23-79 après J.-C.)

Père de l'esprit encyclopédiste et surnommé à juste titre « le plus illustre apôtre de la science romaine », Pline l'Ancien sut allier le goût du savoir à celui du pouvoir. Sous le règne de l'empereur Vespasien, il exerça quatre procuratèles avant de commander la flotte impériale de Misène. En même temps, il se consacra à des recherches tantôt érudites, tantôt généralistes, allant de l'étude des phénomènes célestes, à la sculpture et à la peinture, en passant par l'agriculture et la philosophie. Sa curiosité et son insatiable désir de connaissance lui coûtèrent la vie : en 79, Pline périt dans les laves du Vésuve dont il s'était approché pour observer l'éruption. Il aurait écrit plus de 500 volumes, dont seuls nous sont parvenus les 37 livres de l'*Histoire naturelle*, achevée et publiée en 77. Son neveu et fils adoptif, Pline le Jeune, nous apprend que Pline fut en outre historien (il aurait consacré 20 livres aux guerres de Germanie et 31 à l'histoire romaine), rhéteur et grammairien.

Pline le Jeune (61/62-113 après J.-C.)

Né à Côme dans une famille de notables, Pline le Jeune perdit son père de bonne heure et fut confié aux soins de son oncle, Pline l'Ancien, l'auteur de l'*Histoire naturelle*, qui se chargea de son éducation et lui donna d'excellents maîtres. Pline le Jeune mena de front une carrière d'avocat, spécialisé dans le droit privé, et une carrière politique sous les empereurs Domitien, Nerva et Trajan. Il fut l'ami de Tacite. On a conservé un de ses discours, le *Panégyrique de Trajan*, prononcé à l'occasion de son entrée en charge comme consul, ainsi qu'une ample correspondance, pleine de charme, très instructive sur la vie littéraire, sociale et politique de l'époque. Les lettres adressées à des parents et à des amis sont réparties en neuf livres. Le dixième livre, de ton tout différent, contient la correspondance officielle échangée par Pline et l'empereur Trajan lorsque Pline fut légat en Bithynie, dont deux lettres particulièrement fameuses (96-97) sur les communautés chrétiennes que Pline eut à connaître dans le cadre de ses fonctions.

Plutarque (*c.* 45-125 après J.-C.)

Né à Chéronée, en Béotie, Plutarque est issu d'une famille de notables. Après avoir visité Athènes, où il étudia, l'Égypte et l'Asie Mineure, il s'installa à Rome et obtint la citoyenneté romaine. Après avoir séjourné à Rome, Plutarque retourna dans sa patrie, où il se consacra à l'écriture, à sa famille et à ses amis, mais aussi à des fonctions politiques et sacerdotales : il était prêtre d'Apollon à Delphes. Plutarque a laissé une œuvre importante, dans laquelle la philosophie et la biographie occupent une place de choix. Sous le titre de *Moralia* sont regroupées de nombreuses œuvres qui constituent un ensemble très varié de traités et de dialogues consacrés non seulement à des questions de philosophie morale (d'où le titre de l'ensemble), mais aussi à des sujets littéraires, politiques, scientifiques, religieux. C'est à cet ensemble qu'appartient *La Gloire des Athéniens.* En sa qualité de moraliste, Plutarque s'est naturellement intéressé à la vie des hommes illustres, en rédigeant des biographies dans lesquelles il établit et analyse les vices et les vertus de chacun. Nous disposons ainsi de 23 paires de ses *Vies parallèles,* où sont à chaque fois rapprochés un Grec et un Latin. Dès l'Antiquité, l'influence de Plutarque a été considérable. Au-delà de leur portée morale et philosophique, ses œuvres sont une mine de renseignements pour tous ceux qui s'intéressent à la civilisation gréco-romaine.

Polybe (200-118 avant J.-C.)

Né en Arcadie, dans une famille de militaires, il fut élu *hipparque,* commandant de la cavalerie achéenne, vers 170 avant J.-C. À la suite de la victoire de Paul Émile à Pydna, il fit partie des mille otages emmenés à Rome, où il s'attira la bienveillance de Scipion Émilien, qu'il accompagna en Gaule et en Afrique, où il assista à la chute de Carthage (146 avant J.-C.). Par la suite, il fut négociateur entre les Grecs et les Romains et il participa à la réorganisation politique de la Grèce. Il mourut d'une chute de cheval en 118 avant J.-C. Auteur de nombreux ouvrages que nous avons perdus, en particulier une biographie de Philopoemen (qui dirigea la ligue achéenne), il est connu pour ses *Histoires*, qui comptaient 40 livres dont seuls les livres I à V sont intégralement conservés. Fasciné par la puissance romaine, il voulut en comprendre la raison et crut pouvoir la trouver dans son régime politique qu'il identifia à la constitution mixte de Platon et d'Aristote, autrement dit à un mélange des trois régimes fondamentaux : la monarchie, l'aristocratie et la démocratie. La coexistence de ces formes avait selon lui pour effet de bloquer le processus de dégénérescence inhérent à chacune des constitutions.

Procope de Césarée (*c.* 500 - *c.* 560 après J.-C.)

Originaire de Palestine, Procope, après des études de rhétorique et de droit, entra au service de Bélisaire (le célèbre général de l'empereur romain Justinien) dont il devint l'homme de confiance et qu'il accompagna dans toutes ses campagnes. Polyglotte (il comprenait le latin, le syriaque, le gothique et le perse), il accomplit lui-même des missions de liaison, voire d'espionnage pour le compte de Bélisaire. Il est l'auteur d'un ouvrage historique en huit livres qui traite des guerres dont il fut le témoin direct, contre les Perses (livres I-II), les Vandales (livres III-IV) et les Goths (livres V-VIII) : il a Thucydide pour modèle d'écriture historique. On lui doit aussi l'*Histoire secrète*, publiée après la mort de Justinien : il s'agit d'un véritable pamphlet dans lequel sont cataloguées toutes les turpitudes de Justinien et de son épouse Théodora. Cette œuvre au parfum de soufre, parce que rédigée par l'historiographe officiel de la cour, a fasciné des générations de lecteurs.

Properce (*c.* 50 - *c.* 15 avant J.-C. ?)

Properce, que l'on surnomme le « Callimaque romain », est le véritable héritier de l'alexandrinisme grec. Il révèle dans son œuvre qu'il est né en Ombrie, sans doute à Assise, dans une famille proche du rang équestre. Son enfance fut marquée par la violence des guerres civiles dont il fut directement victime ; alors qu'il était destiné par sa formation à devenir avocat, il choisit le « métier » de poète, et plus particulièrement de poète élégiaque. Le premier livre de son recueil d'*Élégies* (la *monobiblos*), publié vers 29 avant J.-C., lui apporta le succès et la faveur de Mécène, ami d'Auguste, qui entretenait un cercle d'écrivains. Properce put ainsi continuer à composer et à publier un deuxième, puis un troisième recueil d'élégies érudites et précieuses où l'amour pour une certaine Cynthie tient le premier rôle. Dès le troisième livre, cependant, la place concédée aux péripéties de cette passion se réduit. L'auteur élégiaque commence à aborder d'autres sujets, plus graves et plus conformes aux orientations de la politique du prince. C'est surtout dans le quatrième et dernier livre qu'il laisse libre cours à une inspiration morale, civique et historique en conservant toutefois le mètre élégiaque et quelques allusions à sa bien-aimée. Les témoignages sur la date de sa mort ne concordent pas et nous ignorons toujours si le quatrième livre est posthume.

Pseudo-Sénèque (deuxième moitié du Iᵉʳ siècle après J.-C.)

Le nom de Pseudo-Sénèque désigne un auteur inconnu auquel nous devons l'*Octavie*, la seule tragédie historique à sujet romain que nous ayons conservée. Cette tragédie a été jointe aux tragédies de Sénèque – qui sont toutes des tragédies mythologiques à sujet grec – dans l'une des deux branches de la tradition manuscrite. Mais il est assuré que l'*Octavie* n'est pas de Sénèque lui-même. À côté de « personnages de théâtre » (comme les nourrices, le messager…), la tragédie met en effet en scène, dans un épisode historiquement attesté (le divorce de Néron et d'Octavie et le remariage de l'empereur avec Poppée), des personnages que nous connaissons bien par nos sources historiques : Octavie, Poppée, Néron et Agrippine, même s'il ne s'agit ici que de son ombre, et Sénèque lui-même. L'auteur anonyme, sans doute un disciple, un ami ou peut-être un client de Sénèque, qui connaît fort bien l'œuvre philosophique et théâtrale de l'écrivain, était probablement soucieux de défendre par le biais de sa tragédie la mémoire du « maître », alors que celle-ci risquait d'être mise à mal en raison du rôle, parfois ambigu, qu'il avait joué aux côtés de Néron. En tout cas, l'*Octavie* a été considérée comme une source historique fiable par les historiens, à commencer par Tacite.

Quinte-Curce (Ier ou IIe siècle après J.-C. ?)
Nous ne savons rien ou presque de Q. Quintus Rufus qui écrivit peut-être sous Claude. La seule œuvre que nous possédions de lui, son « Histoire d'Alexandre » (*Historiae* ou *Historiae Alexandri Magni*), comptait dix livres dont les deux premiers sont perdus. Le récit commence en 333 avant J.-C. et va jusqu'à la mort du héros, annonçant les problèmes que va poser sa succession. On analyse souvent cette œuvre comme une mise en garde adressée aux Romains contre les dérives du principat et les dangers du pouvoir personnel. Quinte-Curce est souvent décrié en tant qu'historien, mais son œuvre montre qu'il connaît très bien les codes de l'écriture historique et qu'il sait en jouer.

Quintilien (*c.* 30 - après 95 après J.-C.)
Quintilien, né à Calagurris (aujourd'hui Calahorra) en Espagne, enseigna la rhétorique dans sa province avant d'être remarqué par l'empereur Galba, qui le fit venir à Rome. Il commença alors une brillante carrière d'avocat et de professeur titulaire d'une chaire impériale, avant d'être choisi par Domitien pour prendre

en charge l'éducation de ses deux petits-fils. Outre un traité perdu *Sur les causes de la corruption de l'éloquence,* Quintilien composa dans les dernières années de sa vie son œuvre majeure que l'on connaît sous le titre d'*Institution oratoire,* mais qu'il faudrait appeler *Éducation de l'orateur.* Somme de l'expérience de toute une vie, remplie de culture et d'humanité, ce vaste ouvrage, en douze livres, est un cours complet, qui expose les principes, les méthodes et les contenus, depuis les rudiments jusqu'à l'achèvement de la formation. L'*Institution oratoire* est le meilleur panorama existant de la rhétorique antique et le principal ouvrage qu'il convient de lire si l'on veut comprendre en profondeur cette discipline.

Salluste (86-34 avant J.-C.)

Né à Amiternum, Salluste était un *homo nouus* (« un homme nouveau ») comme Cicéron dont il fut l'adversaire. Il eut une carrière politique très agitée : partisan de César, il se fit exclure du sénat pour immoralité (avant que César ne le fasse réintégrer) et jamais il n'atteignit le consulat ; mais il devint l'un des hommes les plus riches de son temps. À la mort de César, il se retira de la vie politique pour composer des œuvres historiques : *La Conjuration de Catilina, La Guerre de Jugurtha* et des *Histoires,* dont il ne nous reste que des fragments. Il présente son œuvre d'historien comme une autre manière de participer à la vie de l'État.

Sempronius Asellio (né vers 160 avant J.-C)

La seule chose que nous sachions de Sempronius Asellio c'est qu'il fut tribun militaire, sous les ordres de Scipion Émilien, à Numance en 134/133 avant J.-C. : il doit donc être né vers 160 avant J.-C. ; nous ignorons la date de sa mort. Le titre de son œuvre historique n'est pas plus assuré : les auteurs anciens hésitent entre *Res gestae* et *Historia.* Sempronius Asellio y relatait en tout cas les événements auxquels il avait assisté : le dernier fragment qui nous ait été transmis, présenté comme appartenant au livre XIV, rapporte la mort du tribun Drusus en 91 avant J.-C.

Silius Italicus (26-101/102 après J.-C.)

Orateur et avocat de renom, Silius Italicus fut consul sous Néron et proconsul d'Asie sous Vespasien. De retour à Rome, ce grand collectionneur de livres et d'œuvres d'art, admirateur de Cicéron et de Virgile, se consacra à une carrière littéraire. Il composa alors une épopée en dix-huit chants consacrée à la deuxième guerre punique, les *Punica* (« La Guerre punique ») où il mêle histoire et merveilleux (comme lorsqu'il raconte la descente de Scipion aux Enfers). Selon Pline le Jeune, ce représentant avec Stace et Valérius Flaccus de ce que l'on appelle « l'épopée flavienne » aurait choisi de se laisser mourir de faim alors qu'il se savait atteint d'une tumeur incurable.

Suétone (*c.* 70-122 après J.-C.)

Des très nombreux ouvrages que composa Suétone, deux seulement sont parvenus jusqu'à nous, les fameuses *Vies des douze Césars* et le traité *Grammairiens et rhéteurs*, et encore de manière fragmentaire : le recueil des *Vies des douze Césars* est amputé de son début et le *De grammaticis et rhetoribus* de sa fin. Nous n'avons donc qu'un témoignage partiel de l'œuvre de Suétone, biographe aussi prolixe qu'éclectique : il s'intéressa tout autant aux courtisanes célèbres qu'à l'histoire naturelle, aux empereurs romains qu'aux injures grecques. Qui était C. Suetonius Tranquillus ? Pline le Jeune, qui fut son ami et veilla sur sa carrière, en donne un portrait peu amène : couard, il se fit exempter de la charge militaire et dut son rôle de responsable de la correspondance impériale à des intrigues qui lui valurent de tomber en disgrâce en 122. Si la vie de Suétone est tristement banale, ses *Vies*, tant par les empereurs qu'elles évoquent que par le talent de l'auteur, qui aspire à un récit objectif des faits et gestes de ses modèles, sont un chef-d'œuvre de la littérature latine. Il est toutefois possible de leur reprocher une trop grande attention aux rumeurs et aux légendes malintentionnées dont chaque dynastie accablait la précédente.

Sulpice Sévère (*c.* 360 - *c.* 420 après J.-C.)

Né en Aquitaine, dans une famille influente, Sulpice Sévère fut d'abord un avocat célèbre. Converti au christianisme vers 389 après J.-C. en compagnie de son ami Paulin de Nole, il finit par renoncer à tous ses biens et fonda un monastère à Primulacium, dans le sud de la Gaule : c'est là qu'il mourut vers 420 après J.-C. L'œuvre la plus connue de Sulpice Sévère est la *Vie de Saint Martin*, l'évêque de Tours qu'il rencontra et qui eut sur lui une grande influence. Mais on lui doit aussi, sous le titre de *Chronica*, une œuvre historique en deux livres qui constitue un résumé, fait du point de vue d'un chrétien, de l'histoire du monde des origines à l'année 400 après J.-C.

Tacite (55/57-116/120 après J.-C.)

Le « plus grand peintre de l'Antiquité », comme l'a appelé Racine, s'est intéressé à la politique avant de se consacrer à l'histoire. Servi par de brillants talents oratoires, son amitié avec Pline le Jeune et un mariage avantageux, Tacite, né dans une famille de rang équestre de la Gaule narbonnaise, devint sénateur, consul en 97 puis proconsul d'Asie en 112-114. Il meurt sans doute au début du règne d'Hadrien. Ses premières œuvres historiques sont des monographies : la *Vie d'Agricola* – qui est, dans la tradition oratoire de l'éloge funèbre, une apologie de son beau-père, qui s'était illustré lors des campagnes de Bretagne – et *La Germanie*. C'est ensuite que Tacite écrit ses deux chefs-d'œuvre, les *Histoires*, consacrées aux années 69-96 après J.-C. (du règne de Galba à celui de Domitien), et les *Annales*, qui remontant plus loin dans le passé, traitent des empereurs julio-claudiens, de Tibère à Néron. S'appuyant sur une documentation variée, Tacite cherche à pénétrer le secret des âmes pour mieux mettre en lumière les ressorts de l'histoire et recréer l'atmosphère des périodes qu'il traite et qu'il présente généralement sous un jour sombre et pessimiste. Il en tire dans un style personnel, cultivant les raccourcis et les dissymétries, les leçons de morale politique qui l'ont rendu célèbre.

Thucydide (*c.* 460-400 avant J.-C.)

Athénien, fils d'Oloros, Thucydide avait, par sa famille, des attaches avec la Thrace et comptait probablement Miltiade et Cimon, deux grands hommes d'État, parmi ses ascendants. En 424 avant J.-C., il exerça les fonctions de stratège et fut chargé d'un commandement, aux abords de la Thrace précisément : ayant essuyé un échec, il fut exilé d'Athènes, où il ne revint qu'en 404. Dès le début de la guerre du Péloponnèse, qui opposa Athènes et Sparte de 431 à 404 avant J.-C., il avait conçu le projet d'écrire l'histoire des événements qui étaient en train de se produire et il s'était mis au travail : c'est ce qu'il dit lui-même dans le premier chapitre de *La Guerre du Péloponnèse.* Mais cet ouvrage, qui constitue le travail de toute une vie, est inachevé : le récit s'arrête en 411, sans que l'on puisse savoir si Thucydide a volontairement limité son récit à cette période ou s'il est mort avant d'avoir pu le terminer. L'œuvre de Thucydide a bénéficié à la fois de l'expérience politique de son auteur et des idées nouvelles qui se répandaient à Athènes, et dont il avait connaissance (sophistique, rhétorique, médecine). Elle marque une étape décisive dans le genre historique et, encore aujourd'hui, elle force l'admiration par l'étendue de l'information, par la rigueur scientifique en particulier dans la recherche des causes, et par la volonté qu'a l'auteur de trouver aux événements des explications rationnelles. En une formule célèbre, Thucydide a défini l'Histoire comme « une acquisition pour toujours ».

Tite-Live (*c.* 60 avant J.-C.-17 après J.-C.)

La vie de Tite-Live est sans doute l'une des plus calmes parmi les existences d'auteurs antiques. Il fallait bien une telle sérénité pour composer une œuvre-fleuve comme celle à laquelle le plus prolixe des historiens latins donna le jour. Originaire de Padoue, il consacre sa vie à sa famille et à son œuvre. On le disait attaché à ses convictions républicaines, mais cela ne l'empêcha pas d'occuper les fonctions de précepteur du futur empereur Claude. Il est l'auteur d'écrits d'inspiration philosophique aujourd'hui perdus, mais surtout d'une histoire romaine, *Ab Vrbe condita,* « depuis la fondation de Rome », en 142 livres. Seule la mort interrompit son travail. De cette œuvre monumentale, il nous reste 35 livres, fort instructifs, qui sont notre source principale sur l'histoire archaïque de Rome. Malheureusement, les livres consacrés aux guerres civiles ont disparu. Tite-Live s'appuie sur différentes sources : des légendes, des documents officiels, les œuvres des premiers historiens, les « annalistes », qui consignaient tous les événements importants survenus chaque année. Son travail se veut non seulement narratif, mais aussi explicatif et didactique : il multiplie les *exempla,* les figures de citoyens exemplaires qui ont fait la force et la grandeur de la Rome des premiers temps et qui doivent servir de modèle à ses contemporains dévoyés par le luxe et la débauche. Tite-Live cherche également à composer une œuvre d'art : l'exigence de vérité ne l'amène jamais à sacrifier sa visée esthétique.

Valère Maxime (Ier siècle après J.-C.)

Les seuls renseignements que nous possédions sur Valerius Maximus sont ceux qu'il nous fournit lui-même. Il nous dit que, n'ayant pas de fortune personnelle, il s'était placé sous la protection de Sextus Pompeius, consul en 14 après J.-C. et ami d'Ovide et de Germanicus. Lorsque Sextus Pompeius devint proconsul d'Asie en 27, Valère Maxime l'accompagna dans sa province. C'est là qu'il rédigea un recueil d'*exempla* en neuf livres intitulé *Factorum ac dictorum memorabilium libri* (« Faits et dits mémorables »). L'ouvrage, dédié à Tibère, fut publié en 31. Les exemples sont classés en 95 rubriques, dont chacune est en principe divisée en deux parties inégales : la plus importante est consacrée aux *exempla* romains, l'autre aux *exempla* étrangers. Valère Maxime n'est pas à proprement parler un « grand historien », mais sa matière, qu'il puise chez les auteurs antérieurs comme Tite-Live, est historique.

Varron (116-27 avant J.-C.)

M. Terentius Varro, connu comme le plus savant des Romains, est né à Réate en Sabine. Il mena une carrière politique honorable au cours de laquelle il atteignit la préture grâce à la protection de Pompée au service duquel il s'était placé. Gouverneur de l'Espagne ultérieure en 50 avant J.-C., il capitula l'année suivante devant César, qui lui pardonna et lui donna la direction des deux bibliothèques publiques (l'une grecque, l'autre latine) qu'il avait fondées à Rome et dont il ambitionnait de faire l'équivalent de la Bibliothèque d'Alexandrie. Proscrit par Antoine après l'assassinat de César, il échappa à la mort et fut confirmé dans ses fonctions par Auguste. Nous n'avons conservé que peu de choses de l'œuvre immense de ce savant universel (il aurait composé 74 ouvrages représentant 620 volumes et couvrant les domaines les plus variés de la connaissance). En dehors des trois livres du *De re rustica* (« L'économie rurale »), nous connaissons les livres V à X (avec des lacunes) de son *De lingua latina* (« Sur la langue latine ») et des fragments épars de ses autres œuvres.

Velleius Paterculus (20/19 avant J.-C.-31 après J.-C. ?)

Issu d'une famille de notables originaires de Capoue, Velleius Paterculus fit toute sa carrière grâce à un dénommé Vinicius, auquel est dédiée son *Histoire romaine.* Après avoir occupé divers postes dans l'armée romaine, il fut élu préteur après la mort d'Auguste. Comme il ne pouvait espérer de plus hautes fonctions, il se consacra à l'écriture historique. L'ouvrage que nous possédons, et dans lequel Velleius Paterculus se montre particulièrement servile envers Tibère, n'est pas l'œuvre qu'il voulait rédiger, mais un abrégé en deux livres, dont il fit l'hommage à Vinicius, élu consul en 30 après J.-C.

Xénophon (426-354 avant J.-C.)

Né près d'Athènes, Xénophon est issu d'une famille aristocratique très aisée. Lors de la guerre du Péloponnèse, il prit part à la défense d'Athènes ; il rejoignit ensuite (en 401) les Grecs qui combattaient en Asie Mineure aux côtés de Cyrus alors qu'il cherchait à renverser son frère. Après l'échec de la campagne des Dix-Mille, où Cyrus perdit la vie, Xénophon fut élu général et, en traversant l'Asie, il conduisit les Grecs jusqu'à Trébizonde : c'est cet exploit qu'il raconte dans l'*Anabase*. Surnommé « l'abeille grecque », Xénophon nous a laissé une œuvre aussi variée qu'abondante. De l'enseignement de Socrate dont il fut le disciple, il a tiré des ouvrages dits socratiques, les *Mémorables*, *Le Banquet*, l'*Apologie* et, d'une certaine manière, l'*Économique* (dialogue socratique évoquant les problèmes de gestion d'un domaine). Son œuvre historique se compose de l'*Anabase* et des *Helléniques* qui poursuivent le récit de la guerre du Péloponnèse à partir de 411, date à laquelle Thucydide avait interrompu son enquête. Outre des traités sur la cavalerie, la chasse et une histoire romancée de la vie de Cyrus, la *Cyropédie*, nous lui devons des ouvrages politiques, témoignant de son admiration pour Sparte, la cité rivale d'Athènes.

Zosime (ve siècle après J.-C.)

Avocat du fisc à Constantinople, le païen Zosime est l'auteur d'une *Histoire nouvelle* de l'Empire romain, d'Auguste à la prise de Rome par Alaric en 410 après J.-C., en quatre livres. Si l'historien Polybe « avait exposé comment les Romains ont fondé leur empire en peu de temps », Zosime, lui, va raconter « comment ils le détruisirent rapidement par leur folle présomption » (I, 57, 1). Très attaché au paganisme, il présente le déclin de Rome comme un châtiment lié à l'abandon des croyances traditionnelles et des anciens dieux auxquels les Romains devaient depuis si longtemps leur gloire et leur prospérité. Voilà pourquoi il fait la part belle aux signes divins : foudre, tremblements de terre, rêves et oracles, prodiges surnaturels annonçant les maux à venir. Son œuvre constitue un témoignage incomparable sur la fin de l'Antiquité romaine, qui complète précieusement l'histoire d'Ammien Marcellin, lui aussi païen et d'origine grecque.

POUR ALLER PLUS LOIN

Sources[1]

Agathias

Histoires, texte établi et traduit par P. Maraval, « La roue à livres », 2007.

Ammien Marcellin

Histoires, tome I : Livres XIV-XVI, texte établi et traduit par E. Galletier avec la collaboration de J. Fontaine, « CUF », (1968) 2002.

Ampelius

Aide-mémoire, texte établi et traduit par M. P. Arnaud-Lindet, « CUF », (1993) 2003.

Appien

Les Guerres civiles à Rome, tome I : Livre I, texte traduit par J.-I. Combes-Dounous, revu et annoté par C. Voisin, « La roue à livres », 1993.

Aristote

Poétique, texte établi et traduit par J. Hardy, « CUF », (1932) 2002.

1. L'abréviation « CUF » désigne la Collection des Universités de France, publiée à Paris par Les Belles Lettres.

ARRIEN

Histoire d'Alexandre – L'Anabase d'Alexandre le Grand – L'Inde, texte traduit par P. Savinel, « Arguments », Les Éditions de Minuit, 1984.

AUGUSTE

Hauts faits du divin Auguste, texte établi et traduit par J. Scheid, « CUF », 2007.

AULU-GELLE

Les Nuits attiques, tome I : Livres I-IV, texte établi et traduit par R. Marache, « CUF », (1967) 2002.

– tome II : Livres V-X, texte établi et traduit par R. Marache, « CUF », (1978) 2002.

CELSE

De la médecine, tome I : Livres I-II, texte établi et traduit par G. Serbat, « CUF », (1995) 2003.

CÉSAR

Guerre civile, tome II : Livre III, texte établi et traduit par P. Fabre, revu par A. Balland, « CUF », (1997) 2002.

Guerre des Gaules, tome II : Livres V-VIII, texte établi et traduit par L.-A. Constans, revu et corrigé par A. Balland, « CUF », (1995) 2002.

CICÉRON

Brutus, texte établi et traduit par J. Martha, « CUF », (1923) 2003.

Correspondance, tome II : *Lettres LVI-CXXI*, texte établi et traduit par L.-A. Constans, « CUF », (1935) 2002.

De la divination, texte traduit par G. Freyburger, « La roue à livres », 1992.

De l'orateur, tome II : Livre II, texte établi et traduit par E. Courbaud, « CUF », (1928) 2002.

Traité des Lois, texte établi et traduit par G. de Plinval, « CUF », (1959) 2002.

CLAUDIEN

Œuvres, tome II : *Poèmes politiques (395-398)*, texte établi et traduit par J.-L. Charlet, « CUF », (2000) 2002.

CORNÉLIUS NÉPOS

Œuvres : texte établi et traduit par A.-M. Guillemin, revu et corrigé par Ph. Heuzé et P. Jal, « CUF », (1992) 2002.

DENYS D'HALICARNASSE

Les Origines de Rome (*Les Antiquités romaines*, Livres I et II), texte traduit par V. Fromentin et J. Schnäbele, « La roue à livres », 1990.

Opuscules rhétoriques, tome IV : *Thucydide*, texte établi et traduit par G. Aujac, « CUF », (1991) 2002.

– tome V : *Lettre à Pompée Géminos*, texte établi et traduit par G. Aujac, « CUF », (1992) 2002.

DIODORE DE SICILE

Bibliothèque historique, tome I : Livre I, texte établi par P. Bertrac et traduit par Y. Vernière, « CUF », (1993) 2002.

– tome IX : Livre XIV, texte établi et traduit par M. Bonnet et E. R. Bennett, « CUF », (1997) 2002.

DIOGÈNE LAËRCE

Vies et doctrines des philosophes illustres, texte traduit par M. O. Goulet-Cazé, « La Pochothèque », 1999.

DION CASSIUS

Histoire romaine, Livres 57-59, texte traduit par J. Auberger, « La roue à livres », 1995.

ESCHYLE

Tragédies, tome I : *Les Suppliantes – Les Perses – Les Sept contre Thèbes – Prométhée enchaîné*, texte établi et traduit par P. Mazon, « CUF », (1931) 2002.

EUTROPE

Abrégé d'histoire romaine, texte établi et traduit par J. Hellegouarc'h, « CUF », (1999) 2002.

FESTUS

Abrégé des hauts faits du peuple romain, texte établi et traduit par M.-P. Arnaud-Lindet, « CUF », (1994) 2002.

FLORUS

Œuvres, tome I : *Tableau de l'Histoire du peuple romain, de Romulus à Auguste*, Livre I, texte établi et traduit par P. Jal, « CUF », (1967) 2002.

HÉRODOTE

Histoires, tome I : Livre I, texte établi et traduit par Ph.-E. Legrand, « CUF », (1932) 2003.

– tome II : Livre II, texte établi et traduit par Ph.-E. Legrand, « CUF », (1930) 2002.

– tome III : Livre III, texte établi et traduit par Ph.-E. Legrand, « CUF », (1939) 2003.

– tome VIII : Livre VIII, texte établi et traduit par Ph.-E. Legrand, « CUF », (1953) 2003.

HÉSIODE

Théogonie. Les Travaux et les Jours. Bouclier, texte établi et traduit par P. Mazon, « CUF », (1928) 2002.

HOMÈRE

Iliade, tome I : Chants I-VI, texte établi et traduit par P. Mazon, « CUF », (1937) 2002.

ISOCRATE

Discours, tome II : *Panégyrique – Plataïque – À Nicoclès – Nicoclès – Evagoras – Archidamos*, texte établi et traduit par G. Mathieu et E. Brémond, « CUF », (1938) 2003.

JORDANÈS

Histoire des Goths, texte traduit par O. Devillers, « La roue à livres », 1995.

JOSÈPHE FLAVIUS

Autobiographie, texte établi et traduit par A. Pelletier, « CUF », (1959) 2003.

Guerre des Juifs, tome I : Livre I, texte établi par A. Pelletier, « CUF », (1975) 2003.

JUSTIN

Abrégé des Histoires philippiques de Trogue Pompée, texte établi et traduit par E. Chambry et L. Thely-Chambry, « Classiques Garnier », 1936.

LUCAIN

La Guerre civile (La Pharsale), tome II : Livres VI-X, texte établi et traduit par A. Bourgery et M. Ponchont, revu et corrigé par P. Jal, « CUF », (1993) 2003.

LUCIEN

Comment écrire l'histoire, texte traduit par A. Hurst, « La roue à livres », 2010.

Œuvres, tome II : *Opuscules 11-20,* texte établi et traduit par J. Bompaire, « CUF », (1998) 2003.

MAMERTIN

Panégyriques latins, tome I : *Panégyrique de Maximien par Mamertin,* texte établi et traduit par E. Galletier, « CUF », (1949) 2003.

PLINE L'ANCIEN

Histoire naturelle, Livre XXXV : *De la peinture,* texte établi et traduit par J.-M. Croisille, « CUF », (1985) 2003.

PLINE LE JEUNE

Lettres, tome I : Livres I-III, texte établi et traduit par A.-M. Guillemin, « CUF », (1927) 2003.

– tome II : Livres IV-VI, texte établi et traduit par A.-M. Guillemin, « CUF », (1927) 2002.

– tome IV : *Panégyrique de Trajan*, texte établi et traduit par M. Durry, « CUF », (1948) 2002.

PLUTARQUE

Œuvres morales, tome V : 1re partie : *La Gloire des Athéniens*, texte établi et traduit par F. Frazier et C. Froidefond, « CUF », (1990) 2003.

Vies, tome I : *Thésée – Romulus. Lycurgue – Numa*, texte établi et traduit par R. Flacelière et E. Chambry, revu par J. Irigoin, « CUF », (1993) 2003.

– tome IV : *Timoléon – Paul-Émile. Pélopidas – Marcellus*, texte établi et traduit par R. Flacelière et E. Chambry, « CUF », (1967) 2003.

POLYBE

Histoires, tome I : Livre I, texte établi et traduit par P. Pédech, « CUF », (1969) 2003.

– tome VI : Livre VI, texte établi et traduit par R. Weil et C. Nicolet, « CUF », (1977) 2003.

– tome VIII : Livres X-XI, texte établi et traduit par E. Foulon, « CUF », (1990) 2003.

– tome IX : Livre XII, texte établi et traduit par P. Pédech, « CUF », (1961) 2003.

PROCOPE DE CÉSARÉE

Histoire secrète, texte traduit par P. Maraval, « La roue à livres », (1990) 2009.

La Guerre contre les Vandales, texte traduit par D. Roques, « La roue à livres », (1990) 2009.

PROPERCE

Élégies, texte établi et traduit par S. Viarre, « CUF », 2005.

QUINTE-CURCE

Histoires, tome II : Livres VII-X, texte établi et traduit par H. Bardon, « CUF », (1948) 2003.

QUINTILIEN
Institution oratoire, tome VI : Livres X-XI, texte établi et traduit par J. Cousin, « CUF », (1979) 2003.

SALLUSTE
La Conjuration de Catilina. La Guerre de Jugurtha. Fragments des Histoires, texte établi et traduit par A. Ernout, revu par J. Hellegouarc'h, « CUF », (1999) 2003.

SÉNÈQUE
Tragédies, tome III : *Hercule sur l'Oeta – Octavie (Ps. Sénèque)*, texte établi et traduit par F.-R. Chaumartin, « CUF », (1999) 2002.

SILIUS ITALICUS
La Guerre punique, tome I : Livres I-IV, texte établi et traduit par P. Miniconi et G. Devallet, « CUF », (1979) 2003.

SUÉTONE
Vies des douze Césars, tome II : *Tibère – Caligula – Claude – Néron*, texte établi et traduit par H. Ailloud, « CUF », (1931) 2002.

SULPICE SÉVÈRE
Vie de Saint Martin, tome I, texte établi et traduit par J. Fontaine, Éditions du Cerf, (1967) 2004.

TACITE
Annales, tome II : Livres IV-VI, texte établi et traduit par P. Wuilleumier, revu par H. Le Bonniec, « CUF », (1990) 2003.

– tome III : Livres XI-XII, texte établi et traduit par P. Wuilleumier, revu par J. Hellegouarc'h, « CUF », (1994) 2003.

Histoires, tome I : Livre I, texte établi et traduit par P. Wuilleumier et H. Le Bonniec, « CUF », (1987) 2002.

– tome II : Livres II-III, texte établi et traduit par H. Le Bonniec, « CUF », (1981) 2003.

Vie d'Agricola, texte établi et traduit par E. de Saint-Denis, « CUF », (1942) 2003.

THUCYDIDE

La Guerre du Péloponnèse, tome I : Livre I, texte établi et traduit par L. Bodin et J. de Romilly, « CUF », (1953) 2003.

– tome III : Livres IV-V, texte établi et traduit par J. de Romilly, « CUF », (1968) 2003.

TITE-LIVE

Histoire romaine, tome I : Livre I, texte établi par J. Bayet et traduit par G. Baillet, revu par R. Bloch et Ch. Guittard, « CUF », (1991) 2003.

– tome II : Livre II, texte établi par J. Bayet et traduit par G. Baillet, « CUF », (1943) 2003.

– tome IV : Livre IV, texte établi par J. Bayet et traduit par G. Baillet, revu et corrigé par C. Guittard, « CUF », (1993) 2003.

– tome VII : Livre VII, texte établi par J. Bayet et traduit par R. Bloch, « CUF », (1969) 2003.

– tome VIII : Livre VIII, texte établi et traduit par Ch. Guittard et R. Bloch, « CUF », (1987) 2003.

– tome XI : Livre XXI, texte établi et traduit par P. Jal, « CUF », (1988) 2003.

VALÈRE MAXIME

Faits et dits mémorables, tome I : Livres I-III, texte établi et traduit par R. Combès, « CUF », (1995) 2003.

VARRON

La langue latine, livre V, texte établi et traduit par J. Collart, Publication de la Faculté des lettres de l'université de Strasbourg, Les Belles Lettres, 1954.

VELLEIUS PATERCULUS

Histoire romaine, tome II : Livre II, texte établi et traduit par J. Hellegouarc'h, « CUF », (1982) 2003.

XÉNOPHON

Anabase, tome I : Livres I-III, texte établi et traduit par P. Masqueray, « CUF », (1930) 2002.

Constitution des Lacédémoniens – Agésilas – Hiéron, texte traduit par M. Casevitz, « La roue à livres », 2008.

Cyropédie, tome I : Livres I-II, texte établi et traduit par M. Bizos, « CUF », (1971) 2003.

Helléniques, tome I : Livres I-III, texte établi et traduit par J. Hatzfeld, « CUF », (1936) 2003.

ZOSIME

Histoire nouvelle, tome I : Livres I-II, texte établi et traduit par Fr. Paschoud, « CUF », (2000) 2003.

SUGGESTIONS BIBLIOGRAPHIQUES

BREEBAART A.B., *Clio and Antiquity. History and Historiography of the Greek and Roman World,* Hilversum, Verloren, 1987.

CALAME C., *Le Récit en Grèce ancienne,* Paris, Klincksieck, 1986.

CAMERON A. (éd.), *History as Text. The Writing of Ancient History,* University of North Carolina Press, 1990.

CHAPLIN J.D., *Livy's Exemplary History,* Oxford, Oxford University Press, 2000.

CHEVALLIER R. (éd.), *Histoire et historiographie,* Paris, Caesarodunum, 15, 2, 1980.

CIZEK E., *Histoire et historiens à Rome dans l'Antiquité,* Presses universitaires de Lyon, 1995.

DANGEL J., « *Historia proxima poetis* ou l'historiographie héroïque à Rome », DEVILLERS O. et MEYERS J., *Pouvoirs des hommes, pouvoir des mots, des Gracques à Trajan. Hommages au professeur Paul Marius Martin,* Louvain-Paris-Dudley, Peeters, 2009, p. 3-24.

FINLEY M., *Mythe, mémoire, histoire,* Paris, Flammarion, 1981.

FORNARA C., *The Nature of History in Ancient Greece and Rome*, Berkeley, University of California Press, 1983.

FOUCHER A., Historia proxima poetis. *L'influence de la poésie épique sur le style des historiens latins de Salluste à Ammien Marcellin*, Bruxelles, Latomus, 2000.

GUELFUCCI M.-R., *Jeux et enjeux de la mise en forme de l'histoire. Recherches sur le genre historique en Grèce et à Rome*, *Dialogues d'histoire ancienne*, suppléments 4.1 et 4.2, Presses universitaires de Franche-Comté, 2010.

HARTOG F. et CASEVITZ M., *L'Histoire d'Homère à Augustin. Préfaces des historiens et textes sur l'histoire*, Paris, Éditions du Seuil, 1999.

HARTOG F., *Évidence de l'histoire, ce que voient les historiens*, Paris, Gallimard, 2007.

Historiens de l'Antiquité, Revue *Europe*, n° 945-946, janvier-février 2008.

LEDENTU M., Studium scribendi. *Recherches sur les statuts de l'écrivain et de l'écriture à Rome à la fin de la République*, Louvain-Paris-Dudley, Peeters, 2004.

MARINCOLA J. (éd.), *A Companion to Greek and Roman Historiography*, Blackwell, 2007.

MAZZARINO S., *Il pensiero storico classico*, Bari, Laterza, 1973[3].

MINEO B., *Tite-Live et l'histoire de Rome*, Paris, Klincksieck, 2006.

RATTI S., GUILLAUMIN J.Y., MARTIN P.-M., WOLFF E., *Écrire l'Histoire à Rome*, Paris, Les Belles Lettres, 2009.

SALAMON G., « Irrévérence livienne : quand l'historien se fait poète », DELIGNON B. et ROMAN Y., *Le Poète irrévérencieux*, Lyon, 2009, p. 151-161.

VEYNE P., *Comment on écrit l'histoire*, Paris, Éditions du Seuil, 1996.

INDEX DES AUTEURS ET DES ŒUVRES

TABLE DES MATIÈRES

Ce volume,
le vingt-troisième
de la collection « Signets »,
publié aux Éditions Les Belles Lettres,
a été achevé d'imprimer
en août 2014
sur les presses
de la Nouvelle Imprimerie Laballery,
58500 Clamecy, France